本書は、初めて司法書士試験の勉強にチャ＿＿＿＿＿＿＿＿、＿試験突破の「合格力」を無理なくつけるために制作しました。

まず、下の図を見てください。

これは、司法書士試験での、理想的な知識の入れ方のイメージです。

まず、がっちりとした基礎力をつけます。この基礎力が備わっていれば、その後の部分は演習をすることで、徐々に知識を積み重ねていくことが可能になります。

私は、**この基礎力のことを「合格力」と呼んでいます。**

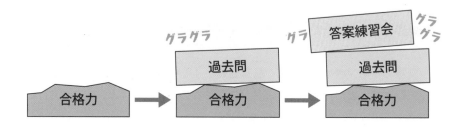

この合格力がついていないと、いくら勉強しても、知識を上積みすることができず、ドンドンと抜けていってしまいます（これまでの受験指導の中で、こういった受験生を本当に多く見ています…）。

本書は、まさにこの**「合格力（＋ある程度の過去問知識）」をつけるための基本書です。**

本書では、この「合格力」をつけるためにさまざまな工夫をしています。

①「合格に必要な知識」だけを厳選して掲載。

　学問分野すべてを記載するのではなく、司法書士試験に出題がある部分（または今後出題される可能性が高いもの）に絞った記述にしています。学問的に重要であっても、「司法書士試験において必要かどうか」という観点で、論点を大胆に絞りました。

　覚えるべき知識量を抑えることによって、繰り返し学習がしやすくなり、スムーズに合格力がつけられるようになります。本書を何度も通読し、合格力がついてきたら、次は過去問集にチャレンジしていきましょう。

②初学者が理解しやすい言葉、言い回しを使用。

　本書は、司法書士試験に向けてこれから法律を本格的に学ぶ方のために作っています。そのため、**法律に初めて触れる方でも理解しやすい言葉や言い回しを使っています。**これは「極めて正確な用語の使い回し」をしたり、「出題可能性が低い例外を説明」することが、「必ずしも初学者のためになるとは限らない」という確固たる私のポリシーがあるからです。

③実際の講義を受けているようなライブ感を再現。

　生講義のライブ感そのままに、話し言葉と「ですます調」の軟らかな文体で解説しています。また、できるだけ長文にならないよう、リズムよく5〜6行ごとに段落を区切っています。さらに文章だけのページが極力ないように心掛けました。

④「図表」→「講義」→「問題」の繰り返し学習で知識定着。

　1つの知識について、「図表・イラスト」、「講義」、「問題」で構成しています。そのため、本書を読み進めるだけで、**1つの知識について、3つの角度から繰り返し学習ができます。**また、「図表」は、講義中の登場人物の心境や物語の流れを把握するのに役立ちます。

⑤本試験問題を解いて実戦力、得点力アップ。

　試験で落としてはいけない「基本知識」の問題を掲載。講義の理解度をチェックし、実戦力、得点力を養います。基礎知識を確認するための問題集としても使えます。

最後に

　2002年から受験指導を始めて、たくさんの受験生・合格者を見てきました。
改めて、司法書士試験の受験勉強とは何をすることかを考えると、

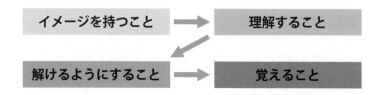

　このプロセスを丹念に踏むことに尽きると思っています。

　学習のスタートは、早ければ早いほど合格に近づきます。

　しかし、いざ学習を始めるに当たり、「自分にできるかどうか」という不安をもっている方も多いのではないでしょうか。
　ですが、**司法書士試験に今までの学習経験・学歴は、一切関係ありません。出題される知識を、「繰り返す」「続ける」努力を続けた人が勝つ試験です。**
　本書は、いろいろな方法で学習を始めやすい・続けやすい工夫を凝らしています。安心して、本書を手に取って学習を始めてみましょう。

2024年5月
LEC専任講師　根本正次

◆本書は、2024年5月1日現在成立している法律に基づいて作成しています。

STEP 1 本書を通読＋掲載されている問題を解く（1〜2周）
※ ただし「2周目はここまで押さえよう」の部分を除く

　まずは、本書をあたまから順々に読んでいってください。

　各章ごとに、「問題を解いて確認しよう」という問題演習のパートがあります。それを解くことによって、知識が入っているかどうかを確認してください。ここの問題を間違えた場合は、次に進む前に、該当箇所の復習をするようにしてください。

STEP 2 本書の「2周目はここまで押さえよう」の部分を含めて通読する　＋　問題を解く（2周以上）

　本書には「2周目はここまで押さえよう」というコーナーを多く設けています。この部分は、先の学習をしないとわからないところ、知識の細かいところ、基本知識が固まらないうちに読むと消化不良を起こす部分を記載しています。

　STEP 1を数回クリアしていれば、この部分も読めるようになっています。ぜひ、この部分を読んで知識を広げていってください（法律の学習は、いきなり0から10まで学ぶのではなく、コアなところをしっかり作ってから、広げるのが効率的です）。

STEP 3 本書の姉妹本「合格ゾーン ポケット判択一過去問肢集」で演習をする　＋　「これで到達合格ゾーン」のコーナーを参照する

　ここまで学習が進むとアウトプット中心の学習へ移行できます。そこでお勧めしたいのが、「合格ゾーン ポケット判択一過去問肢集」です。こちらは、膨大な過去問集の中からAAランク・Aランクの知識に絞って演習ができる教材になっています。

　そして、分からないもの、初めて見る論点があれば、本書の「これで到達合格ゾーン」の箇所を見てください。

ここには、近年の司法書士試験の重要過去問について、解説を加えています。

この部分を読んで、新しい知識の記憶を強めていきましょう。

（そして、学習が深化してきたら、「これで到達合格ゾーン」の部分のみ通読するのも効果的です。）

STEP 4　ＬＥＣの答案練習会・公開模試に参加する

本試験では、過去問に出題されたとおりの問題が出題されたり、問い方を変えて出題されたりすることがあります。

また、本試験の２～３割以上は、過去に出題されていない部分から出されます。

こういった部分の問題演習は、予備校が実施する答練で行うのが効率的です。

ＬＥＣの答練は、

・過去問の知識をアレンジしたもの

・未出知識（かつ、その年に出題が予想されるもの）

を出題していて、実力アップにぴったりです。

どういった模試・答練が実施されているかは、是非お近くのLEC各本校に、お問い合わせください。

TOPIC　令和６年度から記述式問題の配点が変更！　より要求されるのは「基礎知識の理解度」

令和６年度本試験から、午後の部の配点が、択一の点数（１０５点）：記述の点数（１４０点）へと変更されました。

「配点の多い記述式の検討のため、択一問題を速く処理すること」、これが新時代の司法書士試験の戦略です。

そのためには、基礎知識を着実に。かつ、時間をかけずに解けるようにすることが、特に重要になってきます。

本書は、図表 ➡ 説明 という構成になっています（上に図表があり、その下に文章が載っています）。

本書を使うときは、「図表がでてきたら、その下の説明を読む。その講義を読みながら、上の図表を見ていく」、こういうスタイルで見ていってください。

そして、**最終的には、「図表だけ見たら知識が思い出せる」というところを目標にしてください。**

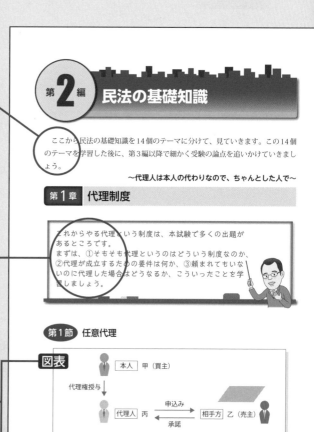

イントロダクション

この編で何を学んで行くのかの全体像がつかめます。この内容を意識しながら学習を進めるといいでしょう。

章の初めには、「どういったことを学ぶのか」「どういった点が重要か」という説明が書かれています。
この部分を読んでから、メリハリをつけて本文を読みましょう。

基本構造

本書の基本構造は「図表➡その説明」となっています。
「図表を軽く見る➡本文を読む➡図表に戻る」という感じで読んでいきましょう。

ここから民法の基礎知識を14個のテーマに分けて、見ていきます。この14個のテーマを学習した後に、第3編以降で細かく受験の論点を追いかけていきましょう。

~代理人は本人の代わりなので、ちゃんとした人で~

第1章 代理制度

これからやる代理という制度は、本試験で多くの出題があるところです。
まずは、①そもそも代理というのはどういう制度なのか、②代理が成立するための要件は何か、③頼まれてもいないのに代理した場合はどうなるか、こういったことを学習しましょう。

第1節 任意代理

図表

本人 甲（買主）

代理権授与

代理人 丙　申込み ➡ 相手方 乙（売主）　承諾

説明 甲は、丙に、「乙の土地が欲しいから、値段交渉をして買ってきて欲しい」と頼みました。

根本講師が説明！ 本書の使い方 Web 動画！

◆アクセスはこちら

　本書の使い方を、著者の根本正次ＬＥＣ専任講師が動画で解説します。登録不要、視聴無料で、いつでもアクセスできます。

　本書の構成要素を、ひとつひとつ解説していき、設定の意図や留意点などを分かりやすく説明していきます。

　是非、学習前に視聴していただき、本書を効率よく使ってください。

※スマートフォン等による視聴の場合、パケット通信料はお客様負担となります。

◆二次元コードを読み込めない方はこちらから
https://www.lec-jp.com/shoshi/book/nemoto.html

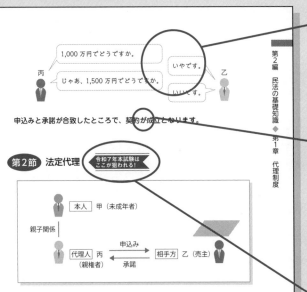

会話調のイラスト

流れや状況を会話調のイラストにすることにより、イメージしやすくなり、理解が早まります。

本文

黒太字：知識の理由となっている部分です。理由付けは理解するためだけでなく、思い出すきっかけにもなるところです。

赤太字：知識として特に重要な部分につけています。

令和７年本試験はここが狙われる！

令和７年本試験で狙われる論点をアイコンで強調表示しています。

条文

本試験では条文がそのまま出題されることがあります。覚える必要はありませんが、出てくるたびに読むようにしてください。

※上記は見本ページであり、実際の書籍とは異なります。

図に表示されている矢印の違い

本書には数多くの図が掲載されていますが、掲載されている矢の形で意味合いが異なってきます。

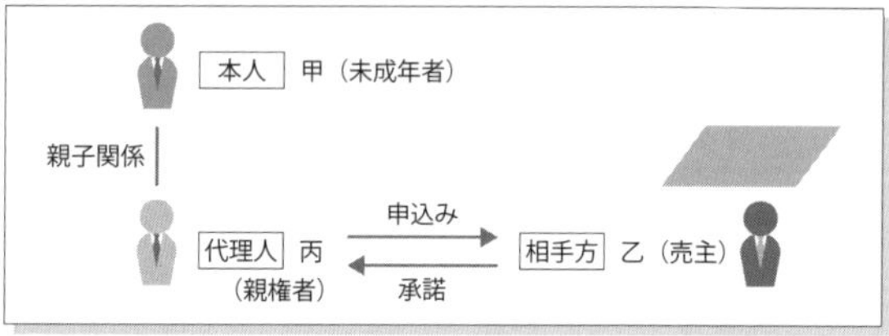

覚えましょう

試験問題を解答していく上で、欠かせない重要な部分です。読んだ後、この箇所を隠して暗記できているかを確認していきましょう。

覚えましょう

代理行為が成立する要件

① 本人 甲が権利能力を有すること
② 代理人 丙が代理権を有すること
③ 代理人 丙が 相手方 乙に対して顕名をすること
④ 代理人 丙と 相手方 乙との間に有効な契約が成立すること

理行為が有効に成立するためには、①から④までの要件が必要です。
この4つをすべてクリアすると、直接甲に効果帰属します。

（1）権利能力について

Point

その単元の特に重要な部分です。この部分は特に理解することをこころがけて読んでください。

Point

権利能力：権利義務の帰属主体となりうる地位
→「人」が持つ
→「人」とは、自然人・法人

権利能力とは、私は「**権利を持てる能力、義務を負える能力**」と説明しています。

そして、この**能力を持つのは、人**です。

法律の世界で人といった場合は、**自然人と法人**を指します。

4　LEC東京リーガルマインド　令和7年版 根本正次のリアル実況中継
司法書士 合格ゾーンテキスト 1 民法Ⅰ

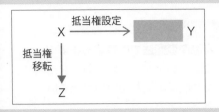

抵当権設定 X ──→ Y
抵当権移転 ↓ Z

→ や ⟹
流れを示しています。権利や物がその方向で動いていると思ってください。
※太さが異なっても意味は同じです。

──→
債権、所有権、地上権などの権利を差しています。誰が権利をもっていて、どこに向かっているかを意識してみるようにしてください。

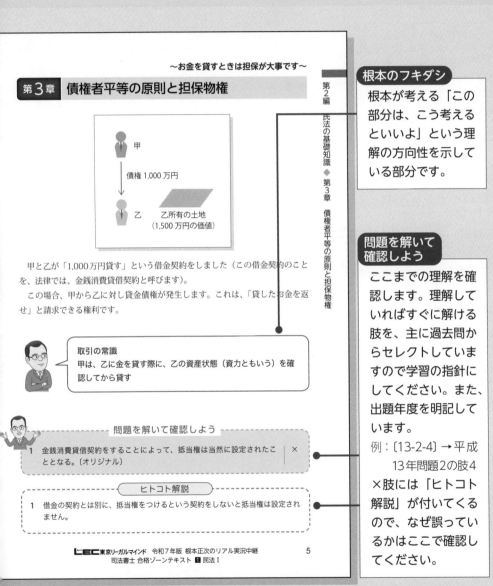

~お金を貸すときは担保が大事です~

第3章 債権者平等の原則と担保物権

甲
債権 1,000万円
乙 乙所有の土地
（1,500万円の価値）

甲と乙が「1,000万円貸す」という借金契約をしました（この借金契約のことを、法律では、金銭消費貸借契約と呼びます）。

この場合、甲から乙に対し貸金債権が発生します。これは、「貸したお金を返せ」と請求できる権利です。

> 取引の常識
> 甲は、乙に金を貸す際に、乙の資産状態（資力ともいう）を確認してから貸す

問題を解いて確認しよう

| 1 | 金銭消費貸借契約をすることによって、抵当権は当然に設定されたこととなる。〔オリジナル〕 | × |

ヒトコト解説

1 借金の契約とは別に、抵当権をつけるという契約をしないと抵当権は設定されません。

LEC東京リーガルマインド　令和7年版 根本正次のリアル実況中継
司法書士 合格ゾーンテキスト ❶ 民法Ⅰ
5

根本のフキダシ

根本が考える「この部分は、こう考えるといいよ」という理解の方向性を示している部分です。

問題を解いて確認しよう

ここまでの理解を確認します。理解していればすぐに解ける肢を、主に過去問からセレクトしていますので学習の指針にしてください。また、出題年度を明記しています。
例：〔13-2-4〕→平成13年問題2の肢4
×肢には「ヒトコト解説」が付いてくるので、なぜ誤っているかはここで確認してください。

※上記は見本ページであり、実際の書籍とは異なります。

（四）　印鑑証明書

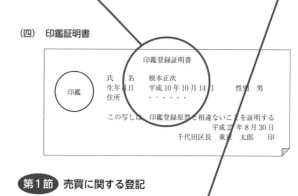

```
                印鑑登録証明書

        氏　　名　　根本正次
        生年月日　　平成 10 年 10 月 14 日　　　性別　男
 印鑑     住所　　　・・・・・

        この写しは、印鑑登録原票と相違ないことを証明する
                            平成 27 年 8 月 30 日
                    千代田区長　東京　太郎　　印
```

第1節　売買に関する登記

（一）　基本形の登記

順位番号	登記の目的	受付年月日	権利者その他の事項
1	所有権保存	（略）	所有者　（住所省略）　甲野一郎
2	所有権移転	（略）	原因　　平成17年9月1日売買 所有者　（住所省略）　乙野二郎

　１番に所有権保存で甲野一郎がいて，この甲野一郎が乙野二郎に所有権を全部売り，２番に所有権移転で乙野二郎名義になっています。

　この２番の所有権移転登記を作るための申請書を見ていきましょう。

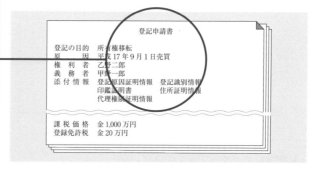

```
                登記申請書

登記の目的　　所有権移転
原　　　因　　平成 17 年 9 月 1 日売買
権　利　者　　乙野二郎
義　務　者　　甲野一郎
添付情報　　　登記原因証明情報　登記識別情報
             印鑑証明書　　　　住所証明情報
             代理権限証明情報


課税価格　　　金 1,000 万円
登録免許税　　金 20 万円
```

目 次

第2編　所有権に関する登記　　64

第1章　所有権移転①　特定承継　　64

根本正次のリアル実況中継

司法書士

合格ゾーン
テキスト

4 不動産登記法 I

まるわかり Web 講義

著者、根本正次による、科目導入部分のまるわかり Web 講義！

科目導入部分は、根本講師と共に読んで行こう！

初学者の方は、最初に視聴することをおすすめします。

◆二次元コードを読み込んで、アンケートにお答えいただくと、ご案内のメールを送信させて頂きます。

◆「まるわかり Web 講義」は各科目の「第 1 編・第 1 章」のみとなります。2 編以降にはございません。

◆一度アンケートにお答えいただくと、全ての科目の「まるわかり Web 講義」が視聴できます。

◆応募期限・動画の視聴開始日・終了日については、専用サイトにてご案内いたします。

◆本書カバー折り返し部分にもご案内がございます。

本格的な学習に入る前に、不動産登記法のキホンを見ましょう。

具体的には、「不動産登記法ではどういったことを学習するのか」を知った上で、「なぜ、不動産登記という制度が必要になっているのか」を見て、そして「登記簿はどういう仕組みになっていて、どうやって読むのか」を学びます。

その後、不動産登記は申請という行為によって行うため、その基本知識（申請書にはどういったことを書くのか、どういった書類を付けるのか）を学んでいきます。

〜お役人になったつもりで読みましょう〜

第1章 不動産登記に関する基礎知識

不動産登記法を途中であきらめてしまう理由
不動産登記法の内容が難しいから ×
→イメージが持ちづらい・面白みを感じない・
「曖昧な理解のまま」先に進むから

第1節 最後まであきらめないこと

この科目で、司法書士試験を挫折する方が結構多いです。

なぜ挫折するのか、というと法律の内容が難しいからというわけではありません（民法の方がはるかに、難しいです）。

受講生を見ていると挫折してしまうのは、3つほど理由があると思っています。

1つ目は、民法などと違って身近に感じられないため、**イメージが持ちづらい**ことが挙げられます。「イメージが持てない→おかしい→自分がこの試験に向い

ていないのではないか」と誤解してしまうのです。

2つ目は、**面白みを感じられない**ことがあります。民法のように第三者を保護しようとか、この人に酷じゃないかとかいった議論が全く出てきません。やれ誰の書類が要るとか、この書類は作成してから何か月以内の必要があるとか、ちっちゃいレベルの話が続くので面白みを感じにくいのです。

3つ目は、**曖昧な理解のまま進む**という点です。民法のようにがっちり理解して次に進むということがなかなか難しくて、「こんなもんかなぁ」という感じで次々と進んでしまい、完全に理解できていない状態のものが、ドンドンと溜まっていきます。

すると、

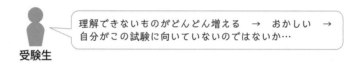

受験生 | 理解できないものがどんどん増える → おかしい → 自分がこの試験に向いていないのではないか…

と誤解してしまうのです。

こういった理由から、初めて学習する人にはハードルが高い科目と思われています。

ただ、ちゃんと勉強を積み重ねていけば、成績は確実にしっかり伸びる科目です。とにかく最後まで、まずは読み切ってしまってください。

では、次にこの不動産登記法では、何を学習するかを説明します。

第2節 不動産登記法では何を勉強するのでしょう

AからBに不動産を売っています。Aに登記名義があるので、Bとしてみれば自分に名義を移したいところです。

　登記簿を管理している役所を、登記所と呼びます（法務局がこの業務を行っています）。ここに、ＡＢ２人が「Ｂに売ったから、Ｂ名義にしてください」とお願いをすることになります。これを申請といいます。

　ただ、このお願いは手ぶらではできません。

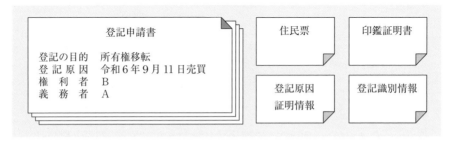

　このお願いをするには、紙と証拠が必要です。

　上に載っている登記申請書、これが必要な紙です。そして、住民票・印鑑証明書・登記原因証明情報・登記識別情報というのが証拠のことです。

　出題のメインはこの２つです。

　１つ目が「**申請書には、何を書くのか**」そして、２つ目が「**証拠としては、どんな書類を付けるのか**」、これが出題されます。

順位番号	登記の目的	受付年月日	権利者その他の事項	
2	所有権移転	（略）	原因 所有者	令和４年10月10日売買 （住所省略）　　　Ａ
3	所有権移転	（略）	原因 所有者	令和６年９月11日売買 （住所省略）　　　Ｂ

　これは、登記申請をして名義変更をした状態の登記簿です。どんな情報が載っているでしょうか。売買契約の日、そして今の所有者が住所から記載されています。

　「登記した状態、**どういった登記簿になるのか**」、こういったことも問われます。

第3節 不動産登記法の配点を見ましょう

(1) 午後の部　択一
16問／35問　×　3点　＝　48点／105点
(2) 午後の部　書式（記述式）
70点／140点
(3) 合計
118点／350点　（cf. 民法　→　60点／350点）

　民法と同じように五択の問題があります。全部で16問、1問3点配点ですから合計48点になります。民法が20問で60点配点なので、その次に匹敵する出題数です。

　次に書式（記述式）とあります。書式（記述式）、これは**論文ではありません**。先ほどいった申請書を手で書く試験です。司法書士になった時に申請書が書けるのか（仕事ができるのか）が出題されます。

　択一と書式、合計すると118点配点となります。択一と記述を含めると、不動産登記法がこの試験で一番配点が高いのです。

第4節 なぜ不動産登記という制度がいるのでしょうか

　では、本題に入りましょう。そもそも、なぜこの不動産登記という制度が必要なのでしょうか。

不動産取引の安全・円滑
＝　不動産は、高価な財産
➡　その取引は、安全かつ迅速（円滑）に行われるべき

　みなさんが、不動産を買おうとした時に、その物件に抵当権が付いているか付いていないか分からない状態でした。その状態で不動産は買えますか？

　不動産は一生に一度の高額な買い物ですから、**抵当権がついているかどうか分からない状態では怖くて買えません**。

　そのため買う前には、抵当権が付いているかどうかの調査をします。ただ調査

といっても、まともに調べたら、とんでもない時間が掛かります。

　そこで、登記所に行って調査をするのです。

　登記所には１つ１つの不動産について情報公開をしている紙、データがあります。それが登記簿です。

　登記所で頼めば、ものの２、３分で情報がもらえます。不動産について抵当権が付いているか付いていないのかという情報が２、３分で手に入るのです。しかも、国が証明している情報なので、ある程度は信用できます（公信力は無いので、完全に信用してはいけないのですが……）。

　これによって不動産取引を安全に、しかも素早くできるようになります。

　これが不動産登記制度の目的です。不動産を安全に、しかも早く取引できるようにしたいのです。

不動産に差押えが入り、処分ができない状態になったとします。
これは登記簿に載せるべきか？

　所有者Ａが差押えを受けて処分権が無い状態になっています。

　Ａから不動産を買おうと思っている人は、この情報は知りたいでしょうか？

　もちろん、知りたいですよね。そのため、こういった差押えがあったことは登記に載ります。

☞ Point

不動産ごとに登記簿がある

（不動産ごとに情報公開している）

　土地が１つあれば登記簿を１つ、建物が１つあれば登記簿を１つ用意しています。不動産ごとに情報公開をしているのです。

> **Point**
>
> 情報公開（公示）する内容
> ① 権利関係の現状
> ② 権利関係の過程

　不動産登記簿に載せるものは、今どうなっているか（権利関係の現状）だけでなく、そこまでの**流れ（権利関係の過程）まで載せることにしています。**

　つまり、今の所有者がＡだということだけでなく、どういう流れでＡが所有者になったのかまで載せることにしています。

　特に、この流れを載せることを強く意識してください（**これが不動産登記のキモともいえる部分**です）。

第5節　売買契約がされてから登記が入るまで

　では、次に不動産取引、登記の流れを見ましょう。売買契約から登記が入るまでを見ていきます。

> ①甲山一郎が所有するＸ土地を金１億円で乙山次郎に売り渡す契約が、令和６年４月１日に有効に成立した。
> ②甲山一郎及び乙山次郎は、司法書士司法太郎に登記申請手続の代理を依頼した。
> ③司法太郎は２人から事実関係を聴き、登記申請意思を確認した。
> ④司法太郎はＸ土地を管轄する法務局でＸ土地の登記事項証明書の交付を請求し、甲山一郎が所有者であること、その他の権利が記録されていないことを確認し２人から必要書類を受領した。
> ⑤司法太郎は登記申請書を作成し、必要書類を添付して法務局に申請（提出）した。
> ⑥申請を受けた登記官は受付をし、申請書を調査し、登記事項を調査し、登記事項を登記記録に記録し、登記が完了した。
> ⑦乙山次郎は登記した申請につき登記識別情報の通知を受けた。

　この①のところを見てください。売買契約によって、所有権移転という物権変動が生じています。ここからスタートです。

　次に②司法書士に頼む場面に入ります。登記の申請自体は自分たちでもできま

す。ただ、登記に失敗すると対抗力が手に入らなくなるので大体はプロに頼みます。事件数の7割から8割は司法書士に頼んでいると言われています。

③④を見てください。頼まれた司法書士は本当に売買する意思があるのか、本当に物件を間違えていないのか、そういったことをチェックします。

その後、登記所に「これを登記してくださいよ」とお願いします（⑤の部分です）。

次に⑥ですが、これは審査をする場面です。登記官という公務員の方が、登記をしていいかどうかの審査をします。審査して問題がなければ、登記簿に登記をするのです。

そして⑦登記識別情報の通知を受けたとあります。

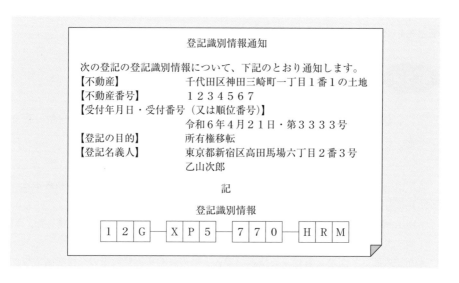

登記識別情報通知

次の登記の登記識別情報について、下記のとおり通知します。
【不動産】　　　　　　　　　千代田区神田三崎町一丁目1番1の土地
【不動産番号】　　　　　　　1234567
【受付年月日・受付番号（又は順位番号）】
　　　　　　　　　　　　　　令和6年4月21日・第3333号
【登記の目的】　　　　　　　所有権移転
【登記名義人】　　　　　　　東京都新宿区高田馬場六丁目2番3号
　　　　　　　　　　　　　　乙山次郎

記

登記識別情報

| 1 2 G | X P 5 | 7 7 0 | H R M |

図の下の方に、「12G-XP5-770-HRM」と書いてある英数字が見えるでしょうか。この12桁の英数字の組合せが登記識別情報です。

これは**パスワード**です。

乙山次郎

あなた本当に乙山次郎さんですか。乙山次郎さんだということを証明するパスワードを出してください。

登記官

パソコンや、スマートフォンなどの操作で、本人確認のためにパスワードを要

求されることが多いですね。不動産登記も同じなのです。この乙山次郎さんが次に売る時にパスワードを要求されるのです。

そのパスワードが登記識別情報です。

Point

形式的審査権

登記官は、登記簿・申請書・添付情報からしか判断することはできない。

（× 実体判断をしてはいけない）

登記官が審査する時の判断材料は限定されています。当事者を登記所に呼び出して話を聞くということはできません。

登記所に呼び出して話を聞いた方がいいんじゃないか、現地に行った方がいいんじゃないかって思いませんか？

確かにそちらの方が真実に近づくでしょう。

ただ、登記は、**毎日申請される件数が大量です**。大量な案件について呼び出して話を聞く、現地を見に行く。そんなことしていたら終わりません。そこで、登記官が見られるものは登記簿、申請書、添付情報だけに限定してしまったのです。

ここで誤解してほしくないのは、「**物権変動があったか無かったか（実体判断といいます）は審査できる**」ということです。実体判断はできますが、**判断の材料は登記簿、申請書、添付情報からしかできない**のです。

では次に、登記簿の見方を説明しましょう。

表　題　部（主である建物の表示）		調製	余白	不動産番号	1234567890123
所在図番号	Ａ１１－１				
所在	東京都文京区小日向二丁目２４番地２			余白	
家屋番号	２４番２の１			余白	
①種類	②構造	③床面積　　　　㎡		原因及びその日付［登記の日付］	
居宅	木造スレート造2階建	1階　　65:00 2階　　50:00		令和5年11月1日新築 ［令和5年11月1日］	

表　題　部（附属建物の表示）					
符号	①種類	②構造	③床面積　　㎡	原因及びその日付［登記の日付］	
1	（省略）	（省略）	（省略）	（省略）	
所有者	東京都杉並区青葉一丁目1番1号　　野口太郎				

権利部（甲区）（所有権に関する事項）			
順位番号	登記の目的	受付年月日・受付番号他	権利者その他の事項
1	所有権保存	令和5年11月1日第2222号	所有者　（住所省略）　野口太郎

権利部（乙区）（所有権以外の権利に関する事項）			
順位番号	登記の目的	受付年月日・受付番号他	権利者その他の事項
1	抵当権設定	令和5年11月1日第2223号	原因　　令和5年11月1日金銭消費貸借同日設定 債権額　金2,000万円 利息　　年10% 損害金　年12% 債務者　（住所省略）　野口太郎 抵当権者　（住所省略）　東銀行株式会社

登記簿というのは全部で3つのパーツに分かれています。

1番上に表題部という部分があり、ここは**物理的な情報公開**をしています。大きさがどれぐらいだとか、何階建てだとかが載っています。

次に権利部甲区という欄があり、ここでは、**所有権の情報が公開**されています。誰が所有者かはここを見ると分かります。

最後に権利部乙区、ここは**所有権以外の情報公開**をしています。抵当権があるかとか地上権があるかとか、そういうことは乙区を見れば分かります。

受付番号という欄が、甲区・乙区にあるのを見付けてください。これは、登記を申請した日です。この後3日なり4日なり経って登記が実行されます。

登記されると、**対抗力はこの受付番号の時点に遡って取得**できます。

この受付番号は登記を申請した日ですが、結果的には対抗力を手に入れる日になります。

【登記記録ができる順番】

```
┌─────────────────┐
│  表  題  部      │
└─────────────────┘
        ↓ 所有権保存登記申請
┌─────────────────┐
│  権利部    甲区  │
└─────────────────┘
        ↓ ex. 抵当権設定登記申請
┌─────────────────┐
│  権利部    乙区  │
└─────────────────┘
```

登記簿は、表題部・甲区・乙区のすべてが一気に作られているわけではありません。

まず表題部というものが作られます。これは家を完成させたら図面などを持って登記所に申請すると作られます。

その後に所有権保存登記申請をすることで、やっと甲区1番が作られます。その後に抵当権設定登記等があると、そこで乙区が作られます。

だから順番として、**表題部→甲区→乙区の順番で作られる**のです（だから、表題部と乙区だけがある登記簿というのは、絶対にありえませんね）。

👉 **Point**

表題部 「所有者」が記載される（暫定的・対抗力無し）
➡ 甲区1番で所有権保存登記がされると抹消される。

表題部の欄、一番下に「所有者　東京都杉並区青葉一丁目1番1号　野口太郎」という部分があります。

実は建物を作った時点で所有者が記載されます。ただ、これには対抗力がありません。

その後所有権保存登記の申請をすると、ここで対抗力が得られます。対抗力が

得られれば、もはや対抗力が無い所有者欄は要らないので、所有権保存登記が入ると**登記官の方で勝手に（職権で）表題部の所有者を抹消**してくれるようになっています。

　表題部に書いてある所有者欄に下線が引かれていませんか？

　登記において下線が引かれているというのは、**重要という意味ではなく、この情報は死にました**という意味なのです。

専有部分の家屋番号	（省略）						

表　題　部（一棟の建物の表示）				調製	（省略）所在図番号		（省略）
所在	文京区小日向二丁目1番地1、同番地2			余白			
建物の名称	ダイアモンドマンション			余白			
①構造	②床面積　　　　　　　　㎡			原因及びその日付［登記の日付］			
鉄筋コンクリート造陸屋根5階建	1階 59000 2階 59000 3階 59000 4階 50000 5階 50000			［令和5年12月1日］			

表　題　部（敷地権の目的である土地の表示）							
①土地の符号	②所在及び地番		③地目	④地積　　　　㎡		［登記の日付］	
1	文京区小日向二丁目1番1号		宅地	43000		令和5年12月1日	
2	文京区小日向二丁目1番2号		宅地	31000		令和5年12月1日	

表　題　部（専有部分の建物の表示）			不動産番号	（省略）
家屋番号	小日向二丁目1番1の102		余白	
建物の名称	１０２		余白	
①種類	②構造	③床面積　　　　㎡	原因及びその日付［登記の日付］	
居宅	鉄筋コンクリート造1階建	1階部分　　85 00	令和5年12月1日新築 ［令和5年12月1日］	

表　題　部（敷地権の表示）				
①土地の符号	②敷地権の種類	③敷地権の割合	原因及びその日付［登記の日付］	
1	所有権	2000分の50	令和5年12月1日敷地権 ［令和5年12月1日］	
2	賃借権	2000分の50	令和5年12月1日敷地権 ［令和5年12月1日］	
所有者	東京都文京区小日向一丁目1番1号　株式会社根本住建			

権利部（甲区）（所有権に関する事項）				
順位番号	登記の目的	受付年月日・受付番号	権利者その他の事項	
1	所有権保存	（略）	原　因　令和5年12月7日売買 所有者　（住所省略）　鈴木大介	

　前記の登記簿は区分建物の登記簿です。区分建物というのは、分譲マンションのことを指します。賃貸のマンションではありません。

　分譲マンションでは1部屋ごとに1つの不動産として扱います。だから100部屋あれば不動産は100個、100部屋であれば登記簿も100個なのです。

　前ページに載っている登記簿は102号室です。

　一番上を見てください。「表題部（一棟の建物の表示）」というのがあります。これはマンション全体の表題部です。102号室の登記簿を取ったのに、マンション全体の表題部も併せて記載され、これを見ることによって、マンション全体の作りが分かります。

　その後に表題部（専有部分の建物の表示）というのが登記されています。この専有部分というのが102号室のことを指します。そして権利部甲区、乙区と続いています。

　このようにマンションの登記簿というのは**全体の表題部が入り**、その後**102号室の表題部、甲区・乙区**と並んで入ります。

第7節　主登記で入る登記、付記登記で入る登記

　次は主登記、付記登記という「登記の入る形式」を説明します。

順位番号	登記の目的	受付年月日	権利者その他の事項
1	所有権保存	（略）	所有者　○市○町○丁目○番地 甲山一郎
2	所有権移転	（略）	原因　令和4年4月1日売買 所有者　○市○町○丁目○番地 乙山次郎
付記1号	2番登記名義人住所変更	（略）	原因　令和5年5月1日住所移転 住所　○市○町○丁目○番地

　こちらには、3つの登記が入っています。

　冒頭の「1　所有権保存」ここは、1番所有権保存と読んでいきます。「2　所有権移転」、ここは2番所有権移転と呼びます。この2つとも1番、2番と独立番号が付いています。こういった独立番号がついている登記を主登記と呼びます。

　次に「付記1号」部分があり、ここは「2番付記1号」と呼びます。独立番号

は付いていなく、２番にくっ付いて入っている扱いなのです。こういった登記を付記登記と呼びます。

　２番付記１号の中身を読んでください。どうやら引っ越したようです。この場合、２番の欄に下線が入り「この情報は死にました。今の情報はこうなっていますよ」ということを公示しています。

　このように付記登記は後から突っ込んで入る登記というイメージを持ってください（学習初期段階ではこのように考えてください）。

これで到達！　合格ゾーン

☐ 買戻期間の満了による買戻権の登記の抹消は、主登記により行われる（不登規３参照）。〔21-23-イ〕

> ★抹消登記は、権利の種類を問わず、「絶対に」主登記で登記します。消滅という重大な効果は、主登記ではっきり示したいという趣旨と思われます。

☐ 債権の譲渡を原因とする抵当権の移転の登記は、付記登記により行われる。
〔21-23-オ〕

> ★「所有権は主登記」「所有権以外は付記登記」で実行されることが多くあります。権利の移転はこの形式で実行されます。

☐ 破産手続開始の登記は、所有権については主登記、所有権以外の権利については付記登記である（平16.12.16民二3554号）。〔25-12-イ〕

> ★今回のような処分権を制限する登記も、「所有権は主登記」「所有権以外は付記登記」で実行されます。

☐ 所有権以外の処分の制限の登記は、付記登記によってされる（不登規３④）。
〔25-12-エ、22-18-オ〕

> ★地上権に対して仮処分が入った場合です。仮処分がされれば、処分権が制限されるので、上記の破産と同じ扱いになります。

☐ 地上権を目的として抵当権設定の登記を申請した場合、当該登記は地上権設定の登記に付記して登記される（平28.6.8民二386号記録例363）。

〔62-22-5（23-18-オ）〕

> ★抵当権を設定する場合も、所有権に抵当権を設定する場合は主登記、所有権以外に抵当権を設定する場合は付記登記となっています。

☐ 賃借権が敷地利用権である場合の敷地権である旨の登記は、主登記でされる。

〔2-24-ア（24-24-ウ）〕

> ★敷地権化するという重大な変更は、権利を問わず主登記で実行されます。

☐ 順位の変更の登記は、順位の変更の対象となる各抵当権の登記に付記してされるのではなく、主登記で実行される。〔16-19-1〕

> ★配当順が変わるという重大な変更は、主登記ではっきりと示します。

☐ 賃借権を先順位抵当権に優先させる旨の同意の登記は、主登記で行う（平15.12.25民二3817号）。〔25-12-ウ〕

> ★こういった重大な変更は、各登記に付記して実行するのではなく、1個の主登記で実行します。

☐ 所有権を自己信託の対象とした場合における当該所有権が信託財産となった旨の権利の変更の登記は、主登記によってされる。〔25-12-オ〕

> ★これも重大な変更なので、主登記で実行されます。

☐ 登記事項の一部が抹消されている場合においてする抹消された登記の回復の登記は、付記登記によってされる（不登規3③）。〔31-22-イ〕

> ★権利の発生は主登記でされる傾向があります。抹消回復登記（権利のすべてが復活する場合）は主登記で実行されますが、「抵当権の利息部分を間違って抹消したしたので、その部分を復活させたい」というような一部分を復活する抹消回復登記は付記登記で実行されます。

極度額の変更の登記は常に付記登記でされる（昭46.10.4民甲3230号）。

〔4-26-3（21-23-ア、25-12-ア）〕

> ★抵当権の債権額の変更の場合、承諾があれば付記登記、承諾がなければ主登
> 記で実行されます。極度額の変更は、承諾が必ず必要（承諾がなければ効力
> が生じない）なので、必ず付記登記になります。

第8節 対抗力がない登記（仮登記）

> 仮登記
> 現時点で登記ができない
> → 二重譲渡が怖い
> → 順位番号だけ先にもらいたい
> → 仮登記を申請する

では続いて仮登記というのものを学んでいきます。

基本的には、登記をすると対抗力が手に入ります。ただ、仮登記というのがあり、この形式で入ると対抗力を手に入れることはできません。

具体例で見ていきましょう。

山下さんの不動産を、川上さんに売ることにしたのですが、諸事情により、売買契約ではなく、「将来買うよ」という予約にとどめています。まだ本契約までいっていないので、川上さんへの名義変更はできません。

ただ川上さん自体は「二重譲渡されそうで怖いなぁ」と思っています。

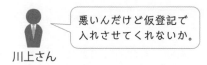

川上さん   山下さん

今回、山下さんは、仮登記をOKしてくれました。それに基づいて、登記した
のが次の順位番号2番の状態です。

順位番号	登記の目的	受付年月日	権利者その他の事項
1	所有権保存	（略）	所有者　（住所省略）　山下五郎
2	所有権移転請求権仮登記	（略）	原因　　令和6年6月21日売買予約 権利者　（住所省略）　川上清
	余白	余白	余白

2番の欄を見てください。仮登記の場合、登記簿の下が余白になります。この
余白のある**仮登記には対抗力がありません**が、この時点で**順位番号2番が取れて
います**。

この仮登記をしておくと大きなメリットがあります。

川上さんの予感は当たりました。山下さんは、川上さんを裏切って谷村さんに
売ってしまい、そして谷村さんが登記を入れたのです。ただ、これでも川上さん
は安心です。

その後、川上さんが山下さんとの売買予約契約を本契約しました。

これにより、川上さんは、先ほどの**余白に自分の名前を入れる**ことができるよ
うになります。これを本登記といいます。

その本登記が入ると、どうなるのでしょうか。

順位番号	登記の目的	受付年月日	権利者その他の事項
1	所有権保存	（略）	所有者　（住所省略）　山下五郎
2	所有権移転請求権仮登記	（略）	原因　　令和5年6月21日売買予約 権利者　（住所省略）　川上清
	所有権移転	（略）	原因　　令和6年7月31日売買 所有者　（住所省略）　川上清
3	所有権移転	（略）	原因　　令和5年8月22日売買 所有者　（住所省略）　谷村三郎
4	3番所有権抹消	余白	原因　　2番仮登記の本登記により令和6年7月31日登記

　先ほどまで余白だった部分に川上さんの名前が入っています。これで**対抗力が手に入れられます。**

　山下さんから川上さん・谷村さんへの二重譲渡がされているのですが、先に登記したのはどちらでしょう。2番で登記されている川上さんです。そのため、先に登記した川上さんの勝ちになり、負けた谷村さんの登記は消されます。

　これが仮登記をする実益です。仮登記をして順位番号2番を持っていれば、後で遅れた登記を消せるのです。

　この仮登記の趣旨を下記に入れましたので、見ないでいえるようにしてください。

🖐 **Point**

現時点で登記ができない

⬇

二重譲渡されると困る

⬇

とりあえず仮登記をして順位番号2番をもらってしまう
（順位保全）

⬇

後で順位番号3番が出てきても抹消できる

第9節 登記簿に名前が載せられる人は？

> 登記名義人：権利能力を持つ必要がある

登記名義人というのは、所有者、抵当権者、根抵当権者というように登記簿上に載る人と思ってください。

誰でも登記名義人になれるわけではありません。

例えば登記簿に「所有者　ポチ」「所有者　ラスカル（あらいぐま）」というのはありえないですね。彼らには**権利能力は無いから、所有者になれるわけがありません**。

では、権利能力に疑義がある人はどうでしょう。例えば胎児、権能なき社団等です。

まずは胎児です。

胎児の考え方について、判例は停止条件説を採用し、登記実務は解除条件説を採用しています。

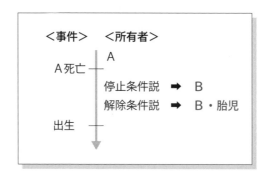

左に事実、右には所有者の流れを書いています。

所有者がAで奥さんがB、そしてBに胎児がいると思ってください。所有権の流れはどうなるのでしょうか。

Aが死んだ時点で胎児がまだ生まれていないので、停止条件説だと所有者はB

だけになります（この時点では胎児は所有権を受け取れません）。

　一方、解除条件説だと、この時点で胎児は権利能力を持っていますから、Ｂと胎児が所有権を取得します。

　登記実務は、解除条件説を採用しているので、父が死亡した場合、母Ｂと胎児名義で登記することになるのです。

①権利能力なき社団名義	×

　次は権利能力なき社団です。

　権利能力なき社団は簡単に作れてしまうことから、団体名義の登記を認めると**「所有権取得→毎年の固定資産税が怖い→権利能力なき社団をでっちあげる→団体名義にする」**という虚偽の登記がされる危険があります。

　こういうところから権利能力なき社団名義はＮＧとしています。

　では、誰名義にすればいいのでしょうか。

②社団代表者たる肩書付の代表者個人名義 　ex.「根本テニスサークル 代表理事　Ｂ」	×

　Ｂ個人名義なのですが、団体の肩書が入っているのでダメです。とにかく権利能力なき社団が登記簿上に出てくることを嫌がっています。

③社団構成員全員の共有名義	○

売主
（所有権）　──売却→　社団
ＡＢＣ

　ある権利能力なき社団があってメンバーがＡＢＣだとします。売主からこの社団が不動産を買ったとします。

　所有権は誰が受け取るでしょう。社団自体には権利能力は無いのですから社団が受け取ることはできず、メンバー全員で受け取ります。

メンバー全員で受け取る以上、メンバー全員名義にする必要があります。

ただ、メンバーが3人ならいいですが、この権利能力なき社団がOB会とかPTAとかだったらとんでもない人数になり、**全員名義にすることは現実性がありません**。

④代表者個人名義	○

そこで代表者個人名義にしておくことを認めています。

どういった理屈なのでしょうか。

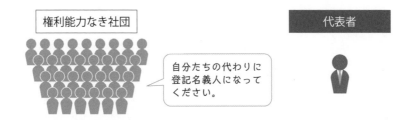

メンバーの全員で代表者に「自分たちの代わりに名義人になってください」と頼んでいるのです。それに対して代表者が承諾しています。

代表者名義をお願いする委任契約をしている、というのが登記実務の立場です。

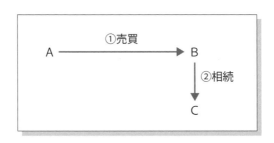

死者名義に登記ができるかという論点です。死者は権利能力を持っていないので、死者名義に登記はできなさそうです。

上の図を見ると、AがBに売り、Bが死んでCが相続をしている状態です。もし、死者のB名義にできなければ、次のような登記簿になりそうです。

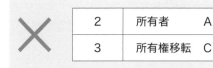

2	所有者	A
3	所有権移転	C

　この登記簿はNGです。所有権の流れがAからCに見えてしまいます。

　今の権利関係は正しいのですが、そこまでの流れがおかしくなっていしまいます。**不動産登記は、権利関係の現状だけでなく、過程も公示する**ので、この登記簿は許されません。

　下のような登記簿を作るべきです。

2	所有者	A
3	所有権移転	B
4	所有権移転	C

　結果的には、死者名義の登記を認めるしかありません。

　ただ死者名義といっていますが、Bは死んだ後に所有権取得したわけではありませんね。所有権を取得した時点ではBには権利能力があり、その時のことを公示しているに過ぎないのです。

　これで登記名義の話はおしまいにしましょう。

問題を解いて確認しよう

1	権利能力なき社団の代表者の肩書きを付した代表者を抵当権の登記名義人として、抵当権の設定の登記を申請することができる。〔オリジナル〕	×
2	売買による所有権移転の登記をする前に買主が死亡した場合には、買主の相続人は、相続を証する書面を添付して、売主と共同して直接自己名義に所有権移転の登記を申請することができる。〔1-24-2〕	×

ヒトコト解説

1 権利能力なき社団の代表者の肩書きを付した代表者名義は許されません。

2 一旦は買主名義に登記する必要があります。

これで到達! 合格ゾーン

☐ 胎児が贈与を受けた場合において、胎児のままその名義で登記を受けることはできない。〔15-27-ア〕

> ★胎児の権利能力は、限定的で、相続（民886Ⅰ）、遺贈（民965）及び不法行為による損害賠償請求（民721）についてしか認められません。

☐ 登記名義人が死亡し、胎児のほかにも共同相続人がいる。ここで、胎児の母が法定代理人となって遺産分割協議をした場合でも、その協議に基づいた相続の登記は認められない（昭29.6.15民甲1188号）。

〔15-27-ウ（29-19-ア、令3-19-オ）〕

> ★胎児の相続の権利能力は、法定相続分に限って認められています。

☐ 胎児の母が、法定代理人に準じて胎児名義の相続登記を申請する場合、「何某胎児」と申請情報に表示する（令5.3.28民二538号）。〔15-27-エ〕

> ★無理に名前をつけるのではなく、「何某胎児」という仮の名前で登記をします。

☐ 胎児を含めた法定相続分による共同相続登記後に、胎児が生きて生まれてきた場合は、所有権登記名義人の氏名等の変更の登記を申請することができる。

〔24-17-1〕

★胎児中に仮名で登記したあと、出生した場合には命名した名前で登記することになります。

☐ 法人格を有しない社団を債務者として、抵当権又は根抵当権設定の登記を申請することができる（昭31.6.13民甲1317号、登研468-97）。〔6-22-2〕

★登記名義人については権利能力又は法人格を有していなければなりませんが、債務者は登記名義人ではなく、一登記事項にすぎないので、上記のように法人格を有しない社団名義の名前で登記ができます。

☐ 法人格なき社団を受益者として信託の登記をすることは認められない（昭59.3.2民三1131号）。〔12-25-4〕

★受益者は、原則として信託の登記の申請人とはなりませんが、受託者に代位して信託の登記をする場合など、申請人となる場合が生じるので、登記の申請人となる資格を有する必要があります。

第10節 登記の連続性

 Point

登記の連続性

登記簿 ＝ 今の所有者と扱う

➡ 過程の公示をしたい

　ここでは、審査をする時の登記官の立場を説明します。**登記官というのは登記簿上の名義人を、現在の所有者と扱う**ことになっています。

2	所有者	A

登記名義がＡですが、実際にはＡがこれをＢに売り、ＢがＣに売っています。現在の所有者はＣですが、登記名義はＡのままの状態です。

この登記簿の状態で登記官が申請を通すでしょうか。

登記官は登記名義がＡであれば、所有者はＡだと考えるため、ＣがＢから買いましたという主張を、**登記官は他人物売買と判断**します。そのためＡの名義のままＢから買いましたという主張は通りません。

ではどうすれば通るのでしょうか。**登記簿をＢ名義にすればいいのです。**

2	所有者	A
3	所有権移転	B
4	所有権移転	C

ＡからＢ名義にする。そうするとＢから買いましたという主張が通るから、ＢからＣ名義にすることができます。

結果として権利変動の過程が忠実に示せていることに気付けるでしょうか。

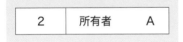

2	所有者	A

次の事例です。Ａが登記をした後に、結婚して苗字がＡ′と変わりました。しかし登記名義はＡのままの状態です。

この状態で「ＢがＡ′から買いました」という主張は通りませんね。

登記官は登記名義がＡである以上、Ａが所有者だと思います。そのためＡ′から買ったとの主張は他人物売買と扱ってしまうため、上記の主張は通りません。

今回の登記を通すには次のように、**ＡからＡ′に名前を変える必要があります。**

○	2	所有者	<u>A</u>
	付1		A'
	3	所有権移転	C

　「登記名義人＝今の所有者と扱った」結果、登記簿には、今の所有者が誰なのかだけでなく、そこまでの**プロセスがキチンと載る**ことになります。

LEC東京リーガルマインド　令和7年版 根本正次のリアル実況中継
司法書士 合格ゾーンテキスト 4 不動産登記法Ⅰ

第2章 不動産登記の申請に関する基礎知識

> 出題のメインである、申請書の書き方の基本、添付書類の書き方の基本を学んでいきます。ここの基本をおろそかにすると、この後の学習がきつくなるので、覚えるべきことはしっかり覚えましょう。

第1節 登記をお願いする時は、誰が行けばいいのでしょう

(1) 物権変動を起こす行為と、登記を申請する行為

Aが所有している不動産についてABで売買契約を締結し、その後登記申請をした。

このAとBは、2つの行為をしています。下の図を見てください。

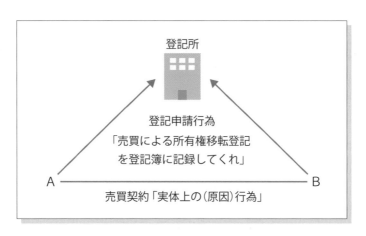

まずAB間で売買契約という実体上の行為、**物権変動を起こす行為**をしています。

その上で登記所に対し、登記申請行為をしています。これは売買による所有権

移転登記を登記簿に記録してくれ、と**登記所に頼んでいる行為**を指しています。

　今、ＡＢはこれら２つの行為をしていることを意識してください。

　この２つの行為、口頭ですることは可能でしょうか。

　実体上の行為自体である売買は契約書にする必要は無く、口頭でできますよね。

　一方、**登記申請行為に関して口頭はＮＧです。これは紙に書いて出す必要があ
ります**（オンラインでの手続を除きます）。

　行為能力は必要でしょうか。

　実体上の行為はもちろん行為能力は必要です。一方、**登記申請行為は、実体行
為の後始末に過ぎないので行為能力は要りません。**

　このように、実体の行為か、登記申請の行為かによって扱いが違うところが
多々あります。そのため、当事者がやっている行為は、実体上の行為か登記上の
行為かを意識するようにしてください。

（2）登記申請行為についてのキホンの考え方

> 👉 **Point**
>
> **申請主義**
> 権利に関する登記は、当事者からの申請を待って登記手続が開始されると
> する原則

　ここからは、登記申請行為の概念を１つずつ説明していきましょう。

　まず申請主義という言葉です。これはざっくりいえば「**頼まないと登記はされ
ない**」ということです。

　ただ場合によっては、頼んでいないのに、登記所の方で勝手に登記することが
あります。例えば、建物で登記されていない建物を発見したら、表題部は登記所
が勝手に作ってしまいます。このようなものを、職権登記と呼びます。

> **Point**
>
> 当事者出頭主義：権利に関する登記の申請は、当事者又はその代理人が
> 　　　　　　　登記所に出頭してしなければならない
>
> ➡ 　現行法では採用していない

これは平成17年まで定められていた原則です。昔は登記所にやって来なさい、そして、申請は申請書という紙に書いて出しなさいとしていました。

平成17年にオンライン登記申請というのを認めました。オンライン登記申請、登記申請をパソコン上で行うことです。

この制度を認めた結果、登記所にやって来いという建前や紙に書いて出せという建前は維持できなくなり、今は登記所に来なさいという原則を撤廃しました。

ちなみに、登記申請は**書面での申請**と**オンラインでの申請**が認められています。そして、書面で申請する場合は、**出頭する**ことだけでなく、**郵送する**ことも認められています。オンラインでの申請を認めた以上、郵送も認めるようになったのです。

(3) 共同申請主義（非常に重要です）

> **60条**
> 　権利に関する登記の申請は、法令に別段の定めがある場合を除き、登記権利者及び登記義務者が共同してしなければならない。

共同申請主義、売買契約でいえば、

登記の申請は売主と買主の両方でやりなさいということです。

売主が申請する理由は真実性を確認するためです。
不利益を受ける人が申請している＝真実性が高い

不利益を受ける、つまり名義が無くなるにもかかわらず申請に来ているというのであれば、まず間違いないだろうということです。

一方、**権利者側の買主がする理由は、私的自治の原則**からです。

売主の意思だけで買主名義に移すことになれば、売主の意思だけで買主に対抗力を取得させることになります。これは、買主の意思が無いのに、買主に権利を取得させていることになるので、私的自治の原則に反します。

　そのため、売主と買主の両方でしなくてはいけないとしたわけです。

　売主、買主という表現を使いました。しかし正確には登記権利者、登記義務者という用語になります。

> **☝Point**
>
> 登記簿上利益を受ける者　　：登記権利者
> 登記簿上不利益を受ける者：登記義務者

　ざっくりいえば、**名義を取得すれば利益を受ける。名義を失えば不利益になる**と思って結構です。だから売買契約であれば、売主が義務者で、買主が権利者になります。
　ではこんな場合はどうでしょう。

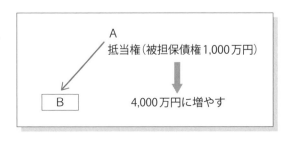

　上の事例、抵当権者のA、設定者のBのどちらが得をして、どちらが不利になるでしょう。
　これは抵当権の力が大きくなるので抵当権者が利益を受けるし、土地の負担が重くなる設定者が不利になりますよね。だから抵当権者Aが権利者で、義務者が設定者Bとなります。
　誰が権利者で、誰が義務者になるかは、登記申請ごとに決まっています。これは1つずつ覚える必要があります。

第2節　登記を申請する時の申請書には、何を、どこに書くのでしょう

ここからは、登記申請書の書き方の基本を説明していきます。

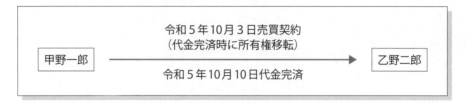

　令和5年10月3日に甲野一郎という所有者が乙野二郎に不動産を売っています。ただ、契約には「代金完済時に所有権が移転する」という特約を付けていたのです。その後令和5年10月10日に代金を払っているので、令和5年10月10日に物権変動は起きました。

　では、甲野さん名義を乙野さん名義にするには、どのような書類を作ればいいのでしょうか。

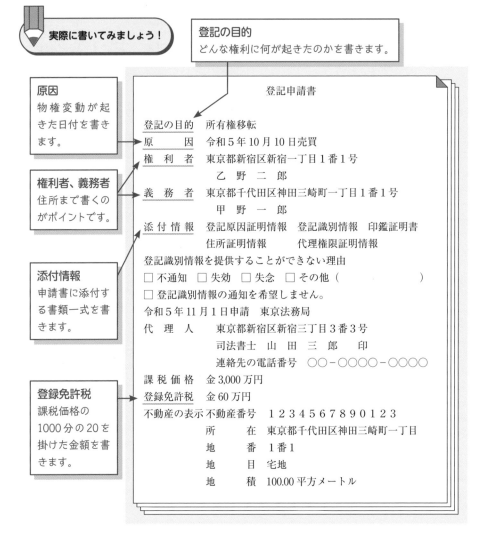

登記の目的
どんな権利に何が起きたのかを書きます。

原因
物権変動が起きた日付を書きます。

権利者、義務者
住所まで書くのがポイントです。

添付情報
申請書に添付する書類一式を書きます。

登録免許税
課税価格の1000分の20を掛けた金額を書きます。

登記申請書

登記の目的　所有権移転
原　　因　令和5年10月10日売買
権 利 者　東京都新宿区新宿一丁目1番1号
　　　　　　乙 野 二 郎
義 務 者　東京都千代田区神田三崎町一丁目1番1号
　　　　　　甲 野 一 郎
添 付 情 報　登記原因証明情報　登記識別情報　印鑑証明書
　　　　　　住所証明情報　　　　代理権限証明情報
登記識別情報を提供することができない理由
□ 不通知　□ 失効　□ 失念　□ その他（　　　　　　　　）
□ 登記識別情報の通知を希望しません。
令和5年11月1日申請　東京法務局
代 理 人　東京都新宿区新宿三丁目3番3号
　　　　　　司法書士　山 田 三 郎　　印
　　　　　　連絡先の電話番号　○○−○○○○−○○○○
課 税 価 格　金3,000万円
登録免許税　金60万円
不動産の表示 不動産番号　1234567890123
　　　　　所　　　在　東京都千代田区神田三崎町一丁目
　　　　　地　　　番　1番1
　　　　　地　　　目　宅地
　　　　　地　　　積　100.00平方メートル

(1) 登記の目的

　冒頭に登記の目的ということを書きます。

　こちらは所有権移転、抵当権設定、根抵当権移転というように、「**どんな権利に何が起きたのか**」を書く欄です。

　今回は所有権という権利が移転するということが起きたので、所有権移転と書くことになります。

(2) 登記の原因

登記の目的の後には、登記の原因ということを書きます。

ここは令和5年10月10日という日付の部分と、売買という行為の部分に分かれます。

まず行為の部分から説明すると、ここには、当事者が行った法律行為を書きます。例えば売買契約をした場合は「売買」と書き、贈与契約をした場合は「贈与」と書きます。売買が契約だというのは分かっているから、契約という文字は入れなくて結構です。

次は原因の前の日付を見ましょう。この日付は、基本的には**物権変動があった日**を書くことになります。（売買契約をした日とは限りません）。本事例、売買契約したのが令和5年10月3日なのですが、物権変動があったのが令和5年10月10日なので、令和5年10月10日売買と書きます。

(3) 権利者・義務者

その後は権利者、義務者を書きます。先ほど判断した通り、買主が権利者で売主が義務者になります。

ここは**住所まで入れる**ようにしてください。**自然人を特定するのは、氏名と住所で行う**ためです。

ただ、権利者・義務者が会社だと、ここの記載方法は少々変わります。

会社の下に代表取締役がいます。一般的には社長と呼ばれている方です。

会社と代表取締役の関係は、代理の関係と思って構いません（本当は代表といいますが、代理と代表の違いは、この試験では問われません）。

会社には手足がないので、その代わりに、代表取締役が動くようになっています。

```
権  利  者   東京都千代田区神田三崎町一丁目１番１号
            株式会社三崎商事
            （会社法人等番号  ○○○○－○○－○○○○○○）
            代表取締役  三崎末次      ㊞

義  務  者   埼玉県○○市○○町二丁目 12 番地
            株式会社根本商事
            （会社法人等番号  ○○○○－○○－○○○○○○）
            代表取締役  根本正次      ㊞
```

代表取締役の名前を書くのがポイントです。名義取得するのは会社ですが、申請書には代表取締役の名前まで書きます。登記手続に限らず、社名を入れた場合は、代表取締役まで記載するのが通例だからです。

ただ登記簿には会社名だけ載り、代表取締役の名前までは載りません。所有権を取得するのは、会社であって、代表取締役ではないからです。

(4) 添付書類

申請書の方に戻ります。添付情報というところを見てください。申請書に付けた証拠書類をここに書きます。

ある意味、申請書が表紙で「この申請書の後ろに付けている書類（情報）はこれですよ」という感覚で記載しているのです。

申請書の方を見てください。

課税価格と登録免許税の両方を書きます。登録免許税だけでなく課税価格も書いているのは、**登記官が検算できるようにするため**です。

最後になりますが申請書の一番下には、不動産の表示というのを記載します。これはどの不動産の登記なのかということを明示するために記載しています（ここは不動産の表題部から情報を抜き取って記載します）。

以上が申請書の書き方の基本になります。

第3節 登記申請書に添付する書類のキホンを学びましょう

(1) 登記原因証明情報

次は、添付情報の基本を説明します。

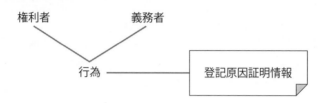

権利者、義務者がいて、彼らの間で法律行為をしているため、**その法律行為を立証する必要があります。**それが登記原因証明情報というものです。

例えば売主・買主で売買契約という法律行為をしていたら、添付するのは売買契約書になります。

ただ、売買契約書に限らずに、「売買をしました」といった書類を売買契約書とは別個に、登記用に作ることを認めています（これを報告形式の登記原因証明情報と呼びます）。

添付書類は、登記所側で保管することになるため、売買契約書を提出したくないのです。そのため、売買契約書自体を付けずに、登記用に書類を作ることが一般的になっています。

登記原因証明情報は、どんな登記で付けるのでしょうか。**原則は添付する。例外として、添付しない場合が4つあります。**

 覚えましょう

登記原因証明情報

原則　添付

例外　下記の①又は②又は③又は④の場合は、添付は不要

　　　①所有権の保存

　　　②仮処分による失効

　　　③混同

　　　④69条の2の規定による抹消

　　　　（買戻しの特約に関する登記の抹消）

意味が分からなくて結構なので、今この4つの例外を覚えてください。

そして、申請書を書く時は、この4つに該当するかを見て、この4つの例外に当たらなければ添付する処理をしてください。

（2）登記識別情報

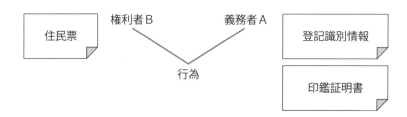

権利者義務者が共同申請をする、これが基本でした。そこで、**本当に共同申請しているかを立証**してもらうことにしました。

まずは義務者が来ていることを立証してもらうため、登記識別情報というのを付けてもらいます。これは先ほどいった12桁のパスワードのことです。

このパスワードは、Aしか持っていない建前です。そのため、

Aしか持っていないパスワードを持ってくる＝Aがやって来た

ということになります。

この登記識別情報は、共同申請の際には要求される情報です。**共同申請の時に義務者のものを付ける**と押さえてください。

（権利者の方の登記識別情報を添付するのではありませんよ。権利者がパスワードをもらうのはこれからですから……。）

2周目はここまで押さえよう

（2周目はここまで押さえよう、のコーナーは「あとあと学ぶことが前提知識として必要」「少々細かいので、後から入れた方が効率的」という知識を入れています。この科目のテキストをすべて通読して、専門用語等が頭に残り始めてきてからお読みください。）

◆ 有効証明・失効申出の比較 ◆

		有効証明	失効申出
方式	書面申請	○（規68Ⅲ）	○（規65Ⅲ）
	電子申請	○（規68Ⅲ）	○（規65Ⅲ）
添付情報	登記識別情報	○（規68Ⅱ）	×
	印鑑証明書	○（規68Ⅸ）　※ →原本還付○	○（規65Ⅷ） →原本還付×
	一般承継があったことを証する情報	○　※ （相続人が請求する場合）	○ （相続人が請求する場合）
登記手数料		必要（令22Ⅰ）	不要
複数の不動産についての一括請求		○（規68Ⅶ）	×

※　資格者代理人が代理人となって登記識別情報の有効証明をする場合には、添付を省略できる（平20.1.11民二57号）

　たとえば、登記識別情報をなくしてしまった、他人に見られてしまった場合、その登記識別情報を無効にすることができます（クレジットカードを紛失してしまった、というイメージを持ってみてください）。
　これを登記識別情報の失効申出といいます。

　この制度があることによって、取引相手が登記識別情報を提供したとしても、「その登記識別情報、失効しているのでは」と疑ってしまうことが想定されます。
　そこで、「この登記識別情報は生きています」という証明がもらえるようにしました。これが有効証明という制度です（こちらは有料です）。

　この有効証明という制度は、**土地・建物の登記識別情報の証明を一気にもらうことも可能**です。

そして、この有効証明は、**書面でもオンラインでも請求できますが**、本人確認のため、**登記識別情報と印鑑証明書の添付**が要求されています。

また、相続人が行う場合は、相続の立証も必要です。

ただ、証明をもらうために、ここまで添付情報を要求するのもやりすぎではないかということで、**司法書士が関与していれば、登記識別情報以外の提供は省略できます。**

もう1つの制度、失効申出は有効証明と次の点で異なっています。

① **登記識別情報の提供が不要**（なくした場合もあるためです）
② **一括申請ができない**（1つ1つ不動産ごとにパスワードの失効を行います）
③ **添付情報の省略ができない**
④ **印鑑証明書の原本還付ができない**（登記識別情報が不要なため、印鑑証明書が唯一の本人確認手段になります。これは返還をしません）

問題を解いて確認しよう

次の記述は、登記識別情報の失効の申出（失効申出と略す）と登記識別情報が有効であることの証明の請求（有効証明と略す）のどちらに該当するかを述べよ。

1	同一の登記所の管轄区域内にある二以上の土地について、一の申出情報又は請求情報によって申出又は請求をすることができる。〔26-13-ア〕	有効証明
2	申出又は請求をする場合には、登記識別情報の提供を要しない。〔26-13-イ〕	失効申出
3	司法書士が登記名義人の相続人を代理して申出又は請求をする場合には、当該登記名義人に相続があったことを証する情報を提供しなければならない。〔26-13-ウ〕	失効申出
4	申出又は請求をする場合には、登記手数料の納付を要しない。〔26-13-エ〕	失効申出
5	書面によって申出又は請求をした場合には、その申出又は請求に当たって提供した印鑑に関する証明書の原本の還付を請求することができる。〔26-13-オ（令3-25-ウ）〕	有効証明

（3）登記識別情報を失くしても登記申請はできる

登記識別情報が必要なのに、登記識別情報が無かったらどうすればいいのでしょうか。

日常でも、パスワードを入力しようと思ったらパスワードを忘れてしまったということがあります（私はしょっちゅうですが）。このような場合、面倒ですが、なんとかできますよね。

登記も同じで、**パスワードを忘れても打つ手はあります**。ただし２つほど縛りが付きます。

Point

登記識別情報が提供できない時の縛り①

登記識別情報が出せないことを、申請書に記載すること

先ほど掲載した申請書を見てください（以下のような箇所があることを探してください）。

登記識別情報を提供することができない理由
　□ 不通知　□ 失効　□ 失念　□ その他（　　　　　　　　）

登記識別情報を提供できない場合は、該当する提供できない理由の□にチェックを付けるのです。

そのチェックボックスの内容を簡潔にいうと、下記の通りです。

不通知：もらっていない。
失効　：もらったパスワードを無効にした。
失念　：無くした、忘れた。

Point

登記識別情報が提供できない時の縛り②

事前通知という手続を踏むこと

事前通知というのは、

①役所から手紙が来る

②それを持って行く

③確かに申請しましたと伝える

こういったことをしたら、本人と扱いますよという制度です。

詳細を次に掲載します。

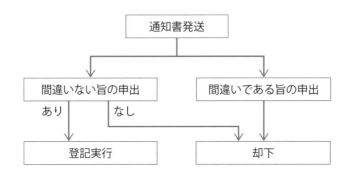

登記識別情報の提供が無い申請がされました。

ここで、受付番号は取れます。だから、**うまくいけばこの受付番号を取った時点で対抗力が取れます**。その後登記の審査が入り、問題がなければ、登記所は通知書を発送します。

> **事前通知書**
>
> 甲野さん、あなたを義務者とする登記申請がされています。
> ただ、登記識別情報が無いので、あなたがしているのか、成りすましがしているのか、こちらでは判断ができません。もしあなたが登記申請をした覚えがあるのなら、登記所にハガキを持って来てください。

こんな感じの手紙が来ます。この手紙をもらった甲野がとる行動としては、

こういった申出があれば登記が実行されます。

> 私、登記申請した覚えはないですよ。
> 私の成りすましが勝手にやっていますよ！

こういった間違いである旨の申出がされれば、登記申請は却下になります。
（ちなみに、**一定期間経っても甲野から反応が無かった場合も却下になります。**）

以上が事前通知の手続の流れです。

ただこの制度を使った場合、「手紙を送る→申し出る」などの手続が入るので、**すぐに登記は入りません。**

今すぐ登記をしてもらいたいと思っている人は、別の制度を使います。それが本人確認情報という制度です。

司法書士が「あなた本当に甲野ですか」ということを調査します。そして、司法書士がこれは甲野に違いないなと思ったら、登記官に本人確認情報というのを提供します。

本人確認情報

この人間違いなく本人ですよ。司法書士であるこの私が保証します。

こんなイメージの書類を送ります。こういった紙を出し、登記官を説得できれば、事前通知をしないで、すぐに登記をしてくれます。

ここまでを軽くまとめましょう。

以上で登記識別情報及びその関連する話は終わりにします。

(4) 印鑑証明書

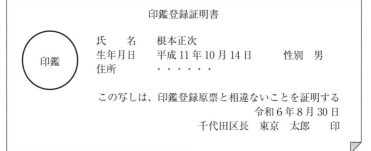

印鑑登録証明書

印鑑	氏　　名　　根本正次 生年月日　　平成 11 年 10 月 14 日　　　　性別　男 住所　　　　・・・・・・

この写しは、印鑑登録原票と相違ないことを証明する
令和 6 年 8 月 30 日
千代田区長　東京　太郎　　印

個人が実印を登録すれば、市役所から印鑑証明書がもらえるようになります。これを不動産登記手続の際に添付する場面があります。

覚えましょう

所有権登記名義人が共同申請の義務者として申請する場合
→義務者の印鑑証明書を添付する

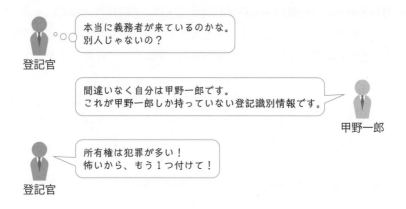

　原則、共同申請であれば真実性があります。そこで、義務者が申請しているかをチェックするために登記識別情報を提供してもらいます。

　義務者が所有者の場合は登記識別情報に加えて印鑑証明書も要求します。ある意味、2つでチェック（**ダブルチェック**）をするのです。

　義務者が所有者だったらダブルチェック、義務者がそれ以外の場合（抵当権者とか地上権者とか）は登記識別情報だけのシングルチェックになります。

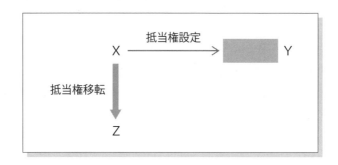

　XがYの不動産に抵当権を設定しました。この後、XがZに抵当権を売っています。

　抵当権設定登記の権利者・義務者は誰でしょう。権利者は抵当権の登記名義を得るX、義務者は負担を受けるYです。

　義務者Yは所有者ですから登記識別情報と印鑑証明書の両方が必要です。

一方、XからZへの抵当権の移転の場合、権利者・義務者は誰でしょう。権利者はZで義務者は抵当権を売ってしまうXです。今回の義務者は所有者ではありません。そのため登記識別情報だけ添付すればいいケースになります。

　前ページの図で、Yが甲に所有権を売った場合、権利者・義務者は誰でしょう。権利者は甲で義務者はYです。義務者が所有者ですから登記識別情報と印鑑証明書の両方が必要になります。

　義務者が所有者の場合とは、結局のところ所有権の処分をしているのです。所有権を売り払った、所有権に抵当権を付けたなど所有権の処分になっているのです。この**所有権の処分は慎重にします。**

　重要な権利である所有権の処分は慎重にダブルチェックして、それ以外であれば登記識別情報だけのシングルチェックにしています。
　以上が印鑑証明書を添付する場面です。

自然人が	印鑑証明書を 提出する場合	→	市町村長	が作成した印鑑証 明書を提出する
法人の代表者が			登記官	

　次に、どこが作成した印鑑証明書を添付するのかを見ましょう。
　自然人の印鑑証明書は市町村長が作りますが、法人の代表者の印鑑証明書は登記官が作成しています。
　ここをもう少し掘り下げて説明しましょう。

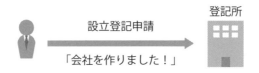

　法人を作るための手続を終えたら、登記所に設立登記申請をします。設立登記申請というのは、**会社ができましたという出生届**です。
　この出生届は強制されています（この出生届をしないと会社として認めてもらえない、権利能力なき社団のままになります）。

そして、この手続をとると、登記簿が作られます。

【登記事項証明書】(抜粋)

会社法人等番号	０１１２－０１－９９９９９９	
商号	中野商事株式会社	
本店	東京都中野区本町一丁目１番１号	
会社成立の年月日	平成20年9月1日	
発行済株式の総数 並びに種類及び数	発行済株式の総数 　3,000株	
資本金の額	金１億2,000万円	
役員に関する事項	取締役　　　　　　　　A	令和5年6月26日重任
	取締役　　　　　　　　B	令和5年6月26日重任
	取締役　　　　　　　　C	令和6年6月24日重任
	東京都中野区中野一丁目 １番１号 代表取締役　　　　　　A	令和5年6月26日重任
	監査役　　　　　　　　O	令和3年6月28日重任

これが会社の登記簿ですが、会社の戸籍というイメージで見てください。

例えば、会社の誕生日とかも載っていませんか?（会社成立の年月日という欄です）。

他にもどんなものが載っているかを見ましょう。

商号：これは会社名に当たります。

本店：大抵は本社の場所になるのですが、この本社の場所が自然人の住所に当たります。自然人は氏名と住所で特定し、法人は商号と本店で特定します。

代表取締役：大抵、その会社で社長と呼ばれている人です。

登記所に対し設立登記申請というのをした後、印鑑届をします。

　自然人の場合は市役所に出生届をし、市役所に実印登録するので、その市町村長が印鑑証明書を作ってくれます。

　法人の場合は登記所に対して設立登記申請して、印鑑届をします。そのため、**法人の場合は登記所作成の印鑑証明書となるわけです。**

順位番号	登記の目的	受付年月日	権利者その他の事項
2	所有権移転	（略）	原因　　令和6年7月7日売買 所有者　（住所省略）　株式会社ジャパンスタッフ

　この登記名義人の株式会社ジャパンスタッフ（代表取締役は鈴木一郎となっています）が乙野次郎に不動産を売りました。

　登記義務者が株式会社ジャパンスタッフですが、その代表取締役が手足となって、司法書士に登記申請の委任をしています。

　所有者が義務者になっていますから、登記識別情報と印鑑証明書でのダブルチェックになります。

　具体的には、株式会社ジャパンスタッフが2番の登記をした段階でパスワード（登記識別情報）をもらっているので、その2番の登記をした段階のパスワードを付けます。

　そして、代表取締役の印鑑証明書を登記所でもらって、添付することになります（ただし、後に説明しますが、「会社法人等番号を提供することによって省略できる」場合があります）。

　以上で印鑑証明書の話はおしまいです。

問題を解いて確認しよう

1	地上権を目的とする抵当権設定の登記を申請する場合、申請書には登記義務者の登記識別情報を記載した書面と印鑑証明書を添付しなければならない。〔12-27-ウ（59-27-2）〕	×

ヒトコト解説

1　義務者が所有権登記名義人ではないので、印鑑証明書の添付は不要です。

これで到達！　合格ゾーン

地上権の設定の登記を抹消する場合、登記義務者の登記識別情報を提供しなければならない（22）。この点、地上権登記名義人が登記識別情報を提供することができない場合には、当該地上権登記名義人の印鑑証明書を提供することを要する。〔25-15-ウ（17-25-ウ）〕

★義務者が所有権者ではないので、印鑑証明書の添付は不要なのが原則です。ただ、登記識別情報が提供できない場合は、本人の確認のため印鑑証明書が要求されます（不登規48Ⅰ⑤参照）。

外国に在住する日本人は、日本国領事あるいは外国公証人の作成にかかる署名証明書をもって印鑑証明書に代えることができる〔12-14-エ〕。署名証明書は、作成後3か月以内であることを要しない。〔5-24-エ（20-17-ア）〕

★海外に居住していても印鑑証明書の発給はできるのですが、その発給はなかなか困難です。そのため、印鑑証明書に変わるものとして「署名証明書」という制度があります。これは、申請者の署名が確かに領事の面前でなされたことを証明するものです。これは、印鑑を表すものではないので、3か月の制限にかかりません。

☐ 日本に居住する外国人が登記義務者として登記の申請をする場合には、市町村長の証明に係る印鑑証明書の交付を受け、登記の申請をすることができる（昭35.4.2民甲787号）。〔20-17-エ、28-17-イ〕

> ★外国人が登記義務者の場合、印鑑証明書に代えて、署名証明書を添付することができますが、日本に居住している外国人の場合は、印鑑登録をすることができ、印鑑証明書の発給を求めることも可能です。

☐ 甲土地の所有権の登記名義人が地方自治法第260条の2第1項の認可を受けた地縁による団体である場合には、当該認可をした市の長が発行した当該団体の代表者の印鑑に関する証明書は、甲土地について当該団体を登記義務者とする所有権の移転の登記の申請の添付情報とすることができる（平4.5.20民三2430号）。〔28-17-ウ〕

> ★認可地縁団体の印鑑証明書は、認可をした市の長の証明したものをつけることになります（会社と違って、登記所が発給したものを添付するわけではありません）。

☐ 所有権の移転の登記を申請する場合において、登記義務者が記名押印した委任状に公証人の認証を受けたときは、当該委任状には、当該登記義務者の印鑑証明書の添付を要しない。〔23-26-ウ〕

> ★実印を押して印鑑証明書を添付するのが原則ですが、公証役場で公証人に本人確認してもらっている場合には不要となります。公証役場において、書面に行われる認証は、イコール印鑑証明書と思ってください。

(5) 住所証明情報

```
              住 民 票

  世帯主    清水一郎
  住  所    東京都品川区八潮八丁目8番8号
```

住所証明情報は、下記の３つの場面で添付します。

住所証明情報を付ける理由は２つあります。１つは**実在性の保証**、もう１つは**正しい住所の公示**のためです。

これは固定資産税の関係があります。登記簿に住所が載っている人には毎年固定資産税が課せられます。つまり**所有権を持っている人には毎年税金が課せられる**のです。

この固定資産税を確実に取るためには、実在する人を名義人にしてもらう必要があります（**架空人を名義人にされると税金が取れません**）。

また税金を確実に取るにはその人の住所も必要です。住所が正しくなければ税金を確実に取れません。

こういった事情から、実在性の保証、正しい住所の公示のために住所証明情報を要求したのです。

そのため、対象は固定資産税が課せられる所有権者になります。上の図は、**新たに所有権者が出てくる登記の場面**を指しています。

◆ 住所証明情報の具体的内容 ◆

自然人	市町村長発行の住民票の写し等
法人	登記所発行の登記事項証明書 会社法人等番号を提供した場合は登記事項証明書の提供を要しない

具体的にこの住所証明情報として添付する書類は、自然人と法人で異なります。

自然人の場合は住民票の写し、法人の場合は先ほど見た登記事項証明書となります（登記事項証明書には、会社の住所に当たる本店が書かれています）。

この登記事項証明書、添付しないことも可能です。

<table>
<tr><td colspan="2" align="center">【登記事項証明書】</td></tr>
<tr><td>会社法人等番号</td><td>0112－01－999999</td></tr>
<tr><td>商号</td><td>中野商事株式会社</td></tr>
<tr><td>本店</td><td>東京都中野区本町一丁目1番1号</td></tr>
</table>

　先ほどの登記簿の一部を掲載しています。

　一番上に会社法人等番号というものが載っています。これは、会社を特定するための番号です。

Point

登記官がこの番号で調べれば登記事項証明書の内容が分かる

↓

会社の登記事項証明書・印鑑証明書の添付が省略できる

「0112－01－999999です」

登記官

この番号があれば、登記事項証明書はＰＣで見られるぞ！

　この番号で登記官が検索すると、会社の登記簿がアップされます。そのため、法人の場合には**会社法人等番号を知らせるだけで、登記事項証明書を別途添付しないで済む**のです。

　また、会社法人等番号から印鑑証明書のデータも引っ張ることができます。**登記所は印鑑証明書のデータを見られるため、申請人は印鑑証明書を添付する必要もありません**。

　（ただし、不動産登記を申請した登記所が印鑑証明書を発行することができる登記所に限ります。）

◆ 会社法人等番号 ◆

		会社法人等番号の提供により証明されるもの	申請情報への影響
一般論	法人が登記申請をする場合	法人の代表者の資格	
		印鑑証明書	
	会社の支配人が登記を申請する場合	支配人の代理権限	
各論	法人が所有権の登記名義人となる登記を申請する場合	所有権の登記名義人となる法人の住所	申請人の法人の名称の下に会社法人等番号を記載する ＋ 添付情報に「会社法人等番号」と記載する
	本店移転による登記名義人の表示の変更の登記を申請する場合	本店が移転した事実	
	合併又は会社分割による権利移転の登記を申請する場合	合併又は会社分割があった事実	
	法人が一般承継人による登記を申請する場合	合併等による一般承継があった事実	
法人が申請代理人として登記を申請する場合		代理人である法人の代表者の資格	代理人の法人の名称の下に会社法人等番号を記載する

　たとえば、合併による移転登記を申請する場合には、合併の事実が掲載されている登記事項証明書が必要になります。

　ただ、会社法人等番号があれば、登記所側は法人の登記事項証明書を見れるようになりますので、別途手数料を払って登記事項証明書を添付する必要はありません。

　このように登記事項証明書で立証する内容は、ことごとく会社法人等番号を提供することによって省略することができます。どういったものが省略できるか、そして、その際、申請情報はどうすればいいのかをまとめたのが上の図表です。

　（ちなみに、表の一番下の「法人が申請代理人として登記を申請する場合」というのは、司法書士法人が代理として申請する場合を想定しています。）

☑ **1**	不動産の登記の申請人が会社法人等番号を有する法人である場合において、当該法人が作成後3か月以内の代表者の資格を証する登記事項証明書を提供して不動産の登記の申請をする場合には、当該法人の会社法人等番号の提供を要しない。〔28-18-ア改題〕	○
2	不動産の登記の申請人が会社法人等番号を有する法人である場合において、支配人が申請人である当該法人を代理して不動産の登記の申請をする場合には、当該法人の会社法人等番号の提供を要しない。〔28-18-ウ〕	×
3	不動産の登記の申請人が会社法人等番号を有する法人であるときに、当該法人が登記名義人となる所有権の保存の登記の申請をする場合に、申請情報と併せて当該法人の会社法人等番号を提供したときは、当該法人の住所を証する情報の提供を要しない。〔28-18-エ〕	○
4	会社法人等番号を有する司法書士法人が申請人を代理して不動産の登記の申請をする場合において、当該司法書士法人の代表者の資格を証する情報を提供したときは、当該司法書士法人の会社法人等番号の提供を要しない。〔28-18-オ〕	○

(6) 代理権限証明情報

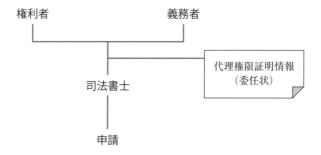

　権利者、義務者は自分たちで登記ができますが、通常はプロの司法書士に頼みます（委任契約をしています）。

司法書士との間で委任契約をしているのであれば、それを立証することになります。これが代理権限証明情報で、具体的には委任状がこれに当たります。

　ただ、**代理権限証明情報は、委任状だけに限りません**。

> **Point**

　代理権限証明情報：司法書士までの関係をつなげる書面

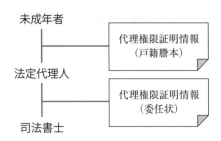

　例えば、未成年者が登記を申請することになったとします。自分ではできないので司法書士に頼もうとするのですが、さすがに未成年者は司法書士と委任契約することはできません。そこで、親が間に入って、司法書士に委任することになります。

　この間の関係をすべて立証することが要求されています。

　まずは未成年者と法定代理人の間、つまり親子関係の立証をします。これは、**戸籍謄本で可能**です。

　次に法定代理人と司法書士との関係は委任契約だから、委任状で立証します。

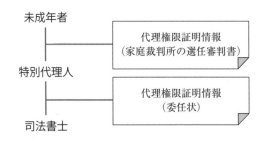

例えば、親子で売買契約する場合、親のいいなりになる危険があるので、家庭裁判所が特別代理人を選び、その特別代理人が契約の交渉をする、登記手続をとることになっています（民法で学んだ利益相反というものです）。

　その関係を図にしてみると、まず未成年者と特別代理人の関係を立証します。特別代理人は、家庭裁判所が選ぶので、**家庭裁判所の選任審判書を付けます。**

　そして、この特別代理人が司法書士に頼みますので、この間は委任状で立証します。

　このように代理権限証明情報とは、**申請人から司法書士までをつなげる書面のすべてを指します。**

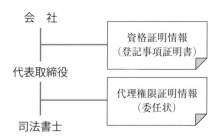

　会社が登記申請人になる時、実際の手続は代表取締役が行います。そのため、代表取締役であることの立証が必要になるのですが、これは登記事項証明書で可能です。

　ただ、登記事項証明書を添付するより簡単な方法があります。

　会社法人等番号を提供することです。現実にはほとんどのケースで、会社法人等番号を提供しています。

(7) 利害関係人の承諾証明情報

> 利害関係人の定義：不利益を受ける、しかし申請人ではない者

甲区	1	所有者　B
	2	所有権移転　A
乙区	1	抵当権　甲

登記簿は上記のような状態で、実際の権利関係は次のような状態でした。

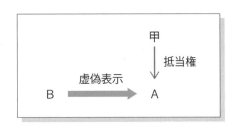

　Bが所有権をAに売って、Aが甲の抵当権を付けたように見えるのですが、実はBA間の売買契約が虚偽表示だったのです。

　虚偽表示ということは、登記簿上のA名義はウソなので、このA名義を抹消すべきです。

　ただ、**A名義を抹消すれば、上の甲の抵当権も生き残れません**（**自分の登記の土台がなくなれば、自分の登記も吹き飛ぶという理屈**です）。

　この場合、抹消登記は2つ入ります（Aの所有権の抹消登記と甲の抵当権抹消登記）。ただ、申請行為は1回、**Aの所有権抹消登記の申請1回だけで構いません**。

　このように、申請書を書くのはAの所有権抹消登記の部分だけでいいのです。
つまり、

```
┌─────────────────────────────────────┐
│ Ａ名義の抹消：申請により行う        │
│ 甲名義の抹消：職権により行う        │
└─────────────────────────────────────┘
```

という処理になります。

　では、このＡの所有権抹消の申請人は誰でしょう。権利者は名義が戻るＢ、義
務者は名義がなくなるＡになります。そして、甲からは承諾書をもらいます。

```
┌───────────────────────────────────┐
│         承　諾　書                │
│  自分の登記を消してしまって構いません。│
│                     甲　[印]       │
└───────────────────────────────────┘
```

　甲の抵当権の登記は職権で抹消することになりますが、**甲に無断で抹消するこ
とはよくない**ので、甲から「抹消していいですよ」という一筆をもらって、それ
を出す必要があります（**承諾書が無ければ、登記手続はとれません**）。
　これが利害関係人のパターンの１つ目、必要的承諾というパターンです。

　ちなみに、甲が承諾する義務があるかどうかは民法などで決まります。
　例えば今回の甲が善意であれば、いわゆる94条2項の第三者に当たるので、
承諾する義務はありません。一方、この甲が悪意だったらＢは民法上、甲に対抗
できるので、甲は承諾する義務があります。そして、その承諾する義務を履行し
なければ、甲を訴えることが必要になります。

　承諾が必要な別のパターンを見ましょう。

1	抵当権　100万円　Ａ
2	抵当権　100万円　Ｂ

　上記の状態で１番抵当権者Ａが金額を増やそうとしています。この場合、**１番**

抵当権者が金額を増やすと２番抵当権者Ｂの取り分が減り、不利益を受けます。
だから２番抵当権者Ｂは利害関係人になります。

この時、２番抵当権者のＢが承諾をした場合はどうなるでしょうか。

それぐらいの増額なら、まだまだ余裕で回収できますから、増やしてもいいですよ。

２番抵当権者

1	抵当権	100万円	A
付記1		150万円	A
2	抵当権	100万円	B

付記１で150万円と登記されています。この登記は１番付記１号と呼ばれます。
つまり１番の地位で150万円となり、**150万円分の優先弁済権を２番に主張で****きます。**

一方、２番が承諾しなかった場合はどうなるのでしょうか。それが次の登記簿
です。

1	抵当権	100万円	A
2	抵当権	100万円	B
3	1番変更	150万円	A

ここで注意してほしいのは、**２番が承諾しなかった場合でも登記がされる**こと
です。上記の通り、登記簿の３番という**主登記**ですが、**登記されます。**

３番で登記されるということは、２番はこれに対抗できることになります（２番
には対抗できませんが、この後４番が登記された時にその者に対し優先できます）。

承諾があれば付記登記、承諾が無くても主登記で登記が入る

結局、**承諾を取っても、取らなくても登記をすることができ、こういうパター
ンを任意的承諾といいます**。任意的承諾に関しては、具体例が限られています。

覚えましょう

登記上の利害関係を有する第三者の承諾証明情報
不動産登記法の規定がある場合（変更登記・更正登記・抹消登記・抹
消回復登記・所有権に関する仮登記の本登記）に必要
→必要的承諾型・任意的承諾型がある

不動産登記法が承諾書を要求している登記があります。具体的には変更登記・
更正登記・抹消登記・抹消回復登記・所有権に関する仮登記の本登記の登記で必
要です（移転登記・設定登記・保存登記等では不要です）。

覚えましょう

原則　必要的承諾型
例外　下記の登記では、任意的承諾型になる
　　　①共有物分割禁止
　　　②債権額増額
　　　③及ぼす変更
　　　④用益権者が権利者となる用益権変更

基本的には必要的承諾の登記になります。上記の①～④以外は、必要的承諾に
なると思っておくといいでしょう。

登記上の利害関係を有する第三者の承諾証明情報
→原因日付に影響はない

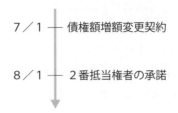

　7月1日に債権額増額変更契約をし、8月1日に2番抵当権者が承諾をしたとしましょう。この場合、債権額自体は7月1日に変更が生じていることになります。しかし、それを付記登記で登記することができるのが8月1日です。

　ここは、「権利変動は7月1日に生じていて、8月1日に付記登記で登記できるようになった」と考えるといいでしょう。手続法である不動産登記法が要求する承諾によって、実体法の権利変動の日付に影響を与えることはありません。

	登記上の利害関係を有する第三者の承諾証明情報	登記原因についての第三者の承諾証明情報
添付要件	不動産登記法の規定がある場合＝変更登記・更正登記・抹消登記・抹消回復登記・所有権に関する仮登記の本登記	民法・農地法等の実体法の規定がある場合
原因日付への影響	影響なし	影響あり

　承諾書にはもう1つタイプがあります。「登記原因についての第三者の承諾証明情報」というものです。

　これは主に民法・農地法等の実体法が**「効力を生じさせるために承諾を要求している場合」**に必要になる書面です。

　例えば民法374条1項を見てください。

民法第374条（抵当権の順位の変更）
1　抵当権の順位は、各抵当権者の合意によって変更することができる。ただし、利害関係を有する者があるときは、その承諾を得なければならない。

　この承諾は、登記を通すために必要になるというレベルではなく、合意の効力

を出すために要求されている承諾です。

　例えば、順位変更の合意を7月1日にしていても、8月1日に承諾がとれていた場合には、原因日付は8月1日になります。

　このように**承諾の形態によって日付をずらすもの、ずらさないものがあります。**残念ながらこれは**1つずつ覚えるしかありません。**

2周目はここまで押さえよう

| 承　諾　書 |
| 自分の登記を消してしまって構いません。
　　　A　実印 |

→ Aが真実作成していることを証明する必要がある。

→ 実印　＋　印鑑証明書

　上記の承諾書をA以外の他人が勝手に書いていたら、承諾書をつけても意味がありません。

　そこで、承諾書をつけるときは、「その人が書いたことを立証するため」印鑑証明書を添付させることにしています。

　　承諾書を添付する　→　その人の印鑑証明書が必要
　　という公式で覚えてください。

　ただ、公正証書として作成された承諾書を添付するときは、印鑑証明書の添付を要しません。公証役場で作っているということは、（上記の例でいえば）Aが関与していることを公証人が確認しています。

　公証人の方が確認しているので、登記所では今一度審査しないことになっていると考えましょう。

✓1	地上権の設定請求権の仮登記の登記名義人の承諾を証する書面を添付して、当該仮登記の登記上の利害関係人が単独で当該仮登記の抹消の登記を申請するときは、当該仮登記の登記名義人の印鑑に関する証明書を添付することを要しない。〔30-18-イ〕	×
2	登記上利害関係を有する第三者の承諾を証する情報を記載した書面を添付して所有権の移転の仮登記に基づく本登記を申請する場合であっても、当該書面が公証人の認証を受けたものであるときは、当該第三者の印鑑に関する証明書を添付することを要しない。〔17-25-ア〕	○

以上で、添付情報についての説明は終わりますが、下記に添付情報関係をまとめた図表を作っています。ぜひ参照してください。

添付情報	添付要件
登記原因証明情報	原則として添付 <例外として提供不要な場合> ①所有権保存登記 ②登記原因が「仮処分による（一部）失効」の場合 ③混同が登記記録上明らかな場合の、「混同」を原因とする抹消登記 ④69条の2の規定による抹消
登記識別情報	共同申請の場合 →義務者の登記識別情報を提供する
印鑑証明書	義務者が所有権登記名義人の場合 →義務者の印鑑証明書を提供する
住所証明情報	①所有権保存登記申請 ②所有権移転登記申請 ③新たに所有権登記名義人が登場する所有権更正登記申請 →権利者の住所証明情報を提供する
会社法人等番号	会社法人等番号を有する法人が申請している場合
登記上の利害関係を有する第三者の承諾証明情報	①変更登記 ②更正登記 ③抹消登記 ④抹消回復登記 ⑤所有権に関する仮登記の本登記
登記原因についての第三者の承諾証明情報	民法・農地法等の実体法の規定がある場合

　登記を入れるには税金が掛かります。 税金といっても不動産取得税とは関係ありません。登記を入れる手数料と考えてください。

　登記を入れる手数料、これは**登記する利益に着目して手数料が取られます。**「登記によって利益を得られるんだから、その分、手数料は頂きますよ」という感じです。

　先ほど表題部には対抗力が無いと説明しました。そのため、登記しても利益が無いので手数料は取られません。一方、所有権保存登記を入れると対抗力が得られるので手数料が取られます。

　また仮登記というのがありましたが、仮登記にも対抗力はありません。仮登記を入れておくと、後で仮登記に遅れる登記が消せるメリットがあるので、ある程度は税金が取られます（後述します）。

　このように登録免許税というのは、得られるメリットに対応して課せられるものだということを意識してください。

　登録免許税の取り方には2つあります。

👆 **Point**

（1）定額課税

　　不動産の個数×1,000円　　＝　登録免許税

（2）定率課税

　　課税標準　　×？？/1000　＝　登録免許税

　定額課税というのは不動産の個数×1,000円で税金が決まるもので、

　定率課税というのはある課税標準に1000分のいくつを掛けて出すものです。具体例を作りました。

---

ex. 固定資産課税台帳の価格が4,386,225円の建物の所有権移転登記（売買）の登録免許税
　→課税価格（固定資産課税台帳の価格）　×　20/1000

この**課税価格の部分は1,000円未満を切り捨て**ます。そして**計算結果は100円未満**を切り捨てて処理します。

　そのため計算は、下の通りになります。

```
  4,386,225円  ×  20/1000
→4,386,000円  ×  20/1000
＝87,720円
→87,700円
```

ここから、1つ1つの登記を見ていきます。

所有権・抵当権・根抵当権という形で権利ごとに、どういう登記申請書・添付情報が必要になるかを見ていきます。

まずは所有権です。

所有権には多くの登記がありますが、基本形となる所有権移転の申請から学習しましょう。

~何が起きたかを「申請書」にどう書くか~

第1章 所有権移転① 特定承継

所有権移転は、登記の原因が特定承継と包括承継とに分かれます。ここで、申請構造、添付書類が大きく変わります。学習初期段階では、「登記原因は何か」ということを意識しましょう。

所有権移転は、特定承継というグループと、包括承継というグループに分かれます。

特定承継というグループは**登記原因が相続・合併以外のもの**がこれに当たり、まずはその中の1つ売買契約から始めていきます。

第1節　売買に関する登記

(1)　基本形の登記

順位番号	登記の目的	受付年月日	権利者その他の事項
1	所有権保存	（略）	所有者　（住所省略）　甲野一郎
2	所有権移転	（略）	原因　　令和5年9月1日売買 所有者　（住所省略）　乙野二郎

　1番に所有権保存で甲野一郎がいて、この甲野一郎が乙野二郎に所有権を全部売り、2番に所有権移転で乙野二郎名義になっています。

　この2番の所有権移転登記を作るための申請書を見ていきましょう。

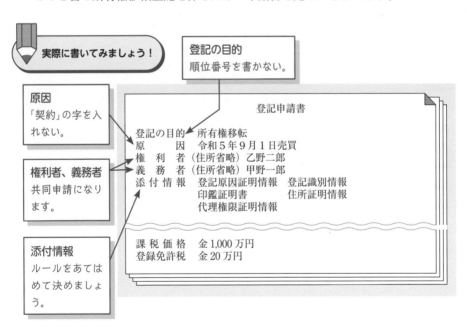

実際に書いてみましょう！

登記の目的
順位番号を書かない。

原因
「契約」の字を入れない。

権利者、義務者
共同申請になります。

添付情報
ルールをあてはめて決めましょう。

```
　　　　　　　　　　　登記申請書

登記の目的　所有権移転
原　　　因　令和5年9月1日売買
権　利　者（住所省略）乙野二郎
義　務　者（住所省略）甲野一郎
添 付 情 報　登記原因証明情報　登記識別情報
　　　　　　　印鑑証明書　　　　住所証明情報
　　　　　　　代理権限証明情報

課 税 価 格　金1,000万円
登録免許税　金20万円
```

　目的には所有権移転と書きます。所有権という権利が移転したと書きます。

　抵当権などでは2番抵当権移転、3番抵当権移転と書くのですが、**所有権については順位番号を書きません。**

抵当権については、１つの不動産に２個、３個と登記されていることがあるので、どの抵当権が動いたかを番号で明示する必要があります。**所有権に関しては１つの不動産に２個、３個と所有権が付いていることはありません**（一物一権主義です）。だから所有権については順位番号で特定する必要がないのです。

　原因には「年月日売買」と記載し、その日付は、基本的には売買契約の日になります（売買契約に所有権移転時期についての特約がある場合は特約の日となります）。

　また、**この欄には「契約」という文字を入れないのが通例**です。そのため、年月日売買契約とまで記載する必要はありません。

 覚えましょう

単独申請 or 共同申請？
移転登記　＋　原因が「相続・合併」　　　→　単独申請
移転登記　＋　原因が「相続・合併」以外　→　共同申請 ※
※ 相続人に対する遺贈は、単独申請も可能

　これは、**所有権に限らず他の権利も使える公式**なので、ぜひ覚えてください。

　今回は所有権の移転登記で、原因が相続・合併ではないため共同申請になります。そして、名義を取得する買主の乙野二郎が権利者になり、名義を失う売主の甲野一郎が義務者となります。

　添付情報はルールを１つずつ当てはめて判断するようにしてください。

 覚えましょう

登記原因証明情報
原則として添付
＜例外として提供不要な場合＞
①所有権保存登記
②登記原因が「仮処分による（一部）失効」の場合
③混同が登記記録上明らかな場合の、「混同」を原因とする抹消登記
④69条の２の規定による抹消
　（買戻しの特約に関する登記の抹消）

原則として必要です。例外が４つありますが、今回はその例外に当たっていないから添付することになります。

今回は共同申請ですから、義務者の甲野一郎の登記識別情報が必要です。具体的にいうと甲区１番の登記がされた時にもらった登記識別情報を付けます。

今回の義務者甲野一郎は所有者なので、印鑑証明書が必要になります。登記識別情報と印鑑証明書でダブルチェックするわけです。

今回は所有権移転なので住所証明情報が必要になります。固定資産税が課税される対象なので、実在性と正しい住所を公示するのです。

登記上の利害関係を有する第三者の承諾証明情報
①変更登記
②更正登記
③抹消登記
④抹消回復登記
⑤所有権に関する仮登記の本登記
会社法人等番号
会社法人等番号を有する法人が申請している場合

上記の書類は要件を満たさないので、添付は不要です。

ここまでのように「要件を確認→当てはめる」という作業をして、添付書類を決めていってください。
このように当てはめをしてきて、申請書に記載した添付情報は全部で5個になります。

基本となる添付書類（5セット）
登記原因証明情報　　登記識別情報　　印鑑証明書　　住所証明情報
代理権限証明情報

この5個が基本形の添付書類となるので、ぜひ覚えてください。

登録免許税を見てください。登録免許税は基本的には課税価格×1000分の20になります。
そして、課税価格というのは固定資産の評価額になります。実際に行われた売買の価格ではありません。

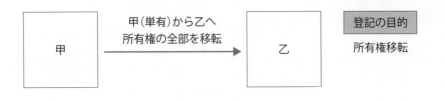

　ここでは、登記の目的にどのように記載するのかを学習しましょう。上記のように、単有状態から単有状態にするパターンは「所有権移転」と記載します。

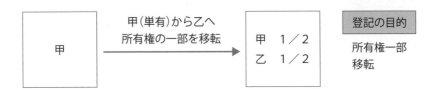

　甲が半分だけ乙に売って、甲持分2分の1、乙持分2分の1になっています。この場合は所有権一部移転と書きます。上の2つは、どちらも「所有権」という文字が入っていることに注目してください。

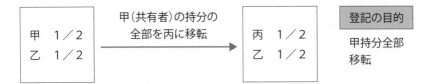

　ここからは共有物権の場合の目的を見ます。

👉 Point

共有物権の目的には、必ず「持分」という字を入れること

　上記の例では、目的は甲持分全部移転となっています。書き方の基本は

👉 Point

誰の持分を、どのくらい移転

です。

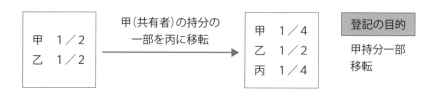

ここも「甲持分」が「一部」移転したという表記になっています。

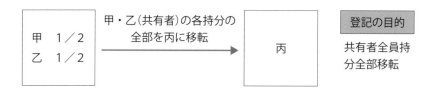

ここは、所有権移転で書くと減点です。**前主が共有であれば、必ず持分という文字を入れなければいけない**からです。

この目的に合わせて2つほど申請書を紹介します。
次の登記簿を見てください。

順位番号	登記の目的	受付年月日	権利者その他の事項		
1	所有権保存	（略）	共有者 持分	（住所省略） 4分の2 （住所省略） 4分の1 （住所省略） 4分の1	甲野花子 甲野二郎 乙野良子
2	甲野花子持分全部移転	（略）	原因 共有者 持分	令和5年9月1日売買 （住所省略） 4分の2	 西田夏子

初めが共有状態です。甲野花子が持分を西田夏子に全部売りました。そのため2番は甲野花子持分全部移転となります。

共有者の部分を見てください。「持分4分の2　西田夏子」と持分を書くのです。

確かに甲野花子の持分がどれぐらいかというのは登記簿を追いかけていけば分かります。ただ、登記実務では「**この２番だけで**」どれだけの持分を持っているのかを公示したいのです。そこで、この２番の欄に持分４分の２と書きます。**登記簿に持分４分の２と書く以上、申請書にも書くことになります。**

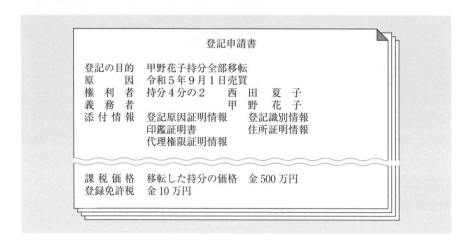

権利者のところは、「持分４分の２　西田夏子」となっています。登記簿に載るので持分を書く必要があります。

ちなみに義務者の方には持分を書く必要はありません。**甲野花子の持分がどれぐらいか、これは１番の登記簿を見れば分かるから**です。

次に課税価額と登録免許税を見てください。不動産全体がもし1,000万円だとしたら、手に入れたのはその内の半分だけです。**半分だけしか手に入れていないのなら、そこで手に入れた半分だけにしか税金は掛かりません。**

今回は、課税価格に「移転した持分の価格」を記載した上で、取得した持分だけ書くことになります。

権利が一部移転しかしない場合に影響がでる箇所
権利者欄に持分を書く
登録免許税は手に入れた分だけに課税される

次の登記簿を見てください。

順位番号	登記の目的	受付年月日	権利者その他の事項
1	所有権保存	(略)	共有者　（住所省略） 持分　　4分の2　　　甲野花子 　　　　（住所省略） 　　　　4分の1　　　甲野二郎 　　　　（住所省略） 　　　　4分の1　　　乙野良子
2	共有者全員持分 全部移転	(略)	原因　　令和5年9月1日売買 所有者　（住所省略）　西田夏子

　共有者全員がそれぞれ持分の全部を売っている状態になっています。この時の2番の目的は共有者全員持分全部移転となります。

　登記簿の西田夏子の部分には、持分が書かれていません。今回、**この人は所有権全部を取得しているので、持分を書く必要はないのです。**

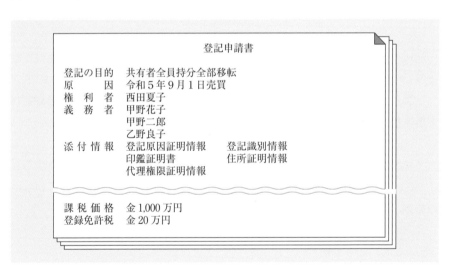

```
　　　　　　　　　　　　　登記申請書

　登 記 の 目 的　共有者全員持分全部移転
　原　　　　　因　令和5年9月1日売買
　権　利　者　西田夏子
　義　務　者　甲野花子
　　　　　　　　甲野二郎
　　　　　　　　乙野良子
　添 付 情 報　登記原因証明情報　　登記識別情報
　　　　　　　　印鑑証明書　　　　　住所証明情報
　　　　　　　　代理権限証明情報


　課 税 価 格　金1,000万円
　登録免許税　金20万円
```

　権利者の前に持分を書いていません。

　また、課税価額も持分の全部を買っていますから、全部に対して課税されます。そのため、先ほどの例のように「移転した持分の価格」という表記もありません。

　この共有者全員持分全部移転については、重要な論点があります。

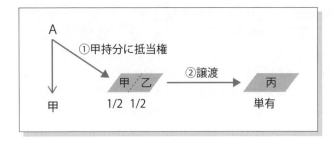

　甲持分２分の１、乙持分２分の１、Ａが甲の持分だけに抵当権を設定していて、その後、甲乙が全部を丙に売りました。

　この場合、まとめて１枚で共有者全員持分全部移転ができません。
抵当権付の持分と、抵当権無しの持分の申請を１枚の申請書で書いてはいけないのです（理屈は難しいので、丸のみしてください）。

「共有者全員持分全部移転」を行う場合
→　共有者の誰かに権利が付いていないかチェックせよ

　上記のケースでは、甲の持分だけを先に移す登記をして、その後、乙の持分を移す登記をします（又は乙の持分だけを先に移す登記をして、甲の持分を移す登記をします）。
　結果として、申請書は２枚になります。**申請書の枚数が何枚になるかというのは、この試験においては重要**なことです。記述式問題で、書く枚数を間違えると、大幅な減点を受けるからです。

　以上で売買契約の基本形は終わりです。

　　　　　　　　　　　問題を解いて確認しよう

| 1 | 共有不動産を第三者の単独所有とする所有権移転の登記の申請は、共有持分につき第三者の権利に関する登記があるときは、一つの申請情報ですることができない。〔2-23-3〕 | ○ |

☐ 所有権の登記名義人が何度かに分けて持分を取得し、ある持分についてのみ抵当権の設定の登記がされている場合であっても、相続を登記原因とする所有権の移転の登記をするときは、一の申請情報でしなければならない（昭30.10.15民甲2216号）。

> ★もし、一括申請ができなければ、「所有権一部移転（原因　年月日相続）」「〇〇持分全部移転（原因　年月日相続）」と2回登記申請が必要になります。相続を原因とする一部移転登記をすることはできないため、便宜一括申請を認めた先例です。

（2）売買の修正　農地の場合

　ここからは、売買契約の申請書に修正が入る場面を見ていきます。まずは買った物件が農地の場合の修正です。

✍ Point

売買契約
+　農地法の許可
→　所有権移転

　買主と売主は売買契約をしたら農地法の許可申請をします。

　許可申請をすると、都道府県知事の審査が「**買主は農業ができるかどうか**」を審査します。**農地は貴重な資源なので、農業ができない人には農地を買わせない**ようにしているのです。

> 許可書
> 君なら農業ができるから買っていいよ。
> 　　　　　　　　　　　　　　　　知事

　こういった許可が出て、やっと物権変動が生じます。つまり**この許可は登記原因の日付をずらす**のです。

上記の事例だと、物権変動が起きるのは令和6年4月20日となります。

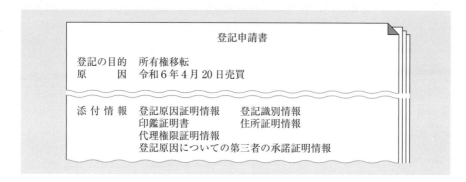

前記のように原因日付に修正が入りましたが、もう1つ、添付書類にも修正が入り、**5セットに加えて、農地法の許可書の添付が必要**になります。

農地法という実体法が要求しているので、

× 　登記上の利害関係を有する第三者の承諾証明情報

○ 　登記原因についての第三者の承諾証明情報として添付することになります。

農地の売買の時には農地法の許可が必要になります。ただ、**農地の取引のすべてで、農地法の許可が必要になるわけではありません**。

農地を持っているAが死んでBが相続をしました。

この場合に、農地法の許可が要るのでしょうか。つまり、農地法の許可があったら所有権移転が起きるのでしょうか。

これはおかしいですね。**死亡した時点で相続人に承継が生じます**。そのため、**相続の場合は、許可無しで所有権が移転する**のです。

　Aが農地を持っている状態で、Bがこれに対し抵当権を設定する場合、Bに対する農地法の許可が要るのでしょうか。

　つまり「Bが農地を使うのですが許可してほしい」という許可申請が必要なのでしょうか。

不要です。

　農地を使う人が変わる時に農地法の許可が必要です。**Bが抵当権者になっても農地を使う人はAのままで変わりません**。そのため、農地法の許可をとる必要がないのです。

　このように考えていくと、農地法の許可が必要かどうかというのは、ある程度の基準があることが分かります。

> ▶**Point**
>
> **農地法の許可が必要な行為　①かつ②（絶対の基準ではない）**
> ①　農業従事者が変わる
> ②　両当事者の意思に基づく行為

　1つ目の基準は、農業従事者が変わること、つまり、**農地を使う人が変わること**です。例えば、抵当権設定は農地を使う人が変わらないので、許可は要らないことになります。

　2つ目の基準は**両当事者の意思に基づく行為**ということです。

　例えば、農地の相続があれば、農地を使う者は変わりますが、お互いの意思表示によってやったことではないので、許可は不要となります。

　ただ、「以上の基準を使えば、すべての事案が判断できる」わけではありません。学習の方向としては、

●基準で判断できるものは覚えない

●基準で判断できないものを丸暗記する

がいいと思います。

下に図表を入れています。

農地法の許可の要否が問われた問題を見たら、是非この表に戻ってチェックをしてください。

◆ 農地法の許可の要否 ◆

	農地法の許可を要する登記	要しない
所有権移転登記	①特定遺贈 ②(包括)死因贈与 ③遺産分割による贈与 ④協議による財産分与 ⑤相続分の贈与・売買(共同相続人から第三者) ⑥前登記名義人以外の者への真正な登記名義の回復(原則) ⑦共有物分割 ⑧合意解除 ⑨買戻権の行使 ⑩民法第646条第2項による移転	①相続 ②包括遺贈 ③特定遺贈(相続人が受遺者の場合) ④遺産分割 ⑤裁判・調停による財産分与 ⑥相続分の贈与・売買(共同相続人間) ⑦前登記名義人への真正な登記名義の回復 ⑧前登記名義人以外の者への真正な登記名義の回復(他の相続人に所有権の移転の登記を申請する場合) ⑨共有者の持分放棄 ⑩法定解除 ⑪委任の終了 ⑫時効取得 ⑬特別縁故者への財産分与
所有権抹消登記	①合意解除	①法定解除 ②錯誤
所有権更正登記	①乙名義を乙・丙名義に更正(原則)	①相続を原因とする甲名義の登記を甲・乙名義に更正 ②持分の更正 ③登記原因の更正
所有権以外の権利に関する登記	①不動産質権設定(農31) ②地上権設定・永小作権設定・賃借権設定(農地31) ③地上権移転・永小作権移転・賃借権移転(農地31)	①抵当権設定

甲の農地を乙に売却しています。その後、甲の死亡、農地法の許可が下りました。

ここで、申請書は何枚必要になるのでしょうか。

基本的には**物権変動の数＝申請書の数**となります。では、物権変動の数を分析しましょう。

上の図ですが、上段が行為・下段が所有者を記載しています。

ここでは、死亡の時点で「甲→A」の物権変動が生じ、許可が到達することによって「A→乙」の物権変動が生じています。結局、**物権変動は2回あるので、申請書は2枚必要**です。

許可到達と死亡の順番を変えると、物権変動の結論が大変わりします。

所有権者は甲で農地を売りましたが、許可が出るまでは所有者は甲のままです。その後、許可が届いているので所有権が乙に移転します。ここで、売主甲が死亡しますが、甲が農地を持っているわけではないので、ここから物権変動はもう生じません。

したがって**物権変動は甲から乙への1回だけなので申請書は1枚**となります。

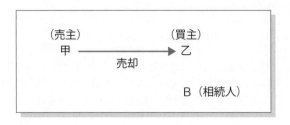

今度は乙側が死亡した場合を分析します。

　所有権者は甲で農地を売りましたが、許可が出るまでは所有者は甲のままです。その後、許可が届いているので所有権が乙に移転します。乙に移転した後、買主乙が死んだことにより、乙からBへと所有権が移転します。

物権変動は甲から乙、乙からBと2回になっているので申請書は2枚になります。

　甲、乙で農地の売買をして、乙が買っていいかどうかの許可申請をします。

　ただ、乙が買って許可申請をしたのですが、許可到達時に乙は死亡しています。そのため、**許可を受け取ることができません**。

　この事例では、**許可は無効**となり、Bが買っていいかどうかの許可申請をし直すことになります。

1　Aが農地である甲土地をCに売り渡したが、Cが死亡した後にCあて　　○
　　に農地法所定の許可があった場合、AとCの相続人であるBとが共同
　　して、亡Cを譲受人とする所有権移転の登記を申請することはできな
　　い。〔18-14-オ改題〕

2　A名義の農地である甲土地について、AB間で売買をしたが、農地法　　○
　　所定の許可が得られる前にAが死亡した場合において、その後、農地
　　法所定の許可が得られたときであっても、Aの相続人であるCは、A
　　からBへの売買による所有権移転の登記をBと共同して申請すること
　　はできない。〔63-23-2改題（15-21-1）〕

3　Aが生前に農地である甲土地をDに売り渡し、農地法所定の許可を受　　×
　　けた後に死亡した場合におけるDへの所有権移転登記をする場合、そ
　　の登記を申請する前提として相続の登記を経由することを要する。
　　　　　　　　　　　　　　　　　　　　　　　　　　〔9-22-ア改題〕

×肢のヒトコト解説

3　農地法の許可が下りたあとに、死亡しています。所有権は移転しているので、
　　もはや相続で所有権は降りません。

---

(3) 共有物不分割特約

不動産売買契約書

令和5年10月20日
売主A、買主B間において次の通り不動産の売買契約を締結した。
1．Aはその所有に係る後記記載の不動産の持分2分の1を代金
　　3,000万円でもってBに売り渡した。
2．A及びBは当該不動産の共有持分につき向こう5年間共有物
　　の分割請求をしないものとする。

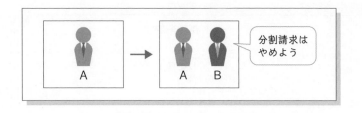

「売買契約によって、共有状態になるけど、共有物分割はやめておこう」という特約が、売買契約に入っています。

この場合、どういう登記簿になるのでしょうか。

順位番号	登記の目的	受付年月日	権利者その他の事項
4	所有権移転	（略）	原因　　令和5年8月12日贈与 所有者　（住所省略）　　　　　　　A
5	所有権一部移転	（略）	原因　　令和5年10月20日売買 特約　　5年間共有物不分割 共有者　（住所省略）　持分2分の1　B

5番の所有権一部移転の欄の中に、特約が登記されています。これによって、AまたはBから持分を買った者に対し、**「これは特約が付いているから分割請求できないよ」と主張できる**ことになります。

申請書を見てみましょう。

```
                        登記申請書

登記の目的    所有権一部移転
原     因    令和5年10月20日売買
特     約    5年間共有物不分割
権  利  者    持分2分の1    B
義  務  者              A
添 付 情 報    登記原因証明情報    登記識別情報
             印鑑証明書         住所証明情報
             代理権限証明情報
```
```
課 税 価 格    移転した持分の価格 金500万円
登録免許税    金10万円
```

　特約と記載して「何年間共有物不分割」と入る、ここだけが今までの申請書と
違うところです。

　ちなみに、**売買契約時に不分割特約もできる**のですが、**後から不分割特約をす
る**こともできます。

　それが次の事例です。

順位番号	登記の目的	受付年月日	権利者その他の事項	
4	所有権移転	（略）	原因	令和4年8月12日贈与
			所有者	（住所省略）甲山太郎
5	所有権一部移転	（略）	原因	令和4年10月20日売買
			共有者	（住所省略）持分2分の1　乙山次郎

この時点では特約が入っていません。

```
                  共有物不分割特約

                              令和5年10月14日
  1. 甲山太郎及び乙山次郎は当該不動産の共有持分につき向こう
     5年間共有物の分割請求をしないものとする。
```

LEC東京リーガルマインド　令和7年版 根本正次のリアル実況中継
司法書士 合格ゾーンテキスト 4 不動産登記法 I

共有の登記をした後に、新たに不分割特約をしています。

順位番号	登記の目的	受付年月日	権利者その他の事項
4	所有権移転	（略）	原因　令和4年8月12日贈与 所有者　（住所省略）甲山太郎
5	所有権一部移転	（略）	原因　令和4年10月20日売買 共有者　（住所省略）　持分2分の1　乙山次郎
付記1号	5番所有権変更	（略）	原因　令和5年10月14日特約 特約　5年間共有物不分割

　この場合、所有権の内容が変わります。**今までは「共有物分割請求できる所有権」だったのが、「共有物分割請求ができない所有権」になる**のです。そのため、なすべき登記は「**所有権変更**」登記になります。

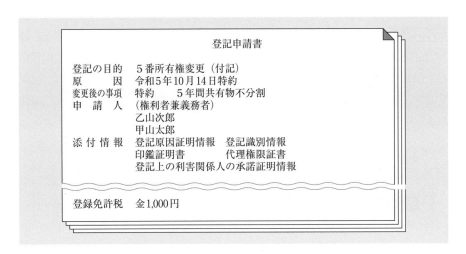

```
　　　　　　　　　　　　　　登記申請書

　登記の目的　　5番所有権変更（付記）
　原　　　因　　令和5年10月14日特約
　変更後の事項　特約　　5年間共有物不分割
　申　請　人　　（権利者兼義務者）
　　　　　　　　乙山次郎
　　　　　　　　甲山太郎
　添付情報　　　登記原因証明情報　　登記識別情報
　　　　　　　　印鑑証明書　　　　　代理権限証書
　　　　　　　　登記上の利害関係人の承諾証明情報


　登録免許税　　金1,000円
```

　申請書のポイントを指摘します。

変更後の事項

　これは変更登記だと要求される記載で、「どこが変わったのか」ということを伝える部分です。
　今回は変更後の事項に「特約が付きました」ということを書きます。

> **民法第256条（共有物の分割請求）**
> 1　各共有者は、いつでも共有物の分割を請求することができる。ただし、5年を超えない期間内は分割をしない旨の契約をすることを妨げない。

　本事例では、「5年間共有物不分割」といっていますが、これは何年でもいいわけではありません。民法256条1項但書に規定があり、**5年を超えることができない**となっています。

　もし、**5年を超えたら、特約自体が無効**になります。

```
契約書

特約
100 年不分割
```

　不分割の期間が5年を超えています。この場合、5年までが有効ではなく、特約自体完全アウトと扱います。そのため、本試験の問題で契約書があった場合には、登記申請をしないという判断をするのです（本試験の記述式問題では、登記申請ができないものも答えさせます。こういった登記申請ができないような案件は1個ずつ覚えておいてください）。

　　申請人

　　👆 **Point**

> 合同申請：全員が権利者であり、全員が義務者として申請する形式

　権利者、義務者という表現になっていません。権利者兼義務者と書いています。これは合同申請の場合の表現です。

　合同申請というのは**全員が権利者、全員が義務者となる申請**で、共同申請の変形といわれています。

　ではなぜ全員を権利者、全員を義務者とするのでしょうか。これは**不分割特約によって、どちらが有利になり不利になるかが登記では分からない**からです。

4	所有者　甲山太郎
5	共有者　持分２分の１乙山次郎
付記１号	特約　　５年間共有物不分割

登記官「どっちが得しているの？」

　不分割特約をすることによって、「やった、分割請求が来ないぞ」と喜ぶ方もいれば、「分割請求できないのはやりづらいなぁ」と思っている方もいるかもしれません。

　ただ、どちらが喜んでどちらが嫌だなぁと思っているかは登記簿で分かりません。「**どちらが有利か不利か分からない。だったら怖いから全員を権利者、全員を義務者として扱おう**」これが合同申請の発想です。

　この申請構造は、添付情報に影響します。

添付情報

　登記原因証明情報、本事例は添付しない例外４つのどれにも当たらないので、添付は必要です。

　登記識別情報は、共同申請の場合に必要です。合同申請も共同申請の一種ですから添付が必要になります。

　そして、今回は全員が義務者なので、全員の登記識別情報が必要になります（本事例では、甲山太郎が４番でもらった登記識別情報と、乙山次郎が５番でもらった登記識別情報を付けることになります）。

　印鑑証明書は、「義務者が所有権登記名義人の時」に必要です。今回は乙山次郎と甲山太郎とも義務者で、彼らは所有権登記名義人です。だから印鑑証明書が必要です。

　住所証明情報は所有権の保存、所有権の移転、新たな登記名義人が登場する所有権の更正で必要です。今回は所有権変更なので不要となります。

　利害関係人の承諾証明情報、これは「変更・更生・抹消・抹消回復・所有権に関する仮登記の本登記」で必要です。今回は変更登記なので承諾書が必要になります。

　では、どんな人が利害関係人になるのでしょうか。

例えば持分2分の1A、持分2分の1Bとなっていて、このAの持分について
だけ抵当権を設定していました。特約前と特約後を比べてみましょう。

特約前	→	特約後
今まで分割請求ができた持分		分割請求ができない持分

Aの持分の価格は明らかに下がります。 Aの持分の抵当権を設定したCはこの
特約によって、回収できない可能性がでてきます。そこで、抵当権者Cは利害関
係人になります。

そして、この**承諾は任意的承諾**になっているため、承諾書があれば付記登記で、
承諾書が無くても主登記だったら登記は可能となります。

登録免許税

不動産1個につき金1,000円となります。変更登記の場合は、大抵金1,000円
になります。

問題を解いて確認しよう

1. Aを所有権の登記名義人とする不動産について、その所有権の一部をB及びCへと移転する所有権の一部移転の登記を申請するときは、当該登記と一の申請により、共有物分割禁止の定めの登記を申請することができる。〔21-21-ウ〕　〇

2. A及びBの共有名義の所有権移転の登記がされた後に、共有物分割禁止の定めの登記の申請をすることができる。〔2-23-1改題〕　〇

3. 甲不動産の取得がA・B及びCの相続によるものである場合、三者間において、これを相続開始の日から5年間は分割しない旨の契約が成立しても、その旨の登記の申請をすることはできない。〔9-27-ア〕　×

4. A及びBが所有権の登記名義人である甲土地について、AとBが10年間共有物分割を禁止する旨の定めをし、当該定めを追加する旨の所有権の変更の登記を申請することができる。〔28-19-ウ〕　×

5. 不動産の共有者である所有権の登記名義人の全員が3年間共有物の分割を禁止する旨の定めをし、当該定めを追加する旨の所有権の変更の登記を申請するときは、当該登記名義人の全員の印鑑に関する証明書を添付することを要しない。〔30-18-ア〕　×

6. 権利の一部移転の登記の登記原因に共有物分割禁止の特約がある場合において、共有物分割禁止の定めがある旨を申請情報として提供して当該権利の一部移転の登記を申請するときは、当該権利の共有者全員の登記識別情報を提供する必要がある。〔18-18-ア〕　×

×肢のヒトコト解説

3. 5年間の定めなので、この特約は登記ができます。

4. 5年を超えているので、この特約は無効です。

5. 合同申請であるため、全員の印鑑証明書が必要です。

6. 共同申請であるため、義務者の登記識別情報のみ必要です。

☐ ＡからＢ・Ｃへの所有権（全部）移転登記とＢＣ間でされた共有物分割禁止の定めに関する登記については、別個に申請するものとされている（昭49.12.27民三6686号参照）。〔18-19-ウ〕

> ★所有権移転の申請人はＡＢＣ、共有物分割禁止の申請人はＢＣであり、申請人の同一の要件を満たさないためです。

（4）権利消滅の定め

```
不動産業者
  A ―――――――――――――――――→ B
            売買契約
       「買主Ｂが死亡したときに、所有
       権移転が失効する」旨の定め
```

高齢者向けのマンションなどで、昔流行っていた事例です。

高齢者向けのマンションにこの定めが無いと、買った人が死んだら相続人が入ってきてしまいます。そうすると若者が入ってくる可能性が高く、高齢者向けとはいえなくなってしまいます。

こういった事態を避けるため、売る時に前記のような特約を付けておくのです（もちろん値段は安くなりますよ）。

この特約を付けた場合、登記簿・申請書がどうなるかを見ましょう。

順位番号	登記の目的	受付年月日	権利者その他の事項
2	所有権移転	（略）	原因　　令和5年4月5日売買 所有者　（住所省略）　　　A
3	所有権移転	（略）	原因　　令和5年5月25日売買 所有者　（住所省略）　　　B
付記1号	3番所有権移転 失効の定め	余白	買主Ｂが死亡した時は所有権移転が失効する 令和5年7月1日付記

付記1号でこの特約の内容が書かれます。

この登記簿を作るための申請書が下に載っています。

登記申請書

登 記 の 目 的	所有権移転
原 因	令和5年5月25日売買
特 約	買主Bが死亡したときは所有権移転が失効する
権 利 者	B
義 務 者	A
添 付 情 報	登記原因証明情報　　　登記識別情報
	印鑑証明書　　　　　　住所証明情報
	代理権限証明情報

単純に上から3行目に特約を入れるだけです。それ以外はいつもと変わりません。

この後にBが死んだら、どのような登記簿になるのでしょうか。

順位番号	登記の目的	受付年月日	権利者その他の事項
2	所有権移転	(略)	原因　　　令和5年4月5日売買 所有者　　（住所省略）　　　A
3	所有権移転	(略)	原因　　　令和5年5月25日売買 所有者　　（住所省略）　　　B
付記1号	3番所有権移転 失効の定め	余白	買主Bが死亡した時は所有権移転が失効する 令和5年7月1日付記
4	所有権移転	(略)	原因　　　令和5年11月1日所有者死亡 所有者　　（住所省略）　　　A
5	3番付記1号所 有権移転失効の 定め抹消	余白	4番所有権登記により令和5年11月10日登記

4番を見てください。所有権移転となっています。

Bが死亡したことによってBの権利が無くなったではなく、**Bの所有権がAに戻ったという復帰的物権変動**と考えます。そのため、**所有権の抹消ではなく所有権の移転登記となる**のです。

1	Bが死亡した時は所有権移転が失効する旨の付記登記があるAからBへの所有権移転登記がされている場合において、Bが死亡したときは、Aは、Bの死亡を証する戸籍の謄本を添付して、単独で当該所有権移転登記の抹消を申請することができる。〔11-24-ア〕	×
2	AからBへの所有権の移転の登記についてBの死亡によって所有権移転が失効する旨の付記登記がされている場合において、その後Bが死亡したときは、Aは、所有者死亡を登記原因として、単独で、当該所有権の移転の登記の抹消を申請することができる。〔26-18-ウ〕	×

──────(ヒトコト解説)──────

1, 2 所有権の権利消滅の定めの登記がある不動産について、所有者が死亡した場合は、所有権「抹消」登記で名義を戻すのではなく、所有権「移転」登記で名義を戻します。

(5) 被保佐人又は意思能力のある未成年者の関与の場合

☞Point

被保佐人又は意思能力のある未成年者の関与の場合

→　同意書の添付が必要

※　原因日付は変わらないことに注意

　制限行為能力者が契約をした場合、申請書にどういった影響がでるのでしょうか。下記は、被保佐人が売買契約した時の流れです。

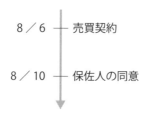

8／6 ── 売買契約

8／10 ── 保佐人の同意

　前ページの場合、契約の効力は８月６日に生じます。ただ、この時点では、有効だけど取消しができる状態です。このままでは、登記申請はできません。

　所有権移転という物権変動は生じているけど、取り消されて吹き飛ばされる可能性のある状態です。そんな**不安定なものは登記簿には載せない**のです。

　そのため、契約をしただけでなく、保佐人の同意があって初めて登記申請を通せるようにしました。そして、同意をもらったかどうかの確認のため、添付情報として、同意書を要求しています。

　ただ、原因日付は８月６日で、**同意をした日である８月10日ではない**ことに注意してください。

　今回の同意書の性質を確認しましょう。

　本事例の承諾は、民法が要求している内容なので、登記原因についての承諾証明情報です。この場合の承諾は、**本来、原因日付に影響を与えます。**

　ただ、例外が２つほどありまして、**１つ目はこの制限行為能力の同意**です。２つ目は後でやる**会社の利益相反行為**です。

　この２つは実体法が要求している承諾であるにもかかわらず、日付はズラさないので、覚えておいてください。

 覚えましょう

・ 親子の利益相反取引
・ →特別代理人が必要
・ →印鑑証明書・代理権限証明情報に影響

順位番号	登記の目的	受付年月日	権利者その他の事項
2	所有権移転	（略）	原因　　　令和4年4月5日遺贈 所有者　（住所省略）　　甲野一郎

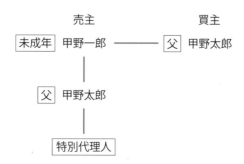

　例えば親子で売買をする場合、契約内容は親のいいなりになる可能性があります。これでは、**親が得する反面、子が不利益を受けてしまう**でしょう。

　そこで、こういった売買をする場合には、家庭裁判所から特別代理人を選任してもらい、**親は子と交渉するのではなく、特別代理人と契約内容の交渉をする**ことにしています。

　これが親子の利益相反という論点です。

　親子の利益相反の場合、登記申請書にどう表れてくるかを見ていきましょう（上記の事例は、父甲野太郎が唯一の親権者、単独親権者を前提とした事例です）。

　申請構造は上記のようになります。息子の一郎については特別代理人が代理し、

その特別代理人が司法書士に委任をすることになります。

義務者側の添付情報、誰のものが必要になるでしょうか。

一郎が名義を取得していたので、**一郎の登記識別情報が必要**になります。

特別代理人が実印を押印します。だから、**特別代理人の印鑑証明書が必要**になります。

復代理の場合
→印鑑証明書は、真ん中にいる人のものを添付する

この考え方は、応用が効きますので押さえておいてください。

代理権限証明情報ですが、子の一郎と特別代理人の間は、家庭裁判所が選んでいるので**家庭裁判所の選任審判書**というものを付けます。あとは特別代理人が司法書士に委任するので、特別代理人と司法書士との間の委任状が必要になります。

これで到達！　合格ゾーン

□ 親権者とその親権に服する者との間の法律行為が利益相反行為に該当するため、特別代理人が未成年者を代理して当該行為をした場合、その登記の申請は、親権者又は特別代理人のいずれから申請しても差し支えない（昭32.4.13民三379号）。〔28-14-ア〕

★権利義務を生み出す実体行為を特別代理人が行っていれば、その後始末の登記申請まで特別代理人が行う必要はありません。

(6) 利益相反取引

次は会社の利益相反という制度を見ます。

その前に株式会社の仕組みを軽く説明しましょう。

左側の人が株を買った人です。株を買ったというのは会社に出資をしていることを意味しています（出資の見返りに株式をもらっているのです）。

そして、この出資をしている株主が、会社の所有者となります（この株主が会社の中で一番偉いのです）。

この一番偉い株主は最低でも1年に1回集まって総会を開きます。その総会を株主総会と呼びます。

ここで会社の重要な事項を決めます。会社の商号をどうするか、本社をどこにするかなど、そういったことは決められます。ただ、基本的には経営内容は決められません。**経営内容については素人である株主より、経営のプロにまかせるようにしています。**

その**プロが取締役という者**です。

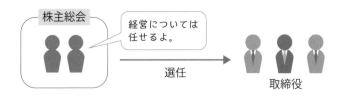

株主自身はお金を出すだけで、具体的な経営を行わず、経営は取締役という方を選んで、その方に行ってもらいます。

選ばれたこの人達は取締役会という会議を開いて、どういう経営方針にするか、どういう経営内容にするかを決めます（取締役会設置会社でない株式会社では取締役の決定で決めます）。

また、代表取締役、いわゆる社長を選びます。

代表取締役というのは実行する手足です。取締役会が脳として決定し、現実に動く手足になるのが代表取締役です。

取締役会が決めたことを、代表取締役が行うということで、取締役会と代表取締役の関係は、取締役会がある意味上位機関で、代表取締役が下位機関です（現実は逆の会社が多いのですが……）。

以上で株式会社の簡単な紹介は終わりとして、利益相反取引という本題に入ります。

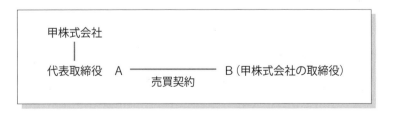

取締役のＢが会社の不動産を買おうとしています。これは利益相反と扱われて規制を受けます。

甲株式会社については、手足になっている代表取締役Ａが意思表示をし、一方、買主側は取締役のＢが意思表示をします。この２人での交渉を認めると、契約内容がＢに有利になりやすいのです。

なぜなら、**取締役と代表取締役は、仲間同士だから**です。お仲間同士での交渉になると、Ｂに有利の契約になりがち、つまり、会社の不動産が不当に安く売られかねません。

出資をしている株主はどう思うでしょうか。

会社の一番エライ株主に迷惑をかける行為になるので、法律は縛りを掛けました。

このような取引をするには、**事前に取締役会（取締役会設置会社でない株式会社では株主総会）の承認決議を要求する**、つまり取締役会に事前に伝えてＯＫを取りなさいとしました。これが会社法の356条・365条が要求している内容です。

👆**Point**

取締役と会社が契約する

→　取締役がプラス　会社がマイナスになる可能性が出る

→　株主に不利益になる

→　取締役会設置会社では、事前に取締役会の承認が要る

これがここまでのまとめということになります。

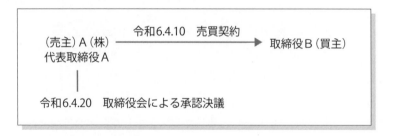

上記の事例、**物権変動自体は4月10日に起きています。**

ただ、**承認決議をした議事録が無い限り、登記所は登記を受け付けません。**そのため、登記ができるようになるのは4月20日になります（制限行為能力者の取引と同じです）。

会社の利益相反の場合、登記申請書がどう変化するかを見ていきましょう。

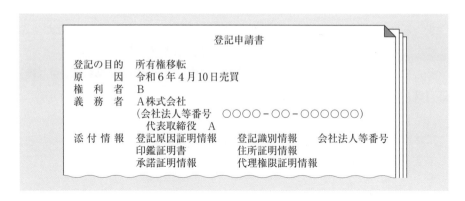

取締役会の承認があって登記申請ができるので、承諾証明情報として承認決議がされている取締役会議事録を添付します。

申請構造は上記のようになります。

そのため、登記識別情報はＡ（株）のもの、印鑑証明書は代表取締役Ａのものが必要になります。

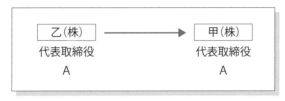

会社と役員が契約しているという事例で見てきましたが、**会社同士が契約をしているのに利益相反になる場合があります**。

例えば、上の図は、乙（株）から甲（株）に売っている状態です。

ただ乙（株）・甲（株）の代表取締役が同じ人になっています。この場合、**乙（株）と契約するのはＡだし、甲（株）と契約するのもＡ**です。

すると、**やろうと思えば乙（株）の財産を、安い値段で甲（株）の方に流せる**ことになります。この値段が不当に安いと乙（株）の株主が相当怒ります。

また逆に乙（株）の財産を、高い値段で甲（株）の方に押し付けることができます。この値段が不当に高いと甲（株）の株主が相当怒ります。

そこで、これも利益相反として承認決議を要求し、上記の例であれば、**甲（株）乙（株）の両方で承認決議が必要**です。

では、次に、会社同士の取引が利益相反取引になるかどうかの判断手順を説明します。

Point

① 会社と直接取引行為をしている者（売買契約締結の意思表示をしている者）を特定する

↓

② ①の者が会社の取締役の地位にあるか否かを判断する

↓

③ ②に該当するならば直接取引に該当する

　ざっくりいえば、「**うちに意思表示しているのは誰だ。うちの敵は誰だ**」を見るのです（前記の①）。

　その人を特定したら、次に「**その意思表示をしているのが、うちの役員なのか**」を見るのです（前記の②）。

　前記の②に該当すれば利益相反ということになります。

　先ほどの事例に、これを使って当てはめると以下のとおりです。

＜乙（株）について＞

①乙（株）に対して意思表示をしているのは、甲（株）の代表取締役A。

②Aは乙（株）の中にいる。

→利益相反に当たる。

＜甲（株）について＞

①甲（株）に対して意思表示をしているのは、乙（株）の代表取締役A。

②Aは甲（株）の中にいる。

→利益相反に当たる。

　A（株）の代表取締役は甲と乙2人いて、取引の代表行為をしたのは乙です。一方、B（株）の代表取締役が甲と丙2人いて、取引の代表行為をしたのは丙です。この場合、利益相反に当たるのでしょうか。

＜A（株）について＞

①A（株）に対して売買契約締結の意思表示をしている者は、B（株）の代表取締役丙。

②①の者（丙）はA（株）の取締役の地位にはない。

→利益相反行為に該当しない。

＜Ｂ（株）について＞

①Ｂ（株）に対して売買契約の意思表示をしている者は、Ａ（株）の代表取締役乙。

②①の者（乙）はＢ（株）の取締役の地位にはない。

→利益相反行為に該当しない。

問題を解いて確認しよう

1	甲株式会社及び乙株式会社は、いずれも取締役会設置会社である。甲株式会社の代表取締役がＡ及びＢであり、乙株式会社の代表取締役がＡ及びＣである場合において、Ｂが甲株式会社を、Ｃが乙株式会社を、それぞれ代表して甲株式会社所有の不動産を乙株式会社に売り渡し、その登記を申請するときは、いずれの会社についても取締役会の承認を証する書面を添付する必要がない。〔16-24-3（22-26-ウ、令4-19-オ）〕	○
2	甲株式会社及び乙株式会社の代表取締役が同一人であり、甲株式会社所有の不動産を乙株式会社に売り渡し、その登記を申請する場合には、甲株式会社及び乙株式会社の取締役会の承認を証する書面を添付しなければならない。〔16-24-1（22-26-ア）〕	○

これで到達！ 合格ゾーン

☐ 取締役がＡ、Ｂ及びＣの３名であり、代表取締役がＡであるＸ株式会社において、Ｘ株式会社がＡ及びＢが所有権の登記名義人である甲不動産をＡ及びＢから購入してする売買を登記原因とする共有者全員持分全部移転の登記については、Ｃ一人で取締役会の決議をした取締役会の承認を受けたことを証する情報を提供して申請することができる（昭60.3.15民四1603号）。〔令2-26-ア〕

★利益相反取引について、取締役３名のうち２名が特別の利害関係を有する場合、その２名のみ議決権が認められませんが、残り１名の議決権は認められます。そのため、特別の利害関係を有しない取締役１名のみで、有効に取締役会の承認決議をすることができます。

(7) 生前売買

　ここでは、不動産の売り買いをしたけど登記する前に死んでしまった場合の処理を学習します。

　親父が不動産を買ったけど登記していない。誰がやるべきか……息子がやるべきです。親父が不動産を売ったけど登記する前に死んじゃった。誰が登記すべきか……息子がやるべきです。

　このように「**登記する前に死んでいたら、相続人が代わりに申請する**」、これを相続人による登記といいます。

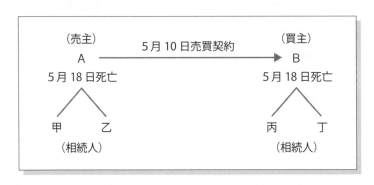

　物権変動は「A→B」、「B→丙丁」の2回ありますから、申請書はAからBの移転登記とBから丙丁への移転登記の2枚になります。

　2件目については後で説明します。

　ここでは1件目を説明します。

　1件目でAからBへの移転登記をしたいけど、AとBがそれぞれ死んでいますので、それぞれの相続人が代わりにやることになります。

　この場合、基本の申請書のどこに、どのような修正が入るのでしょうか。

```
                          登記申請書

登記の目的    所有権移転
原    因    令和6年5月10日売買
権 利 者    亡B
            上記相続人丙
            上記相続人丁
義 務 者    亡A相続人甲
            亡A相続人乙
添付情報    登記原因証明情報        登記識別情報（注1）
            印鑑証明書（注2）      住所証明情報（注3）
            相続証明情報          代理権限証明情報（注4）
```

（注1）具体的にはAの登記識別情報となる。

（注2）具体的には甲、乙の市町村長作成の印鑑証明書となる。

（注3）具体的にはBの住民票（除票）の写しとなる。

（注4）具体的には甲乙丙丁の委任状となる。

権利者の欄を見てください。書き方が変わります。

まず亡Bと書きます。Bが登記名義を取得するのでBの名前を書くのです。ただ、**Bが委任状を書いていると誤解されないように、「実際に動いているのは丙丁だ」ということを表すために**、その下に肩書きを付けて相続人たちの名前を書きます。

今度は義務者側を見てください。これは要注意です。

義務者はAですが、申請書に書くのはAの相続人の名前です（義務者自体はAですが、申請書には実際に動いている人を書いているのです）。

次に添付情報を見ましょう。

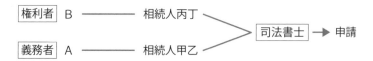

権利者側であれ、義務者側であれ、相続人が申請している場合には、「相続人

であること」の立証が必要になります。これが相続証明情報というものです（具体的な中身については、また後で説明します）。

また、委任状は甲乙丙丁の委任状となります。今回司法書士に頼んでいるのは、相続人たちだからです。

そして、印鑑証明書ですが、義務者側の代理構造が復代理になっているため、真ん中の相続人たち（甲乙）の印鑑証明書が必要になります。

 Point

権利者側 丙　　丁	義務者側 甲　　乙
どちらか一人が申請すればいい （保存行為）	必ず、両方が 手続に関与する必要がある

権利者側は、どちらか一方だけで申請することが可能です。

これは、**民法の保存行為という概念**で、共有者のうち1人だけでやってよいものを指しています。

今の所有者は丙丁の共有状態です。ここでB名義にする登記申請は、**緊急性があり、他の者の利益にもなる**ので1人でやることを認めています。

もし甲と乙が誰か別の人にこの物件を売ったら二重譲渡です。二重譲渡ですから早くB名義にしないと、対抗関係で負けてしまいます。**B名義にすることを急いでいる**のです。

また、丙がB名義に勝手にしたら、丁は怒るでしょうか？　**丙が勝手にやっても丁は怒ることもなく、むしろ利益になります。**

そういった事情があるため、共有者の1人から申請することを認めています。

一方、義務者側では保存行為は認められません。

登記名義が無くなる、不利になることなので全員で行うことを要求しています。

利益になることであれば勝手に1人でやってもいいけど、
義務については皆でやる必要がある

このように考えて、権利者側と義務者側の処理をするようにしてください。

	義務者側として登記申請するべきか
相続放棄者	×
相続欠格者	×
廃除を受けたもの	×
特別受益者	○

　義務者側は相続人の全員が関与する必要がありますが、**相続放棄をした人や欠格、廃除を受けた人たちは、もはや相続人ではない**ので、これらの者を入れる必要はありません。

　一方、特別受益者は違います。特別受益者でもらい過ぎた人は権利を承継することはできませんが、借金などの義務は承継します（もらい過ぎて今回の相続でもらえないのはいいとしても、借金まで負わなくていいとなったら、それは不公平すぎます）。
　そのため、**特別受益者といえども、登記義務を免れることはできない**ので、申請行為をする必要があります。

　以上が相続人による登記、生前処理の修正ということになります。

問題を解いて確認しよう

1	登記義務者の相続人が数人いる場合、相続人の1人が申請人として登記を申請することができる。〔元-24-5（7-25-イ）〕	×
2	甲不動産の所有権の登記名義人Aに相続が生じた場合に、Aには子B、C及びDがおり、Aの相続開始後Cが相続を放棄したが、Aが生前に甲不動産をEに売却していた場合において、売買を登記原因としてAからEへの所有権の移転の登記を申請するときは、B、C、D及びEが共同してしなければならない。〔29-19-オ〕	×
3	Aを所有権の登記名義人とする不動産につき、Aを売主、Bを買主とする売買契約が締結された後、その旨の登記を申請する前にAが死亡し、Aの相続人がX及びYであった場合において、Xが民法第903条第2項によりその相続分を受けることのできない特別受益者であっても、B及びYのみでは共同して所有権の移転の登記を申請することができない。〔19-14-ア〕	○

--- ×肢のヒトコト解説 ---

1 義務者側は、全員が関与する必要があります。

2 相続放棄をすれば、登記義務を承継することもありません。

(8) 一の申請情報による申請

俗に一括申請と呼ばれるものです。本来2枚で申請するものを、まとめて1枚の申請書で行うことをいいます。

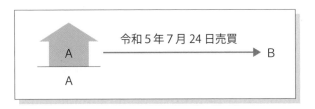

土地と建物を持っているAが、両方ともBに売ることにしました。

建物の目的、原因、権利者、義務者はどうなるでしょう。

土地の目的、原因、権利者、義務者はどうなるでしょう。

土地、建物の申請書は、全く同じになります。

物権変動は、建物の所有権移転という物権変動と土地の所有権移転という物権変動と2つあります。そのため、申請書は2枚になるはずです。

ただ、2枚にしても内容がほとんど同じになっています。そこで、**書く内容が同じ過ぎるのであれば、1枚でやってよい**としています。

1枚で申請すると、どこに影響があるかを見てみましょう。

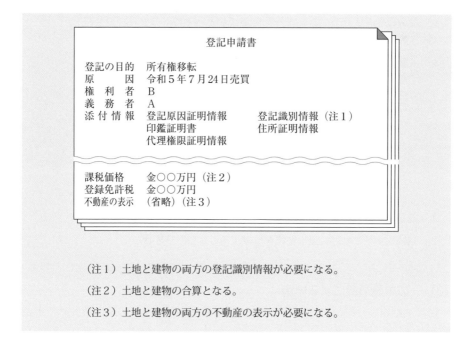

（注1）土地と建物の両方の登記識別情報が必要になる。

（注2）土地と建物の合算となる。

（注3）土地と建物の両方の不動産の表示が必要になる。

影響を受ける箇所は、登記識別情報の具体的な内容、課税価格と不動産の表示です。

注1から注3を見てください。土地、建物両方の登記識別情報が要りますね。また、土地、建物の両方の対抗力が得られるので、登録免許税は両方分課せられます。また不動産の表示も両方書く必要があります。

では、次に一括申請の要件を学習しましょう。

一括申請は、申請する2つ以上の内容が、次の①②③のすべてが一緒なら許されます。

覚えましょう

一括申請の要件
①管轄登記所が同一であること
②登記の目的が同一であること
③登記原因及びその日付が同一であること（解釈上、当事者の同一も
含む）

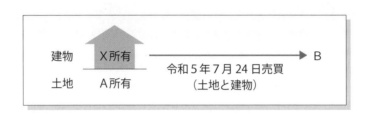

上の図では、一括申請ができません。建物と土地で申請人が違うからです。

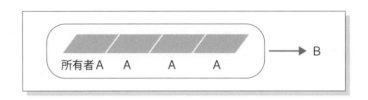

　例えば、Aが四筆の土地をまとめてBに売却した場合も、1枚で申請すること
ができます。

　ただ、さすがに東京の物件と沖縄の物件はまとめてはできません。

　登記所は管轄を持っています。「うちの登記所は○○地域の登記簿を持ってい
るよ」とテリトリーが決まっています。

　管轄が違っていれば、一枚では申請できず、管轄ごとに申請書を作ることにな
ります。

☐ 土地が合筆された後に、その所有者が登記義務者として登記申請をする場合に提供する登記識別情報は、合筆の際に通知された登記識別情報であるのが原則であるが、便宜合筆前の全ての土地についての所有権の登記の登記識別情報を提供して登記の申請をすることができる（昭39.7.30民甲2702号参照）。

〔59-16-1、2-27-1、26-12-オ〕

> ★土地が合筆されると新たな登記識別情報が通知されます。それを使用してもいいし、従前の登記識別情報を合わせたものでもいいとする先例です。

☐ 担保権の登記がある土地又は建物について合筆の登記又は建物の合併の登記がされた後、当該担保権の登記名義人を登記義務者として登記の申請をする場合に提供すべき登記識別情報は、合筆の登記又は建物の合併の登記後に存続する土地又は建物の登記記録に記録されている担保権の登記名義人についての登記識別情報で足りる（平19.10.15民二2205号）。〔26-12-エ〕

> ★合筆（合併）の登記がされた場合は、所有権登記名義人だけでなく、他の登記名義人にも登記識別情報が通知されるので、次の登記ではそれが使用できます。

☐ 分筆登記において分筆後の土地については、新たな登記識別情報は通知されない。したがって、甲土地から分筆された乙土地について抵当権の設定の登記を申請する場合、分筆前の甲土地の登記識別情報を提供する必要がある。

〔令4-16-エ〕

> ★合筆の場合と異なり、分筆登記をした場合には登記識別情報は通知されません（分筆は、権利取得という要素が薄いからだと思われます）。

(9) 区分建物の場合

これは分譲マンションのことを指します。

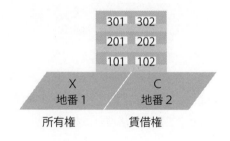

あるマンションが地番1、地番2の土地の上に建っています。

1つ1つの部屋のこと（例えば302号室）を、専有部分といいます。

```
302号室の所有者が持っている権利
●専有部分の所有権
●地番1の所有権の持分 ┐
●地番2の賃借権の持分 ┘敷地利用権 ┐分離処分の禁止（一体処分の原則）
```

専有部分の所有者は、専有部分の権利だけでなく、土地の権利を持っています（そうでなければ不法占拠になります）。この土地の権利のことを敷地利用権といいます。

そして、重要な概念として分離処分の禁止というのがあります。

```
区分所有法        302号室を売るときは土地の権利もまとめて
                売りなさい。バラバラで売ったら無効だよ。
```

これを分離処分の禁止、又は、一体処分の原則といいます。

土地の権利について、なぜ持分になるかということを説明します。

下の図を見てください。

地番1の土地、地番2の土地があり、所有者がBとCでした。

マンション業者のXは、この土地の上にマンションを建てたいと考えました。ただ、勝手にマンションを建てれば不法占有になります。

そこで、いわゆる用地買収をするのです。

どうやら左側の土地は買えたようですが、右の土地はどうしてもCが売ることに同意をしなかったようです。

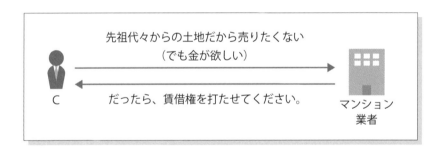

上記のように交渉して、土地に賃借権設定契約をすることができたようです。これでマンションの建築に取り掛かれます。

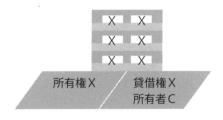

　マンションが建てられ6つに区分しました（部屋を6つにしたようです）。このあとマンション業者のXは1部屋ずつ売ります。

　ただ、部屋を売るときに一緒に売らなければいけないものがあります。土地の権利です。

　Xがある人に部屋を売るときに、左側の土地の所有権を全部売ってもいいのでしょうか。全部売ってしまうと、今度は、このXが不法占拠になります。だから土地の権利を切り売りするのです。

　建物を売る時に建物だけ売ったら不法占拠になるから、土地の権利を切り売りする。その結果、マンションの住人たちは建物所有権に加えて、土地の権利を持分の状態で持つことになるのです。

　これが土地の権利が所有権の持分、賃借権の持分になっている理由です。

1	所有権保存	所有者　甲野一郎
2	所有権移転	所有者　株式会社根本住建
3	所有権一部移転	持分100分の1　　A
4	（株）根本住建持分一部移転	持分100分の1　　B
・・・・・・・・・・・・・・・・・・・・・・・・・・・・・・・・		
102	（株）根本住建持分全部移転	持分100分の1　　X

　土地の登記簿だと思って見てください。

　甲区2番でマンション業者が土地を買い、マンションが建ちました。その後、マンションを売るときに土地の権利を持分ずつ売っています。

　マンションが売れるたびに持分を切り売りして登記を100回くり返すと、上記のような登記簿になってしまいます。

明らかに見づらい登記簿になってしまうのです。そこで、ある手法を導入しました。

1	所有権保存	所有者　甲野一郎
2	所有権移転	所有者　株式会社根本住建
3	所有権敷地権	

２番の名義が入った後、３番で所有権敷地権という登記を入れるのです。

これは、「もう土地の登記は動かしません」という公示、つまり、**土地の登記を停止することの宣言**になります。

では土地の登記ができないのであれば、土地を取得した人は、対抗力をどうやって手に入れればいいのでしょうか。

マンションの登記の特徴
専有部分で登記をする
→敷地部分も登記したと扱う

専有部分で登記をすれば、専有部分の対抗力だけでなく、敷地まで対抗力を取得したことにしました。

つまり、**土地の対抗力が欲しければ、専有部分で登記すればいい**のです。

具体的に、次のマンションの登記簿で説明しましょう。

建物の登記記録

専有部分の家屋番号	（省略）					

表　題　部	（一棟の建物の表示）		調製	余白	所在図番号	余白
所　在	文京区小日向二丁目1番地1,同番地2			余白		
建物の名称	ダイアモンドマンション			余白		

①構　造	②床　面　積　　㎡	原因及びその日付〔登記の日付〕
鉄筋コンクリート造陸屋根5階建	1階　　590:00 2階　　590:00 3階　　590:00 4階　　500:00 5階　　500:00	[令和5年12月1日]

表　題　部	（敷地権の目的である土地の表示）			
①土地の符号	②所在及び地番	③地　　目	④地　積　　㎡	登記の日付
1	文京区小日向二丁目1番1	宅地	430:00	令和5年12月1日
2	文京区小日向二丁目1番2	宅地	310:00	令和5年12月1日

表　題　部	（専有部分の建物の表示）		不動産番号	（省略）
家屋番号	小日向二丁目1番1の102		余白	

①種　類	②構　造	③床　面　積　　㎡	原因及びその日付〔登記の日付〕
居宅	鉄筋コンクリート造1階建	1階部分　　85:00	令和5年12月1日新築 [令和5年12月1日]

表　題　部	（敷地権の表示）		
①土地の符号	②敷地権の種類	③敷地権の割合	原因及びその日付〔登記の日付〕
1	所有権	100分の1	令和5年12月1日敷地権 [令和5年12月1日]
2	賃借権	100分の1	令和5年12月1日敷地権 [令和5年12月1日]

所　有　者	東京都文京区小日向一丁目1番1号　　株式会社X

権利部 　（甲区）　（所有権に関する事項）			
順位番号	登記の目的	受付年月日・受付番号	権利者その他の事項
1	所有権保存	（略）	原因　　令和5年12月7日売買 所有者　（住所省略）　　　　　A

所有権を敷地権とする土地の登記記録

表 題 部 （土地の表示）		調製	余白	不動産番号 123456789123
地図番号 A11-1	筆界特定	余白		
所 在 文京区小日向二丁目			余白	
①地 番	②地 目	③地 積 ㎡	原因及びその日付〔登記の日付〕	
1番1	宅地	430:00	余白	
所 有 者 東京都新宿区歌舞伎町一丁目24番2号 C				

権利部 （甲区） （所有権に関する事項）			
順位番号	登記の目的	受付年月日・受付番号	権利者その他の事項
1	所有権保存	（略）	所有者 （住所省略） C
2	所有権移転	（略）	原因 令和5年12月1日売買 所有者 （住所省略） 株式会社X
3	所有権敷地権	余白	建物の表示 文京区小日向二丁目1番1号、 　　　　　　　　　同番地2 一棟の建物の名称 ダイアモンド 　　　　　　　　　　　　　マンション 令和5年12月1日登記

賃借権を敷地権とする土地の登記記録

表 題 部 （土地の表示）		調製	余白	不動産番号 6789012312345
地図番号 A11-2	筆界特定	余白		
所 在 文京区小日向二丁目			余白	
①地 番	②地 目	③地 積 ㎡	原因及びその日付〔登記の日付〕	
1番2	宅地	310:00	余白	
所 有 者 東京都新宿区歌舞伎町一丁目24番2号 C				

権利部 （甲区） （所有権に関する事項）			
順位番号	登記の目的	受付年月日・受付番号	権利者その他の事項
1	所有権保存	（略）	所有者 （住所省略） C

権利部 （乙区） （所有権以外の権利に関する事項）			
順位番号	登記の目的	受付年月日・受付番号	権利者その他の事項
1	賃借権設定	（略）	原因 令和5年12月1日設定 目的 建物所有 賃料 1月 500万円 存続期間 40年 特約 譲渡、転貸ができる 賃借権者 （住所省略） 株式会社X
2	1番賃借権敷 地権	余白	建物の表示 文京区小日向二丁目1番1号、 　　　　　　　　　同番地2 一棟の建物の名称 ダイアモンド 　　　　　　　　　　　　　マンション 令和5年12月1日登記

102号室の「表題部（敷地権の表示）」の部分を見てください。

土地の符号1所有権100分の1、符号2賃借権100分の1となっています。102号室が土地に有する権利を意味します。

この分数はマンションの床面積の比率で決まります。だから床面積が狭いフロアと、床面積が大きいフロアでは持分量が違うのです。これが102号室の持つ土地の権利です。

Aさんは建物に登記しています。この建物に登記することによって、建物の対抗力と、土地の権利の対抗力を取得しています。

建物に登記すれば土地の対抗力まで取得できる、これがマンションの登記の最大の特徴です。

この後、Aさんが102号室を売ったときの手続を説明します。

（課税標準金額は、専有部分102が金5,000万円、Y土地が金1億2,000万円、Z土地が金1億円とします。）

マンションが建っていて、下が土地だと思ってください。

102号室は左のY土地に対しては100分の1の所有権、右のZ土地に対しては100分の1の賃借権を持っています。

この102号室をBに売りました。

売るときは102号室だけを売ったら無効です（一体処分の原則）。

そのため、売るときは102号室の所有権に加えて、土地の権利である所有権と賃借権の持分も売らなければいけません。

では、そのような売買契約をした場合は、どんな申請書になるのでしょうか。

```
                        登記申請書

  登記の目的  所有権移転
  原    因  令和5年12月15日売買
  権 利 者  B
  義 務 者  A
  添 付 情 報  登記原因証明情報      登記識別情報
            印鑑証明書          住所証明情報
            代理権限証明情報      承諾証明情報

  課税価格  建物及び敷地権（所有権）      金5,120万円
          敷地権（賃借権）            金100万円
  登録免許税  建物及び敷地権（所有権）    金102万4,000円
          敷地権（賃借権）            金1万円
          合  計                金103万4,000円
  不動産の表示  一棟の建物の表示
      （省略）

          専有部分の建物の表示
          （省略）
          敷地権の表示
          1  所在及び地番    文京区小日向二丁目1番1
            （以下省略）
          2  所在及び地番    文京区小日向二丁目1番2
            （以下省略）
```

　冒頭の目的、原因、権利者、義務者、添付情報までは、ほぼ影響を受けていません。

　課税価格から影響が出てきます。

　建物に登記をすれば建物所有権の対抗力だけでなく、土地の権利についても対抗力を取得できます。そのため、**税金は建物の分に加えて、土地についても払う必要があります。**

　そのため課税価格、登録免許税が非常に厄介になります。

　①税率ごとにグルーピング
　②グループごとに課税価格・登録免許税を出す
　③登録免許税を合算する

建物の部分は所有権の移転だから税率が1000分の20

土地の所有権も移転だから1000分の20

一方、土地の賃借権の移転については税率が1000分の10となっています。

そのため、建物の所有権と土地（敷地権）の所有権とでグルーピングし、土地（敷地権）の賃借権は別でグルーピングします。その後、登録免許税でそれぞれ1000分の20、1000分の10を掛けて、最後に足すことになります。

　1番下の不動産の表示には、専有部分(建物)と敷地の権利(土地)の2つを記載します。

　マンションの場合、申請書は課税価格と登録免許税、それと不動産の表示に影響してくると思ってください。

　ちなみに、添付情報について修正が入る場合があります。敷地権が賃借権の場合です。

　この場合は、**賃借権の譲渡になるので「賃貸人の承諾」（それを立証するために賃貸人の承諾書）が必要**になります。

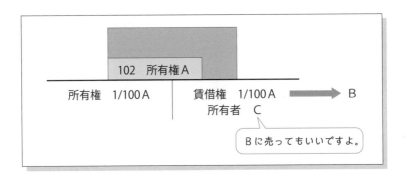

　ただ、**売るたびにいちいち承諾するのは面倒なので、賃借権の登記簿には「特約　譲渡，転貸ができる」というのが入っていることが多い**です。

順位番号	登記の目的	受付年月日	権利者その他の事項
1	賃借権設定	（略）	原　因　令和5年12月1日設定 賃　料　1月金500万円 特　約　譲渡・転貸ができる 賃借権者　（住所省略）　　　A

> この賃借権は譲渡していいですよ。
> いちいち承諾を取りに来ないで！

こういった宣言を事前にすることができます。

この場合は賃借権の譲渡がされても、承諾書の添付は不要となります。

(10) その他

一定の売買の場合には、裁判所の許可が必要になります。不動産登記法を2～3周ほどした後に、下記の記載を読んでください。

これで到達！　　合格ゾーン

□ Aに成年後見人が選任されている場合において、Aの居住の用に供する建物につき本件申請をするときは、家庭裁判所の許可があったことを証する情報を提供しなければならない。〔29-18-ア、令4-20-ウ〕

> ★成年後見人が成年被後見人の居住用不動産を売却し、当該登記を申請する場合は、家庭裁判所の許可があったことを証する情報を提供しなければならない（登研646-107）とされています。居住用不動産を売却するときは、本人の保護のために家庭裁判所の許可がいるという民法の規定から来ています（民859の3）。

□ 不在者の財産管理人は、その管理する不動産について家庭裁判所の許可書を添付した場合に限り、抵当権設定登記の申請をすることができる。〔11-19-オ〕

> ★不在者の財産管理人が民法103条に定めた権限を超える行為をするときは、家庭裁判所の許可が必要です（民28）。担保権の設定は「処分」行為に該当するため、家庭裁判所の許可があったことを証する情報の提供が必要になります。

☐ 相続財産清算人が被相続人の生前売却による所有権移転登記を申請する場合には、家庭裁判所の許可を証する情報の提供は不要である（昭32.8.26民甲1610号）。〔59-30-3（62-24-1、19-12-オ）〕

> ★相続財産清算人が処分をする場合は、不在者財産管理人と同様、家庭裁判所の許可が必要です。ただ、今回の事例は「本人が売却していた」事件について、相続財産清算人が登記申請するだけです。相続財産清算人が処分しているわけではないので、許可は不要です。

☐ 成年後見人が、成年被後見人所有の不動産について売買による所有権の移転の登記を申請する場合、後見監督人が選任されているときは、後見監督人の同意があったことを証する情報を提供することを要する（登研248-73）。

〔29-18-イ〕

> ★後見人が、被後見人に代わって民法13条1項各号に掲げる行為をするには、後見監督人があるときは、その同意を得なければならない（民864）とされています。重大な行為をするときは、後見監督人のチェックを受けることを要求した規定です。

第2節 共有物分割

　所有権移転の原因を「売買」から、他の原因に変えた場合の申請書を見ていきます。基本的には、申請書の原因が変わるだけなのですが、各々の登記にそれぞれ論点があります。

　まずは共有物分割です。共有物分割には、現物分割・代金分割・価格賠償の3タイプありますが、まずは価格賠償から見ていきましょう。

（1）価格賠償

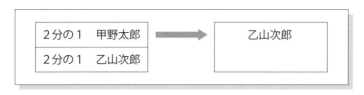

| 2分の1　甲野太郎 | → | 乙山次郎 |
| 2分の1　乙山次郎 | | |

　価格賠償とは、共有者が他の共有者の持分を買うことです。上図の通り、甲野太郎の持分を乙山次郎が買うことによって、共有状態を解消しています。この時の登記簿を見ましょう。

順位番号	登記の目的	受付年月日	権利者その他の事項
4	所有権移転	（略）	原　因　令和5年8月12日贈与 共有者　（住所省略） 　　　　持分2分の1　　甲野太郎 　　　　（住所省略） 　　　　　　　2分の1　　乙山次郎
5	甲野太郎持分全部移転	（略）	原　因　令和5年10月20日共有物分割 所有者　持分2分の1　　（住所省略）乙山次郎

　ちなみに、4番の登記の際に甲野太郎と乙山次郎が登記識別情報をそれぞれ取得していますが、5番で乙山次郎は登記識別情報をまた取得します。つまり、乙山次郎の登記識別情報は、4番で持分2分の1の登記識別情報をもらい、5番で更に持分2分の1の登記識別情報をもらいます。そのため、乙山次郎が次に売るときは、4番と5番で取得したパスワードをそれぞれ付ける必要があります。

　では、5番の登記簿を作る申請書を見ていきましょう。

```
                        登記申請書

   登記の目的    甲野太郎持分全部移転
   原    因    令和5年10月20日共有物分割
   権  利  者   持分2分の1　乙山次郎
   義  務  者   甲野太郎
   添 付 情 報   登記原因証明情報      登記識別情報
                印鑑証明書          住所証明情報
                代理権限証明情報

   課 税 価 格   移転した持分の価格　金500万円
   登録免許税    金10万円
```

　今までと違うのは、原因が年月日共有物分割というところぐらいです。

　共同申請となっている理由は大丈夫でしょうか。**移転登記で原因が相続・合併ではないので共同申請です。**

　添付情報のところですが、これはルール通りの処理になります（5セットになっていますね）。

🖐Point

農地について、共有物分割

→　農地法の許可が必要

ただ、本物件が農地の場合は農地法の許可が必要です。

　農地法の許可が必要な場合は①農業従事者が変わり、かつ②お互いの意思があることです。本事例は、農業従事者が甲野太郎・乙山次郎から乙山次郎だけになるので**農業従事者が変わっています**。また、**お互いの意思があります**ので許可が必要となります。

　一見、4番で甲野太郎・乙山次郎名義の時点で農地法の許可を取っているから、5番でもう1回農地法の許可をもらう必要はないように思えます。

　ただ、4番での審査は甲野太郎と乙山次郎の2人だったら農業できるかという

審査をしているので、**今回は、乙山次郎１人で農業ができるかという審査が必要**となります。

(2) 代金分割・現物分割

　現物分割、共有物をちぎって、１人１人のものにするやり方です。

　なすべき登記は、まずは分筆登記です。分筆登記、イメージは登記簿のデータをコピー＆ペーストしてもう１個作る感じです。

　そのため、権利内容が同じ登記簿ができます。

　つまり、分筆登記をした段階ではまだ共有状態なのです。

　そのため、分筆登記の後それぞれ持分移転登記をすることによって、甲単有名義・乙単有名義にします。

　分筆登記だけでは足りないということを押さえてください。

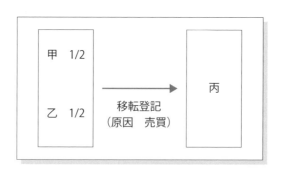

　上記は代金分割の場合の図になっています。共有しているものを売ってしまい、売却代金を分配する、これが代金分割です。

なすべき登記は売買による移転登記だけです。お金を分けるところはお金の権利変動なので、不動産登記簿に載せる必要はありません。

(3) 論点

共有状態から、価格賠償によってB単独所有にしたようです。ただ、その時の登記簿が下記の通りでした。

4	所有権移転	所有者　A

真実はABの共有なのに、4番でA名義に登記していたのです。この登記簿の状態で下記の申請書を出したらどうなるでしょうか。

この申請は却下を受けます。

登記官は登記簿でしか判断しません。登記官は登記簿が所有者Aとなっていれば、Aの単有だと判断します。

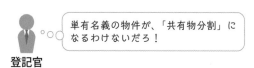

単有名義の物件が、「共有物分割」になるわけないだろ！

登記官

登記簿上が単有の場合には、共有物分割という主張は通りません。

この場合は、登記簿をＡ単有名義からＡＢ共有名義にしないと、上記の申請は通りません。

甲土地をＡＢで共有していましたが、共有物分割でＢの持分をＡがもらう価格賠償をすることにしました。通常、Ａは現金をＢに払うのですが、Ａに現金がありません。

そこで、Ａが持っている、別の不動産をあげることにしたのです。

今回、登記申請は２つ必要になります。
甲土地：Ｂ持分移転　原因）共有物分割
乙土地：所有権移転　原因）共有物分割による交換

ポイントは、乙土地の原因は共有物分割ではＮＧという点です。乙土地は共有ではないためです。
乙土地の原因は、共有物分割に伴って贈与した、という表現で記載します。

問題を解いて確認しよう

1	1筆の土地を共有する甲及び乙がこれを分割してそれぞれの単独所有とする場合の登記手続は、当該土地を分筆した上、それぞれの土地についても持分移転の登記を申請する。〔3-30-1〕	○
2	A、B及びCが共有している甲土地について、Aの単独名義で登記がされている場合において、ABC間でB及びCが甲土地を取得する旨の共有物分割協議が調ったときであっても、AからB及びCへの「共有物分割」を登記原因とする所有権移転の登記を申請することはできない。〔58-30-2改題（7-25-ウ、10-24-オ）〕	○
3	単独所有名義となっている不動産につき、事実上は共有不動産であるとして、共有物分割を登記原因とする所有権移転の登記の申請は、することができない。〔2-23-5〕	○
4	A及びBが所有権の登記名義人である甲土地をAの単独所有とし、その代わりにAが所有権の登記名義人である乙土地をBの所有とする旨の共有物分割の協議に基づき、乙土地について共有物分割を登記原因として所有権の移転の登記を申請することができる。〔28-19-イ〕	×

(×肢のヒトコト解説)

4 原因は、共有物分割による交換になります。

これで到達！ 合格ゾーン

□ 甲株式会社及び乙株式会社の代表取締役が同一人である場合において、「共有物分割」を原因として甲株式会社の持分を乙株式会社に移転する共有持分の移転登記の申請には、甲株式会社及び乙株式会社双方の取締役会の承認を証する情報の提供を要する（登研596-125）。〔22-26-オ〕

★「共有物分割」は有償の性質があるため、売買と同じ処理にしています（上記の先例の「共有物分割」を「売買」で置き換えてください）。

第3節　共有持分放棄

(1) 登記簿・申請書

順位番号	登記の目的	受付年月日	権利者その他の事項
4	所有権移転	（略）	原因　　令和5年8月1日売買 共有者　（住所省略）　　持分4分の2　　甲 　　　　（住所省略）　　　　4分の1　　乙 　　　　（住所省略）　　　　4分の1　　丙
5	丙持分全部移転	（略）	原因　　令和5年9月30日持分放棄 共有者　（住所省略）　　持分12分の2　　甲 　　　　（住所省略）　　　　12分の1　　乙

　丙が自分の持っている持分を放棄しました。その持分は、甲と乙のところに飛んでいくのですが、均等に移転するのではなく、これは持分の比率に応じて帰属します（4分の1の持分が、2：1に分配して飛んでいくのです）。

　持分放棄をしたことによって、持分を取得した登記簿が5番になります。
　「共有者　持分12分の2甲、持分12分の1乙」となっていて、この登記簿でどれだけ持分を取得をしたかを表しています（甲・乙が全部でどれだけの持分を持っているかは、登記簿をすべて読まないと分かりません）。
　では、この5番の登記簿を作るための申請書を見ていきます。

```
                        登記申請書

 登 記 の 目 的　丙持分全部移転
 原　　　　　因　令和5年9月30日持分放棄
 権　利　者　持分12分の2　　甲
　　　　　　　　　　　　12分の1　　乙
 義　務　者　丙
 添 付 情 報　登記原因証明情報　　登記識別情報
　　　　　　　　印鑑証明書　　　　　住所証明情報
　　　　　　　　代理権限証明情報


 課 税 価 格　移転した持分の価格 金500万円
 登録免許税　　金10万円
```

　原因日付は**持分放棄の意思表示をした日**です。相手に持分放棄の意思が伝わった日ではありません。

　「持分放棄する」という意思表示　→　権利移転　→　他の共有者が知る

　上記のように意思表示の時に権利変動が生じているため、意思表示の日が原因日付になります。

　権利者義務者は先ほどのルール通り、**移転登記の原因が相続・合併ではないので共同申請となります**（実体の行為は単独行為ですが登記申請は共同申請です）。

　添付情報は5セットになっているのですが、もしこれが**農地だった場合でも農地法の許可書は不要です**。

　農地を使う人は甲乙丙から甲乙と変わりますが、両方の意思でやっているわけではなく、丙だけの意思で行っています。

　農地法の許可が要るのは両当事者の意思がある時なので、持分放棄のように**片方の意思しかない行為では許可は不要となる**のです。

(2) 論点（登記の連続性）

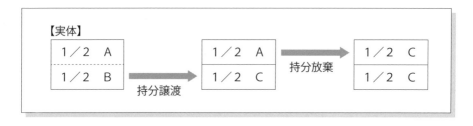

　上記のように、今の所有者はCだけになっています。現在の登記簿は下記の通りです。

4	所有権移転	共有者	2分の1　A
			2分の1　B

　この登記簿の状態で下の申請書を出したらどうなるでしょうか。

　この登記簿の状態（AB共有名義）ではこの申請は通りません。

　登記名義がAとBなのですから、登記官は「共有者はAとBである」と考えます。

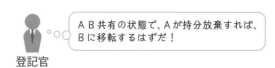

　この場合、**今の申請書を提出する前に、登記簿をAC共有の状態にする必要があります。**

(3) 論点（申請主義）

ＡＢＣが持分3分の1ずつ共有している状態で、Aが持分放棄をしたため、上の図のようにB持分2分の1、C持分2分の1となりました。

この状態では、

> A→ＢＣ　「A持分全部移転」

の登記申請ができます。

ただ、この申請の権利者はＢＣ双方で行うことになるので、もしＣの行方が分からない場合はこの申請は出来ません。

Ｂ1人でＢＣ名義の登記を作るのは私的自治に反するので許されません（保存行為を認めていないのです）。

Ｂの意思しかない時は、Ｂの名義しか作れません。

> A→Ｂ　　「A持分一部移転」

この登記を申請して、残りの持分は放置することになります。ここでずっと、Ｃが登記しないで放置していたら、Aはどうするでしょうか。

Aが心配していたところに、Ｄがやって来たので、AはＤに持分譲渡をしました。すると、次のような状態になります。

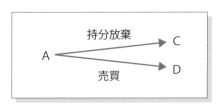

二重譲渡の状況になります。そのため、ＣＤ先に登記をした方が勝ちになります。つまり、**持分放棄をしている持分であっても、Ｄ名義に登記ができる**ということです。

(4) 論点（相続放棄との比較）

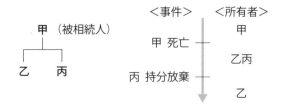

甲が死亡した後、丙が「この不動産の持分なんて要らない」と持分放棄をしています。

この場合、「甲が死んで乙丙の共有」になり、その後に「丙が持分放棄をして乙単有」となり、**物権変動は２回生じているので、申請書は２枚必要になります。**

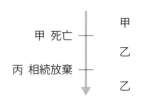

甲が死亡した後、丙が「甲の遺産は何も承継したくない」と相続放棄をしています。

相続放棄には遡及効があるので、甲死亡時から丙は相続人ではなかったこととして処理するので、甲死亡によって、乙に所有権が移転します。そして、**物権変動はこれだけなので、申請書は１枚となります。**

同じ放棄でも、「持分」放棄なのか、「相続」放棄なのかは相当意識してみるよ

うにしてください。

問題を解いて確認しよう

1	持分放棄による所有権移転の登記は、持分を放棄した者が単独で申請することができる。〔6-24-ウ（22-22-キ）〕	×
2	A、B及びCの共有に属する不動産について、Aのみが持分放棄をしたときに持分放棄を原因とするBに対するA持分全部移転の登記を申請することはできない。〔19-27-ア〕	○
3	A、B及びCの共有に属する不動産について、Aの持分放棄を原因とするB及びCに対するA持分全部移転の登記の申請は、共有者の一人であるBと登記義務者であるAとが共同してすることができる。〔19-27-オ〕	×
4	A、B及びCの共有に属する不動産について、Aの持分放棄によりB及びCに帰属した持分のうち、Bに帰属したものについてのみAからBへの持分移転の登記がされている場合には、Aの放棄した残余の持分につきAから第三者Dに譲渡がされても、Dを権利者とする持分移転の登記を申請することはできない。〔19-27-イ〕	×
5	A・B共有名義の不動産について、CがBからその共有持分を譲り受けた後、Aが持分を放棄した場合には、BからCへの共有持分移転登記を経由しないでも、Aの持分についての持分放棄を原因とするCへの共有持分移転登記の申請をすることができる。〔10-24-ア〕	×
6	甲、乙、丙3名共有の不動産について、甲から共有名義人でない丁に対する持分放棄を原因とする甲持分一部移転の登記の申請は、することができない。〔3-30-3（21-21-オ）〕	○

×肢のヒトコト解説

1　原因が相続・合併ではないので、共同申請です。

3　BCへの移転登記なので、権利者側はBC2人とも申請する必要があります。

4　持分放棄をして登記をしていない分については、ほかの人に譲渡することができます。

5　登記簿がAB名義であれば、A→Cへの持分放棄は認められません。

申請書・登記簿

順位番号	登記の目的	受付年月日	権利者その他の事項		
1	所有権保存	（略）	所有者	（住所省略）	X
2	所有権移転	（略）	原因 所有者	年月日売買 （住所省略）	A

　２番で所有者Ａとなっていますが、現実には権利能力なき社団が取得していたようです。

　権利能力なき社団は不動産を取得しても権利能力なき社団名義にはできません。本来は団体のメンバー全員名義にするところですが、団体のメンバー全員名義は現実性がないため、登記名義を代表者に頼んでいる（委任契約）をしている状態です。

順位番号	登記の目的	受付年月日	権利者その他の事項		
2	所有権移転	（略）	原因 所有者	年月日売買 （住所省略）	A
3	所有権移転	（略）	原因 所有者	年月日委任の終了 （住所省略）	B

　代表者Ａが辞めて、代表者がＢになったことにより、３番で所有権移転登記をしてＢ名義にしています。

　所有権移転登記をしていますが、**厳密にいえば、物権変動は生じていません**。もともとＡは所有権を持っていたわけではなく、名前を貸していただけです。

　所有権を持っている人が変わっていないのに、便宜、所有権移転で表現をして

います。

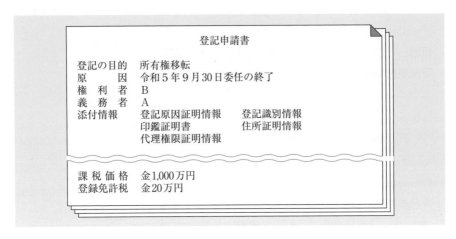

原因は「年月日委任の終了」となります。

Aが代表者を辞めたことにより、**Aに登記名義を頼むという委任契約が終わっ**たということを表現しています。

原因日付は、後任者が就任した時になっています。これは代表者が辞めたとしても、後任者が来るまで委任契約は続いていることを意味します。

ちなみに、本件の不動産が農地だったとしても、**農地法の許可は不要です。** 名義人が変わっているだけで、権利能力なき社団のメンバーが不動産を持っていることは変わりません。**農業従事者が変わっていないので、農地法の許可は不要と**
なります。

◆ 委任の終了による所有権移転登記の記載方法 ◆

代表者の交代の態様	登記の目的	登記原因日付	登記原因
① A→C	所有権移転	後任者が就任した日	○年○月○日委任の終了
② AB→CD	共有者全員持分全部移転		
③ A→AB	所有権一部移転		
④ AB→A	B持分全部移転	Bが退任した日	

代表者がどう変わるのかによって、目的・原因日付・登記原因がどうなるのかをまとめたものです。

例えば、代表者がAB名義になっていた不動産があり、この団体の代表者がC

Dに変わった場合が、図表の②になります。

　ここで注目してほしいのは
　原因日付は、原則として後任者が就任した日になる
　登記原因は絶対に○年○月○日委任の終了となる
ことです。

　特に代表者A名義から、代表者にBも追加した場合を見てください（図表の③）。
　この場合、Aが代表者であることは変わりませんが
　A名義にする委任契約が終わり、AB名義にする委任契約になったと評価され、「**○年○月○日委任の終了**」**が登記原因**になります。

問題を解いて確認しよう

1　法人格なき社団の代表者の個人名義で登記がなされており、代表者の退任と新たな代表者の就任とが同じ日になされたとき、所有権移転登記を申請する場合は、登記原因は「委任の終了」であり、その日付は退任及び就任の日である。〔3-22-5〕　　　　　　　　　　　○

2　権利能力のない社団の構成員全員に総有的に帰属する甲建物について、当該社団の代表者であるAが個人名義で当該建物の所有権の登記名義人となっていたが、平成27年7月1日、Aに加えて、新たにB及びCが当該社団の代表者に就任した。この場合、「平成27年7月1日委任の終了」を登記原因とする登記を行う。〔27-15-ア改題〕　　　○

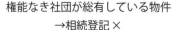

２周目はここまで押さえよう

甲土地	乙土地
権能なき社団が総有している物件 →相続登記×	Ａ個人が持っている不動産 →相続登記〇

　Ａが登記名義を有している不動産が２つありました。１つは甲土地で、これは彼が所属している権利能力なき社団が持っているものです。団体名義で登記できないので、Ａ名義にしていました。

　もう１つが乙土地で、これはＡが個人で所有権を持っている物件です。

　ここで、Ａが死亡した場合に「相続」を原因として相続人に移転登記できるのはどの物件でしょう。

　これは、乙土地のみです。甲土地は自分の財産ではないので、相続人に相続されません（信託でも同じような論点がありました）。

☑ **1** 権利能力のない社団の構成員全員に総有的に帰属する甲土地について、当該社団の代表者であるＡが個人名義でその所有権の登記名義人となっていた場合において、Ａが死亡した後に当該社団の新たな代表者としてＢが就任し、Ｂを登記権利者とする委任の終了による所有権の移転の登記を申請するときは、その前提としてＡの相続人への所有権の移転の登記を申請しなければならない。〔26-20-ウ〕　×

　代物弁済、これは本来の債務の履行に代えて代わりの物で弁済することです。不動産登記法では、不動産で払うから抵当権の被担保債権を消してくれという事例で出題されやすいです。

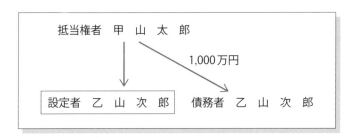

①令和6年5月3日債務の弁済に代えてA土地の所有権を乙山次郎から甲山太郎に移転する旨の代物弁済契約が成立した。

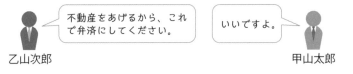

②令和6年5月15日上記の登記を申請し同日登記が完了した。

順位番号	登記の目的	受付年月日	権利者その他の事項	
2	所有権移転	（略）	原因 所有者	年月日売買 （住所省略）　　　乙山次郎
3	所有権移転	（略）	原因 所有者	令和6年5月3日代物弁済 （住所省略）　　　甲山太郎

順位番号	登記の目的	受付年月日	権利者その他の事項	
1	<u>抵当権設定</u>	<u>（略）</u>	<u>（登記事項一部省略）</u> 抵当権者　　（住所省略）　　　甲山太郎	
2	1番抵当権抹消	（略）	原因　　　　令和6年5月15日代物弁済	

　代物弁済契約をして、登記申請をすると、物権変動が2つ生じます。

　１つは、**不動産を代わりに渡していますから不動産の所有権移転です。**もう１つは、不動産によって、**１番抵当権の被担保債権を弁済しているため、附従性で抵当権も消滅**します。

　その２つの物権変動が、甲区３番で所有権移転、乙区２番で１番抵当権抹消で入っています。

　ここで意識して見るべき点は、それぞれの日付です。

	なすべき登記	登記原因	原因日付
所有権	移　転	代物弁済	代物弁済契約日
抵当権	抹　消	代物弁済	代物弁済による 所有権移転登記の申請日

　所有権の方を見てください。**意思主義という建前があるため意思表示の時に物権変動が生じます。**だから**代物弁済契約時に所有権は移転**します。

　ただ、契約時に移転するけど、登記するまでは不完全にしか移転しません。**不完全にしか移転していない時点では借金がなくなるわけではなく、所有権移転登記をして完全な所有権にした時点で債務が消滅し、抵当権が消滅**します。

　このように、所有権移転の日付と抵当権抹消の日付が違いますので、注意ください。

問題を解いて確認しよう

1　債務者兼設定者であるＡ及びＢが抵当権者Ｅに対して甲土地を代物弁済したことによりＥを登記権利者とする共有者全員持分全部移転の登記をした場合には、Ｅは、代物弁済を登記原因として、抵当権の登記の抹消を申請することができる。〔25-24-エ改題〕　〇

2　土地の所有権を代物弁済の目的物として、代物弁済による抵当権の登記の抹消を申請する場合、特約がない限り、「代物弁済の意思表示があった日」を登記原因日付としなければならない。〔オリジナル〕　×

×肢のヒトコト解説

2　抵当権抹消の原因日付は、所有権移転の登記申請日になります。

甲区	乙区
1番　所有権保存　　所有者　　B	
2番　所有権移転　　所有者　　A	
	1番　抵当権設定　　抵当権者　甲

　上記の順番通りに登記がされているとします。

　ここで甲区2番が間違っていたことが分かったので、下記のような甲区2番の抹消登記をしようとしました。

甲区	乙区
1番　所有権保存　　所有者　　B	
2番　所有権移転　　所有者　　A	
	1番　抵当権設定　　抵当権者　甲
3番　2番所有権抹消	2番　1番抵当権抹消

　ここで甲区2番を抹消すると、甲区2番の登記をベースにしている乙区1番が消滅することになります。

　甲区　2番の抹消登記を申請すると、

　乙区　1番の抹消登記は登記官が勝手にやってくれる

仕組みになっています。

　ただ、甲に無断でやるのは不意打ちになるので、甲区2番の抹消登記申請においては、甲の承諾書を付ける必要があります。この甲の承諾は必要的承諾になるので、**甲の承諾書が取れないと抹消登記申請はできません。**

　今回、抵当権者の甲が承諾をしてくれませんでした。**その場合でも、B名義に**

戻す方法があります。次の図を見てください。

甲区	乙区
1番　所有権保存　　所有者　　B	
2番　所有権移転　　所有者　　A	
	1番　抵当権設定　　抵当権者　甲
3番　所有権移転　　所有者　　B	

所有権移転でB名義にするのです。

ただ、この場合、抵当権は残ってしまいます。抵当不動産の第三取得者のような状態で、**抵当権付きで所有権を取得するということになる**のです。

抵当権が残る以上、この登記申請では甲の承諾は要りません。

	抹消登記	移転登記
承諾書	要	不要
抵当権	抹消する	抹消できない
税	1,000円	20/1000

抹消登記を申請する場合には承諾書が必要です。**「自分の登記を消していいですよ」という承諾が取れたのだから、抵当権を抹消することができます。**税金は1,000円になります。

一方、移転登記の場合だと承諾書は要りません。**抹消できないから抵当権者から承諾をもらう必要はないのです。**そして、登録免許税が1000分の20と高くなってしまいます。

上記のような比較を見れば、どちらの方がBの利益になるかは分かると思います。抹消登記の方が依頼者のためになります。

そのため、**基本は抹消登記、ただ、抹消ができない場合は移転登記にする**のが

司法書士がやるべきことになります。

その移転登記が、「真正な登記名義の回復」を原因とする登記です。

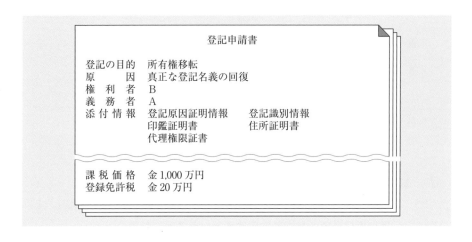

1番注目してほしいのは原因の欄です。**日付が無いのです。**

この登記は抹消登記の代わりに行う登記です。**抹消登記では、原因日付を書かないのが通例**です。

そのため、その抹消登記の代わりになる移転登記でも原因日付を要求していないのです。

次の論点は農地法の許可です。

順位番号	登記の目的	受付年月日	権利者その他の事項		
1	所有権保存	（略）	所有者	（住所省略）	甲
2	所有権移転	（略）	原因 所有者	年月日売買 （住所省略）	乙
3	所有権移転	（略）	原因 所有者	真正な登記名義の回復 （住所省略）	甲

この登記簿は、「2番が間違いだった」ということを指しています。**真正な登記名義の回復が入っているということは、その前の登記が間違っていることを意味します。**

2番の登記をすべて隠してください。物権変動が生じていたのでしょうか。

名義が変わらないので、物権変動は生じていません。そのため、農業従事者が変わったわけではないので、この３番の登記をするときは**農地法の許可は不要です**。

順位番号	登記の目的	受付年月日	権利者その他の事項	
1	所有権保存	（略）	所有者　　（住所省略）	甲
2	所有権移転	（略）	原因　　年月日売買 所有者　　（住所省略）	乙
3	所有権移転	（略）	原因　　真正な登記名義の回復 所有者　　（住所省略）	丙

今回も、２番の登記をすべて隠してください。物権変動が生じていたのでしょうか。

甲→丙への物権変動が生じています。そのため、この３番の登記をするときは**農地法の許可は必要**です。

ただ、このケースで、順位番号２番の原因が年月日相続であれば、話は変わります。

この場合は、「甲から乙への相続だと思っていたら間違っていました。甲から丙への相続だったんです」という登記になります。

もともと**相続自体に農地法の許可は要りません**ので、このような事例も**農地法の許可は不要**です。

 覚えましょう

農地法の許可
①前登記名義人に戻る場合　　　　　→　許可不要
②前登記名義人以外に名義が変わる場合　→　許可が必要
　（ただし、相続を直す場合だったら不要）

問題を解いて確認しよう

1 真正な登記名義の回復を登記原因とする所有権の移転の登記を申請する場合には、登記原因証明情報の提供を要しない。〔23-24-ア〕 　×

ヒトコト解説

1 真正な登記名義の回復の場合も、原則どおり、登記原因証明情報の提供が必要です。

これで到達！ 合格ゾーン

☐ 真正な登記名義の回復を登記原因として、既に死亡している者に対する所有権の移転の登記を申請することができると解される（登研93-47参照）。

〔18-13-3〕

★例えば、真の権利者Aが既に死亡し、相続が発生していたとしても、Aが真実の所有者であったことは変わりません。そのため、A名義に所有権移転登記することが認められています。

第7節 時効取得

(1) 申請書・登記簿

所有者A　　　　　　　　　　　　　時効取得者B

時効完成＋援用

抵当権 甲

- 平成16年9月1日BはA所有地を自己の所有物と信じて（過失あり）占有を開始した。
- Bは令和6年9月2日Aに対して時効援用の意思表示をする旨の内容証明郵便を発送し当該内容証明郵便が翌日A宅に到達した。

このような事実関係があり、抵当権が付いていたＡの物件をＢが時効取得しました。それにより、Ｂが所有者になるので移転登記を申請することになります。申請書を見ましょう。

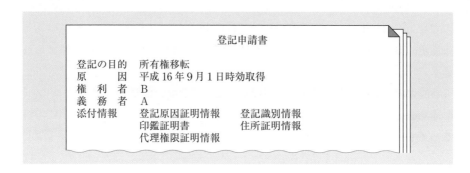

登記申請書

登記の目的	所有権移転
原　　　因	平成16年9月1日時効取得
権 利 者	Ｂ
義 務 者	Ａ
添付情報	登記原因証明情報　　登記識別情報 印鑑証明書　　　　　住所証明情報 代理権限証明情報

原因の日付に注目してください。時効には**初めから所有者だったという遡及効があるため**、**占有を始めた日が原因日付**になります。ここは引っ掛けが多いところなので、択一問題で毎回注意して見てください。

ちなみに、この不動産が農地の場合でも**農地法の許可は不要**です。

ＡからＢへと農業従事者が変わるのですが、**援用というのは片方の一方的意思表示のため**、許可は不要になります。

所有権移転登記申請
＋
○　抵当権抹消登記申請
×　抵当権は職権抹消される

時効取得によって抵当権は消えます。抵当権が消えるのなら、この抵当権は勝手に消してくれるのでしょうか。つまり、この申請書を出せば職権で抵当権を消してくれるのではないかと思うところですが、**職権では抹消してくれません**。

所有権移転登記を申請すれば、登記官にも時効取得だということ、抵当権が無

くなったということが分かります。

　しかし、**甲に無断で甲の名義を消してしまえば、これは不意打ちになってしまいます。**だったら、「甲から消していいという承諾書をもらって抹消する」でいいのではと思うのですが、それはできません。

　登記上の承諾書はどういう時に付けられますか。

　変更、更正、抹消、抹消回復、所有権に関する仮登記の本登記の時に付けられます。

　今回は移転登記なので承諾書を付けることができないのです。

　承諾書を付けることができないため、職権で抹消することができず、甲に申請をしてもらうことになるのです。

　抵当権を抹消する時の申請書を次に掲載します。

登記申請書

登記の目的　　１番抵当権抹消
原　　　因　　平成 16 年 9 月 1 日所有権の時効取得
権　利　者　　Ｂ
義　務　者　　甲

　原因が年月日所有権の時効取得となっていますが「所有権が時効取得されたから抵当権が消えたんだ」という感じのニュアンスの表現です。

　権利者はＢで、義務者は抵当権を失う甲となります。

(2) 論点

Bが占有をして、時効完成をさせました。ただ、Bが占有を始める前に所有者Aが死亡していることが分かったのです。この場合、物権変動はいくつ生じているでしょうか。

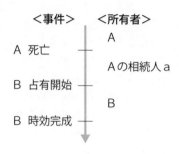

Aが死んでいるため、その時点で相続人であるaに移転しています。その後にBが時効取得することになるので、**物権変動はAからAの相続人aに1回、その後Bへの移転で1回になるので、申請書は2枚必要になります。**

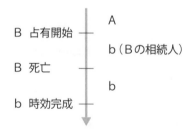

Bが占有を始めて、時効期間の途中で死亡して、相続人bが占有を承継した後bが時効完成させました。

時効を完成させたのはbなので、bが時効援用することができ、その結果bが所有権を取得します。**物権変動はAからダイレクトにbのみ、物権変動は1回ですから申請書は1枚となります。**

1	地上権の登記がある土地について、時効取得を原因とする所有権移転の登記をする場合には、地上権の登記は職権で抹消される。〔6-26-イ〕	×
2	丙不動産について、平成18年5月1日にAの取得時効が完成し、同月15日にAがこれを援用した場合には、「平成18年5月1日時効取得」を登記原因及びその日付として、丙不動産について所有権の移転の登記を申請することができる。〔18-13-4改題（3-22-4）〕	×
3	時効の起算日前に所有権の登記名義人が死亡していた場合には、時効取得を原因とする所有権移転の登記の前提として、所有権の登記名義人から相続人への相続を原因とする所有権移転の登記がされていることが必要である。〔16-23-イ〕	○
4	Aが所有権の登記名義人である甲土地について、Bが占有を開始した時より前にAが死亡していた場合において、甲土地についてのBの取得時効が完成したとしてBを登記権利者とする時効取得による所有権の移転の登記を申請するときは、その前提としてAの相続人への所有権の移転の登記を申請しなければならない。〔26-20-イ〕	○

───［ ×肢のヒトコト解説 ］───

1 所有権移転登記とは別に、地上権抹消登記の申請が必要です。

2 時効の効力には遡及効があるので、原因日付は占有開始日になります。本問のように、時効完成日にはなりません。

これで到達！ 合格ゾーン

☐ 時効取得を登記原因として所有権の移転の登記の申請があった場合、登記官は、その旨を関係農業委員会に通知することとされている（昭52.8.22民三4239号）。〔31-17-イ〕

★農地について、時効取得を登記原因とする所有権の移転の登記を申請する場合、農地法所定の許可があったことを証する情報を提供することを要しません（昭38.5.6民甲1285号）。ただ、本当は売買なのに許可が得られないから、時効取得だと嘘をついて登記申請をすることを防ぐために、農業委員会は時効取得があったかどうかを調査します（上記は、その調査を促すための通知です）。

A B ⟶ C   移転登記訴訟
                    B ⟵ C

時効取得   →別途、A持分移転登記ができる

　AB共有物件を、Cが時効取得しました。ここで、とりあえず、Aの持分だけ「時効取得」を原因とする移転登記をすることが認められます。

　これはどういった事情かというと、Cの時効取得について、Aはそれを認め、登記に協力的ですが、Bが時効を認めません。そこで、CはBのみを相手に移転登記訴訟を起こしました。

　この状況で、とりあえず協力的なAの持分移転登記をすることを、登記実務は認めているのです。

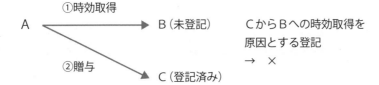

　　①時効取得
A ⟶ B（未登記）　　Cからへの時効取得を
　　　　　　　　　　　原因とする登記
　　②贈与　　　　　　　→　×
　　　　　　　C（登記済み）

　上記のような権利関係でした。この事例でのCは、「時効完成後の第三者」にあたります。そのため、BCは対抗関係になり、先に登記しているCの勝ちになります。

　そのため、勝ったCから負けたBへの移転登記はできません。

| ✓ | 1 | A及びBの共有の登記がされている不動産について、Cは、Aの持分のみについて、時効取得を原因とするA持分全部移転の登記を申請することができる。〔16-23-オ〕 | 〇 |
| | 2 | A名義の不動産について、Bが時効取得したが、その後、Aが当該不動産をCに対して贈与して所有権移転の登記を経由した場合、BはCと共同して「時効取得」を登記原因とする所有権移転の登記を申請することができる。〔16-23-ウ改題〕 | × |

☐ 時効の起算日後に出生した者が時効の完成前に占有者を相続した場合には、自らの出生日前の日付の時効取得を原因とする所有権移転の登記を申請することができる（登研603-135）。〔16-23-エ〕

> ★たとえば、Xの土地につき、平成20年にAが善意無過失で占有を始めたところ、平成24年にAの子Bが出生し、平成28年にAが死亡し、Bが占有を続けて時効完成させた場合、「所有権移転　平成20年時効取得　所有者B」という内容の登記申請をすることになります。原因日付は時効起算日であり（遡及効です）、その当時、Bは出生していませんが、これはしょうがないでしょう。

☐ 満17歳の未成年者が所有している不動産について、当該未成年者が登記義務者となって時効取得を原因とする所有権の移転の登記を申請する場合には、当該未成年者の親権者の同意を証する情報の提供を要しない（登研529-162参照）。〔19-12-ウ〕

> ★未成年者が行為をするときは、法定代理人の同意が必要です。上記の事例は、未成年者が時効取得を「した」事案ではなく、時効取得をされた事案です。

第8節　解除

 覚えましょう

解除があった場合
→抹消登記と移転登記の選択ができる

権利部（甲区）			
順位番号	登記の目的	受付年月日	権利者その他の事項
1	所有権保存	（略）	所有者　　（住所省略）　　　　A
2	所有権移転	（略）	原因　　　年月日売買 所有者　　（住所省略）　　　　B

権利部（乙区）			
順位番号	登記の目的	受付年月日	権利者その他の事項
1	抵当権設定	（略）	（登記事項一部省略） 抵当権者　　（住所省略）　　　　D

　上記の状態で、ＡＢ間の売買契約が解除されました。解除された場合、できる
登記が２種類あります。

原因	なすべき登記	税金	第三者の承諾書
年月日（合意）解除	抹消	1,000円	必要
	移転	20/1000	不要

　解除によって移転の力が無くなったと考えて抹消登記、解除によって所有権が
復帰的に戻ると考えて移転登記の**２つが選択できます**。
　こちらは、以前に説明した真正な登記名義の回復とほぼ同じ議論です。
　抹消登記は税金が安いけれど利害関係人の承諾が要ります（今回の事例だと抵
当権者の承諾が必要です）。一方、移転登記で名義を回復する場合は承諾書が要
らないけれど、抵当権が付いてくるし税金も高くなります。

　表の中の原因を見てください。一方的意思の場合は「解除」、両方が合意して
契約をやめる場合は「合意解除」と書きます。

　ここは、農地法の許可の要否にも影響が出ます。
　解除することによってＢ名義からＡ名義に戻るため、農業従事者は変わります。
ここは、お互いの意思表示か、片方だけの意思表示かで違いが出ます。
　単なる解除は単独行為で、片方の意思だけで行うため農地法の許可は不要です。
一方、**合意解除は両方の意思に基づいて行うので農地法の許可が必要**となります。

委任者B ── Cから不動産を買って、私に渡してほしい。

受任者A ── 了解しました。

　BがAに対しCから不動産を買ってきてくれと頼んだのですが、委任契約だけして代理権は与えませんでした。

　Aに代理権を与えると、AはB代理人Aですと顕名します。つまりCにBの名前がバレるのです。B自身が名前を明らかにしたくないと考えた場合は委任契約だけにとどめておきます。

　その後、AはCに対し**「私Aが買います。売ってください」**という感じで売買契約をするのです。だから所有権はCからAに移ります。

委任者B ── ご苦労様。

受任者A ── 買ってきたので所有権を渡します。

所有権

　その後にAとBの間で**「ちゃんと買ってきたよ。所有権渡すよ」**という合意をすることによって、AからBへと所有権が移ります。

順位番号	登記の目的	受付年月日	権利者その他の事項	
1	所有権保存	（略）	所有者	（住所省略）　　　C
2	所有権移転	（略）	原因　年月日売買 所有者	（住所省略）　　　A
3	所有権移転	（略）	原因　令和5年9月5日民法第646条第2項 　　　による移転 所有者	（住所省略）　　　B

　これが今回の事件の登記簿の流れです。3番で所有権移転、原因が年月日民法第646条第2項による移転となっています。

　論点は原因日付です。**原因日付は原則として登記申請日であり、移転の日につ**

いて特約があればそれに従うことになっています。

　これは、合意の形跡が明らかになっていないことが多いため、**少なくとも申請日にはお互いの合意はされているはずだから、申請日を原因日付にしよう**という意図だと思われます。

第10節　その他の登記原因

順位番号	登記の目的	受付年月日	権利者その他の事項		
1	所有権保存	（略）	所有者	（住所省略）	A
2	所有権移転	（略）	原因 所有者	年月日財産分与 （住所省略）	 B

　登記簿に財産分与と書いています。離婚（又は婚姻取消）があり、その際に財産を分配するという行為がこの財産分与です。

　論点は日付です。離婚時に財産をもらったことになるとは限りません。

　「協議をすること。離婚をすること」この2つが揃うと所有権が移転します。
そのため、離婚後に協議が成立した場合の原因日付は協議の日となります。

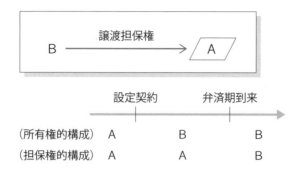

（所有権的構成）　A　　　　　B　　　　　B
（担保権的構成）　A　　　　　A　　　　　B

　弁済期に債務を払わなかったら所有権を分捕る、これが譲渡担保権です。

　そして、設定したタイミングで所有権が移転しているかについては、学説の対立がありました。

　所有権的構成をとる場合は設定契約の段階で所有権が移転します。担保権的構成をとる場合は設定契約の段階では所有権は移転せず、弁済期が来て払わなければ、所有権が移転することになります。

登記実務は、所有権的構成を採用しています。

順位番号	登記の目的	受付年月日	権利者その他の事項		
1	所有権保存	（略）	所有者	（住所省略）	A
2	所有権移転	（略）	原因 所有者	年月日譲渡担保 （住所省略）	B

　所有権的構成をとった場合、設定契約のタイミングで所有権はBに移転していることになるので、設定の時にB名義に移転ができることになります。

　ちなみに、設定時にAからBへと名義変更するので、この後、Aが抵当権などをこの不動産に設定することができません。

２周目はここまで押さえよう

＜譲渡担保設定＞	＜Ａが全額弁済＞

譲渡担保を設定した後の話を見ていきましょう。

譲渡担保を設定した後に、債務者のＡが弁済した場合、なすべき登記は何でしょうか。つまり、Ｂ名義になっている不動産をＡ名義にするにはどうすればいいでしょう。

これは２つの方法があります。１つはＢからＡへ移転登記をすることでＡ名義にする方法、もう１つはＢ名義を抹消してＡ名義に戻す方法です。

この移転登記、抹消登記のどちらでも選べる状態になります（解除を原因とする登記でも同じような処理でした）。

> ☑ 1 譲渡担保を登記原因とするＡからＢへの所有権の移転の登記がされている甲土地について、ＡがＢに対し当該譲渡担保の被担保債権全額を弁済した場合、債務弁済を登記原因としてＢからＡへの所有権の移転の登記を申請することはできない。〔27-20-イ〕　　×
>
> 2 譲渡担保を登記原因とする所有権移転登記の後、譲渡担保契約を解除して登記名義を旧に復するには、所有権移転登記によらなければならない。〔3-19-1〕　　×

☐ 株式会社の設立に際しての現物出資による所有権移転登記を申請する場合は、登記原因は「現物出資」であり、その日付は発起人組合に現物出資の給付のなされた日である。〔3-22-3（20-15-オ）〕

> ★原因日付は意思表示をした日ではなく、給付をした日となっています（給付をした日が物権変動の日付になるケースはかなり稀なので、丸暗記しておきましょう）。

☐ A、B及びCが民法上の組合契約を締結し、Aを業務執行組合員とした場合において、A、B及びCが所有権の登記名義人である甲土地の所有権を当該組合契約のために出資するときは、B及びCは、各自が有する持分について、「民法第667条第1項の出資」を登記原因としてAに対する持分の全部の移転の登記を申請することができる。〔令3-18-ア〕

> ★民法上の組合において、各組合員からの組合契約による出資として、業務執行組合員に不動産の共有持分を移転する場合、当該持分の全部の移転の登記の登記原因は、「民法第667条第1項の出資」となります（平3.12.19民三6149号）。

☐ 民法第667条第1項の出資の原因日付は、組合契約を締結した日である（平3.12.19民三6149号）。〔25-21-4〕

> ★物権変動の時期は、意思表示の日になるのが原則です。分からないものがあれば、この方向で処理しましょう。

第11節 判決による登記

　今まで見てきたように、登記は共同申請が基本です。相手が来ることによって、自分の登記ができるのですが、では、相手が登記に応じてくれない場合はどうすればいいのでしょうか。

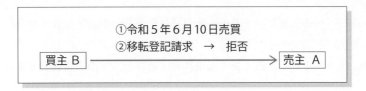

①令和5年6月10日売買
②移転登記請求 → 拒否

買主 B ──────────────→ 売主 A

ＡＢ間で売買契約を交わし、ＢがＡに移転登記請求をしたところＡがそれを拒否しました。この場合、Ｂは、どうすればいいのでしょうか。

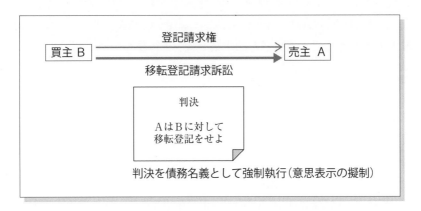

登記請求権

買主 B ══════════════→ 売主 A

移転登記請求訴訟

判決

ＡはＢに対して
移転登記をせよ

判決を債務名義として強制執行（意思表示の擬制）

ＢはＡに対する登記請求権があります。この登記請求権を使ってＢがＡを訴えます。そして、ＡはＢに対し所有権移転登記をせよという判決が出されると、Ａの申請意思が擬制されます。つまり、**この判決によってＡは無理やり申請の意思表示をさせられている**ことになるのです。

後はＢが登記所に行って、申請の意思表示をすれば共同申請になるのです。

「Ｂは現実に申請に行く。Ａの意思は判決で擬制される」結果、Ｂ１人で共同申請が可能になります。これが判決登記という単独申請をする方法です。

（この判決による登記というのは単独申請ですが、**事実上は共同申請です。Ｂ１人で共同申請を行うと考えてください。**）

> Ａが当該判決により、単独でＢへの所有権移転登記を申請することはできない。

この判決があればＡの意思が擬制されます。

だからといって、AだけでBへの所有権移転登記の申請はできません。Aが擬制された意思と現実の意思を持っていっても、Bの意思が無ければ、事実上の共同申請にはなりません。**あくまでも権利者・義務者双方の申請意思が無いといけない**のです。

前記事例で、登記権利者であるBが登記申請手続に協力しない場合であっても、登記義務者Aは、登記権利者Bに対して登記請求権（登記引取請求権）を有するので、当該登記請求権を裁判上行使して確定判決を得れば、Aは単独で登記を申請することができる。

Bが登記に協力しない場合、AはBに対する登記請求権をもって訴えればいいのですが、AからBへの登記請求権はありますか？

売った方は買った方に対して「固定資産税を取られたくないから、登記を持っていってください」という登記引取請求権を持っています。

そのため、**Aは登記引取請求権を使ってBを訴えることができます**。Aが訴訟で勝てばBの登記申請意思が擬制されるので、単独申請が可能になります。

63条（判決による登記等）（抜粋）
　申請を共同してしなければならない者の一方に登記手続をすべきことを命ずる確定判決による登記は、当該申請を共同してしなければならない者の他方が単独で申請することができる。

 覚えましょう

63条1項の「判決」は、「判決の主文中で**登記申請手続を命じている、確定した給付判決**」でなければならない。

判決を取れば、どのような判決でも意思擬制できるわけではありません（昔は、弁護士さんが間違えて変な訴訟をしてしまい、時間をかけて訴訟で勝ったのはいいけれど、意思擬制がされなかったという事例が結構あったと聞きます）。では、どんな判決であれば意思擬制ができるのでしょうか。

判決主文「AはBに対して、所有権移転登記手続をせよ」	○
判決主文「AとBは売買契約をせよ」	×
判決主文「AはBに対して所有権移転登記に必要な書類を交付せよ」	×

「登記手続をせよ」この文言が必要です。

63条の条文が登記手続を命ずる判決といっているので「登記手続をせよ」という文言が必須になるのです。

そのため、この文言がない判決があっても、意思擬制はされません。

 覚えましょう

63条1項の「判決」は、「**判決の主文中で**登記申請手続を命じている、確定した給付判決」でなければならない。

判決理由「AはBに対して所有権移転登記手続をせよ」	×

判決文には主文欄と理由欄があります。**どちらに記載されるかによって法的な力が全く違う**のです。

民事訴訟法114条を見てください。

民事訴訟法第114条（既判力の範囲）
1　確定判決は、主文に包含するものに限り、既判力を有する。

主文に書いたものだけに既判力が生じるとなっているため、「AはBに対して所有権移転登記手続をせよ」という文言は、主文に書かれなければダメなのです。

 覚えましょう

63条1項の「判決」は、「判決の主文中で登記申請手続を命じている、確定した**給付判決**」でなければならない。

判決主文「BからAに対して登記請求権があることを確認する」	×

　この判決は確認判決と呼ばれるものです。確認判決では執行力が無いので、意思擬制が出来ません。

　判決による登記とは、実は民事執行手続なのです。 民事執行というと無理やり売る、そんなイメージがあると思うのですが、今回は無理やり売るのではなく「無理やり意思を出させる、表示させる」といった部類になります。

　民事執行をするには執行力が必要です。**給付判決でしか執行力を手に入れることができない**ので、判決による登記は給付判決の場合にのみできることになります。

 覚えましょう

　63条1項の「判決」は、「判決の主文中で登記申請手続を命じている、**確定した**給付判決」でなければならない。

　判決が出た後、原告・被告に判決文、判決書の正本が送達されます。その送達がされて2週間控訴等が無いと、判決がガチッと固まります（もう滅多なことが無い限り、ひっくり返すことができません）。その固まった状態を確定と呼びます。

　判決による登記は確定した状態でなければ認めません。

民事執行法第177条（抜粋）
　意思表示をすべきことを債務者に命ずる判決その他の裁判が確定し、……たときは、債務者は、その確定……の時に意思表示をしたものとみなす。

　これも民事執行法177条に規定があります。**確定した時に意思表示をしたとみなされる規定になっている**ので、ガチッと固まらない限りは判決による登記はできないということです。

　では、次に実際に判決を用いた申請書を見ましょう。

```
                    判　　決

原　告　　B
被　告　　A
                    主　文
  1  被告は原告に対し、別紙物件目録記載の土地につき、
     令和5年6月10日売買を原因とする所有権移転登記手
     続をせよ。

                 事実及び理由
                  （中略）
```

　まず「登記手続をせよ」と書いてあることを見抜いてください。そして、どこに記載されているかも確認してください。

　この判決を使えば被告の意思擬制ができそうです。**ただ、この判決が確定しているかどうかは、この紙だけでは分かりません**。そこでもう1つ書面が必要になります。

```
                  判決確定証明書

原　告　　B
被　告　　A
  右当事者間の令和4年（ワ）第5302号土地所有権移転登記
手続請求事件につき、令和5年12月5日当裁判所が言渡した
判決は、令和5年12月20日に確定したことを証明する。
                 裁判所書記官　小林久美子㊞
```

　判決文というのは判決が出た段階で必ず送られます。**送られて2週間何も無ければ、ガチッと固まる、確定という状態になります**。

　ただこの確定という状態は送られた判決文には表れていません（2週間経ったら「確定しました」という文字が浮かび上がってくるわけではありません）。

そこで、確定した場合は「この判決、確定しましたよね。証明書をください」といって裁判所にもらいに行くことになるのです。

　これが確定証明書と呼ばれるものです。

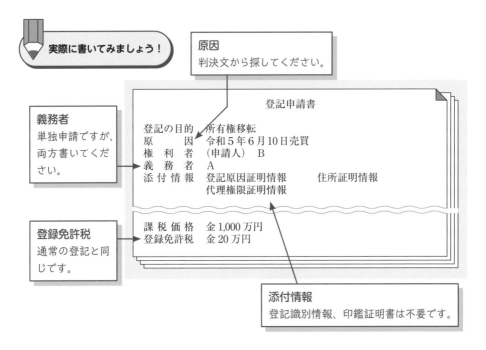

　原因は判決文に載っているはずなので、判決文から原因を探してください。本事例では令和5年6月10日売買と載っていますから、それを記載します。

　申請者は権利者・義務者の記載が必要です。**判決による登記は単独申請ですが、原告B1人で共同申請を完成させるものです。** したがって権利者・義務者と書くことになります。

　代理権限証明情報は実際に登記申請行為をする当事者のものしか提供しないので、そのことを登記官に明らかにするため、申請当事者のところに括弧書きで「（申請人）」の表示をするのが通例です。

　添付情報は、判決を取得したことによって相当影響を受けます。

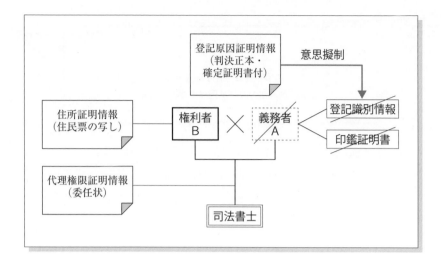

　登記原因証明情報、不要になる例外には当たらないので必要です。そして、判決正本と確定証明書を付けることが要求されます。

　ちなみに、「判決文を送ったよ」という証明（送達証明書といいます）は要りません。**確定証明書があれば、送達して２週間経っていることが分かるからです。**

　義務者側の書類を見てください。

　判決による登記の場合には、**登記識別情報と印鑑証明書は要りません。判決の確定によって被告Ａの意思は擬制されているため、もうＡの意思を証明する書類を要求する必要が無いからです**（また、訴訟で負けたＡが書類を出してくれるとは思えませんね）。

　一方、権利者側Ｂの書類ですが住所証明情報は必要です。

　実在していなければそもそも訴訟では勝てません。そのため、判決があることによってＢの実在性は分かるのですが、**正しい住所の公示という観点から住所証明情報が必要になります。**

　判決による登記で省略できる添付書類は、登記識別情報と印鑑証明書ぐらいと思ってください。

　もう１つ省略できる可能性があるものがあります。農地法の許可書です。

　次の判決を見てください。

```
                判        決

          所有権移転登記手続をせよ。
          なお、農地法の許可は既に取得済みである。
```

この判決文があれば農地法の許可が出たことが分かるのです。

この場合は判決文が農地法の許可の代わりになるので、別途許可書を付ける必要はありません。

```
                判        決

          所有権移転登記手続をせよ。
```

これでは農地法の許可が出たかどうか分からないので、別途許可書を付ける必要があります。

「登記識別情報と印鑑証明書は絶対省略できる。それ以外は基本省略できない。ただ、農地法の許可に関しては省略できる場合がある」それぐらいの感覚で押さえてください。

◆ 法63条1項の判決に準ずるもの ◆

判決に準ずるもの	判決に準じないもの
①和解調書（訴訟上・訴訟提起前） ②調停調書 ③認諾調書 ④家庭裁判所の審判 ⑤仲裁判断（執行決定付） ⑥外国判決（執行判決付）	①公正証書 ②転付命令 ③仮執行宣言付判決

今まで、判決を題材にして説明しましたが、実は判決文が無くても意思擬制で

きる場合があるのです。

　例えば、和解調書がある場合です。**和解、イメージは示談です。**

買主Ａ　　売主Ｂ

和解調書

ＡとＢは下記の条件で和解する。

ＢはＡに移転登記手続を行う。

　上記のような示談をした和解調書があれば、Ｂの申請意思を擬制できるので、Ａのみで単独申請ができます。

　他にも認諾調書があります。この認諾とは**訴訟中にギブアップすること**を指します。

買主Ａ　　売主Ｂ

ギブアップします。
移転登記手続を行います。

　訴訟中に被告が「自分ギブアップする。登記手続するよ」というギブアップをすれば、それによって意思擬制になります。

　他にも意思擬制できる書類はありますが、これは民事訴訟法等を学習してから確認しましょう。

　次に意思擬制できない書類を見ていきます。

金銭消費貸借公正証書

　公証人反町真治は、当事者の嘱託により下記の法律行為に関する陳述の趣旨を録取し、この証書を作成する。
第１条　〔金銭消費貸借〕
　　　　元本　2,000万円
　　　　（以下省略）

公正証書とは公証人が作っている書類で、裁判手続なく作ってくれる債務名義です。そのため早く作れる債務名義として、活用されています。**上記の書類があれば、その後裁判なしで、債務者の財産に強制執行をすることができます。**

　ただ、この公正証書は、裁判所のチェックが入っていないので、後々になって「そんな借金はしていない」とひっくり返ることがあります。

売買契約公正証書

　公証人反町真治は、当事者の嘱託により下記の法律行為に関する陳述の趣旨を録取し、この証書を作成する。
第1条　〔売買契約〕
　売主は、買主に対して登記手続をとる。

公正証書に「登記手続する」と記載されていても、判決登記には使わせません。登記は下手に入ってしまうと、元に戻すのが大変です（例えば、利害関係人が登場して承諾書が必要になってしまう場合を考えてください）。

　だから、**公正証書のように後でひっくり返る可能性があるものでは意思擬制をさせないことにしています。**

判　　決

「BはAに対し200万円支払え。なお、仮に執行をすることができる。」

　判決文があって「仮に執行をすることができる」という言葉が入っています（これを仮執行宣言付判決と呼びます）。

　この言葉があると、**控訴されても民事執行ができるのです。**

　控訴されても民事執行ができるということは、控訴で訴訟を続けながらも、民事執行をすることになります。

　最悪の結末は「民事執行を完了してお金を取りました」「その後、控訴審で逆

転敗訴しました」という状態です。

この場合は、民事執行をした方には、相手を現状に戻す義務、損害賠償する義務が生じます。

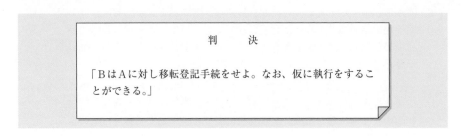

判　　　決

「BはAに対し移転登記手続をせよ。なお、仮に執行をすることができる。」

上記の判決によって、意思擬制は生じません。**公正証書と同じく後でひっくり返る危険がある債務名義なので、意思擬制では使わせないのです。**

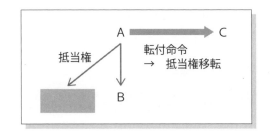

転付命令、これは債権を無理やり奪う裁判です。

今、Cが転付命令を得て、AB債権を無理やり奪いました。これによって、抵当権移転も起きます。

この抵当権移転登記を、AがCに協力して行うとは思えません。そこでCはこの転付命令をもって単独申請で抵当権移転登記ができるかというと、できないのです。

この事例、転付命令が出た時点で、抵当権移転登記手続を裁判所がやってくれます。そのため、**Cからの単独申請を認める必要がないのです。**

判決による登記は、他にも論点があるのですが、それは後に説明します。

問題を解いて確認しよう

1　AがB所有土地を買い受けたが、登記権利者であるAが所有権移転登記手続に協力しない場合、登記義務者であるBは、Aを被告として所有権移転登記手続を命ずる判決を得て、単独でBからAへの所有権移転登記を申請することができる。〔13-26-オ〕　　○

2　「被告は、原告に対し所有権移転の登記手続をせよ。」との判決に誤って仮執行宣言が付された場合において、当該判決を得た原告は、判決が確定する前であっても、当該判決に基づき、単独で所有権移転の登記を申請することができる。〔オリジナル〕　　×

3　家庭裁判所での離婚訴訟における判決中に、不動産の財産分与を命じる主文も併せてあるような場合には、必ずしも登記手続を命ずるものでなくとも、判決の確定により登記の真正を保持することができることから、判決による登記における「判決」となる。〔18-21-ア改題〕　　×

4　判決に基づく所有権移転の登記を申請する場合には、登記義務者の登記識別情報を記載した書面、印鑑証明書、登記権利者の住所証明書の添付を要しない。〔5-23-イ（18-21-オ）〕　　×

5　抵当権付債権について、転付命令若しくは譲渡命令が確定したとき、又は売却命令による売却が終了したときは、転付債権者若しくは差押債権者又は買受人は、抵当権の移転の登記の申請を単独ですることができる。〔20-20-エ〕　　×

6　判決による登記における「判決」に準ずるものとして、執行力については判決と同一の効力を有するものには、和解調書、認諾調書、調停調書及び公正証書がある。〔18-21-イ改題（元-20-1、10-18-イ）〕　　×

7　Aが所有権の登記名義人である甲土地につきAがBに対して所有権の移転の登記手続に必要な書類を交付することを内容とする和解調書に基づき、Bは、単独で甲土地の所有権の移転の登記を申請することができる。〔26-16-ウ〕　　×

╔══╗
　　　　　　　　✕肢のヒトコト解説
╚══╝

2 仮執行宣言が付いている判決では、意思擬制ができません。

3 登記手続を命じていなければ、意思擬制はできません。

4 住所証明情報は省略することができません。

5 裁判所でやってくれるので、申請は不要です。

6 公正証書では、意思擬制できません。

7 登記手続を命じていないため、意思擬制ができません。

 ## 2周目はここまで押さえよう

原則	判決による登記は、原則として、共同申請構造をとる権利に関する登記でなければすることはできない。
例外	所有権保存登記の抹消（昭28.10.14民甲1869号通達）

　共同申請、単独申請等、登記の申請方式には色々ありますが、判決登記を利用できるのは、共同申請のみです。

　判決を使って、相手の意思を擬制する手法なので、相手のいない単独申請ではやりようがないのです。

$$
\begin{array}{ccc}
 & \text{一筆の土地の一部を売却} & \\
\text{B} & \xrightarrow{\hspace{4cm}} & \text{A}
\end{array}
$$

　　　　　　1/2　分筆登記
　　　　　　2/2　所有権移転登記

　Bが持っている土地の一部をAに売りました。この場合、まずは分筆登記をして登記簿を2つにして、その後、1つの登記簿について移転登記をします。

　ただ、Bが登記に協力しません。
　移転登記は共同申請なので、判決で意思擬制をすることになりますが、
　1件目の分筆登記は、Bの単独申請になるため、判決を求める必要はありません。

この場合、AはBに対して登記請求権を持っているので、Aは債権者代位の手法で、分筆登記をすることができます。

1番抵当権者A	順位変更の合意
2番抵当権者B	→ Aが後日、登記に協力しない
3番抵当権者C	→ 判決登記　○

1番抵当権者〜3番抵当権者までが、順位変更の合意をしましたが、その後になって、1人が登記に応じようとしません。ここで、判決登記の手法が取れるのでしょうか。

順位変更登記は、合同申請で行います。
合同申請は、共同申請の一変形という扱いなので、判決登記は可能とされています（63条にも明記されています）。

所有権保存

登記名義人 A ◀────── 抹消登記請求訴訟 ────── 真実の所有者 B

→抹消登記をしない

ある建物はBの所有物ですが、なぜかAが勝手に所有権保存登記をしています。Aは所有権保存登記を抹消する必要がありますが、やりません。
そこで、BはAに対して名義を抹消するよう訴訟ができるでしょうか。

所有権保存登記の抹消は単独申請です。本来、共同申請でなければ判決登記はできないはずですが、これは例外的に認めています。

この登記は、義務者が1人で行う単独申請であるため、代位をすることができないため（代位登記は、権利者側にしかできない）と考えればいいでしょう。

☑ **1** AがBから一筆の土地の一部を買い受けたが、Bが分筆登 　×
記手続及び所有権移転登記手続に協力しない場合、Aは、
Bを被告として分筆登記手続及び所有権移転登記手続を命
ずる判決を得なければ、単独で所有権移転登記を申請する
ことができない。〔13-26-ア（26-16-イ）〕

2 乙区に1番抵当権者A、2番抵当権者B、3番抵当権者C 　○
の登記がある場合において、「第1、3番抵当権、第2、2
番抵当権、第3、1番抵当権」とする順位変更に関する合
意が成立したにもかかわらず、Bが登記手続に協力しない
ときは、Cは、Bのみを被告として順位変更登記手続を命
ずる判決を得て、Aとともに順位変更登記を申請すること
ができる。〔13-26-イ〕

3 A名義の所有権保存登記がされている不動産について、A 　○
に対して所有権保存登記の抹消登記を命じる判決を得たB
は、その判決に基づいて、単独でAの所有権保存登記の抹
消の申請をすることができる。
　　　　　　　　　　　　　　〔6-21-1（13-26-ウ、22-24-オ）〕

	判決正本を相続証明情報として援用する
①登記「権利者」側の死亡の場合	○
②登記「義務者」側の死亡の場合	登記義務者の相続人全員が訴訟に参加していることが明らかなとき →○

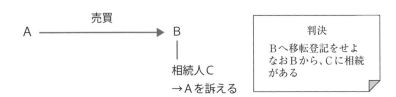

　Bが不動産を買ったのですが、Aが登記に協力しません。その後、Bが死
亡したため、相続人CがAを訴えて勝訴しました。
　なすべき登記は、1件目　A→B　2件目　B→Cの移転登記です。

この１件目は、Ｂの代わりにＣが動きますが、ここで添付する判決に「Ｂからｃへの相続があった」ことが記載されていれば、別途、相続証明情報は不要です。

これは、権利者側に相続があった場合ですが、義務者側に相続があった場合には要件が厳しくなります。

もともと、義務者側に相続があった場合は、相続人全員が関与する必要があるため、判決文においても全員の関与が認定できている必要があるのです。

✓ 1	ＡがＢ所有土地を買い受けたが、Ｂが死亡し唯一の相続人Ｃが所有権移転登記手続に協力しない場合、Ａは、Ｃを被告として所有権移転登記手続を命ずる判決を得れば、判決理由中にＢの他の相続人についての記載がないときでも、Ｃの相続を証する書面を添付することなく、単独でＢからＡへの所有権移転登記を申請することができる。〔13-26-エ〕	×
2	Ａの死亡後にＢ、Ｃ及びＤから甲土地を買い受けたＥが、Ｂ、Ｃ及びＤからＥへの売買を原因とする所有権の移転の登記手続を命ずる確定判決に基づき、代位によって、ＡからＢ、Ｃ及びＤへの相続を登記原因とする所有権の移転の登記の申請をする場合において、当該確定判決の理由中にＡの相続人がＢ、Ｃ及びＤのみである旨の認定がされているときは、相続があったことを証する情報として当該確定判決の正本を提供すれば足りる。〔30-21-ウ〕	〇

☐ 根抵当権の元本確定の登記は、根抵当権設定者を登記権利者、根抵当権者を登記義務者として申請する（60）が、根抵当権者は設定者に対して登記引取請求権を有しているので、設定者に対して元本の確定登記手続を命ずる判決を得れば、単独で当該登記を申請することができる（昭54.11.8民三5731号）。〔4-29- オ〕

★登記権利者が登記に応じなくても、登記義務者からの登記請求権（登記引取請求権）を行使することによって、判決登記をすることが可能です。

☐ Ａ及びＢは、Ａに対してＢへの所有権の移転の登記手続を命ずる確定判決を登記原因証明情報として提供し、共同して、当該所有権の移転の登記を申請することができる。〔26-16- エ〕

★登記手続を命ずる判決があった場合でも、登記義務者が改心して、「やっぱり共同申請をしよう」と求めてきた場合には、共同申請することが可能です（登研142-45）。

☐ 売買による所有権移転の登記を判決によって行う場合、判決の主文又は理由中に売買の日付が記載されていないときは、登記原因及びその日付を、「年月日不詳売買」として登記の申請をすることができる（昭34.12.18民甲2842号参照）。〔令3-18- イ、5-23- ア〕

★通常、判決文の中には「登記原因」「原因日付」が載っているものですが、昔の判決では載っていなかったものがあったそうです。この場合でも登記をすることは可能で、この場合は「年月日が分からない」旨を申請情報の内容にします。

☐ 甲土地について所有権の移転の登記手続をする旨の和解調書上の甲土地の地積の記載に誤記があったため和解調書の更正決定がされた場合において、当該和解調書と当該更正の決定書を提供して甲土地の所有権の移転の登記を申請するときは、登記原因証明情報として当該更正の決定が確定したことを証する書面が必要になる（昭53.6.21法曹会決議）。〔28-16- ウ〕

★更正決定に対しては即時抗告をすることができるため、当該更正決定が確定したことを、登記官が確認する必要があるからです。

□「Bは、Aに対し、B所有の甲土地につき、令和3年7月9日限り、令和3年4月1日売買を原因とする所有権移転登記手続をする。」旨の条項がある民事調停が成立した場合、履行の期限内に登記権利者から単独で登記の申請があっても受理されず、履行の期限後（令和3年7月10日の午前0時以降）に登記の申請があった場合に限り受理される（昭32.7.29民甲1413号参照）。

〔令3-18-オ〕

★「登記義務者は、登記申請義務を一定の日付までに履行すれば足りる」という内容は、登記権利者から見れば、「当該日付以前に一方的に登記の手続を請求することはできない」ことを意味します。

第2章 所有権移転② 包括承継

ここからは、移転登記ですが、原因が相続・合併になる登記を見ていきます。択一では、必ず1問から2問出題されます。
今まで見てきた登記手続の例外が出てきますので、例外の内容、その趣旨を押さえていくことが重要です。

第1節 包括承継

令和7年本試験はここが狙われる!

相続・合併によって、**包括承継が生じた場合**の申請書を見ていきます。

申請書（基本）

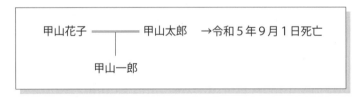

甲山花子 ———— 甲山太郎 →令和5年9月1日死亡

甲山一郎

　甲山太郎が死亡し相続が開始しました。この場合、相続人である花子と一郎に持分2分の1ずつ移転します。この時の申請書は、今までと大きく変わります。

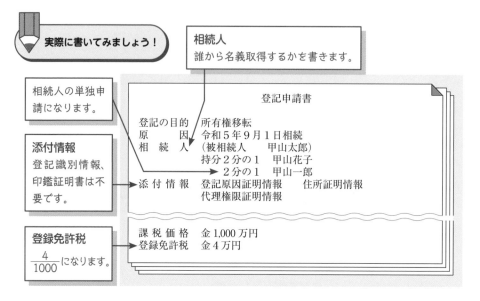

実際に書いてみましょう！

相続人
誰から名義取得するかを書きます。

相続人の単独申請になります。

添付情報
登記識別情報、印鑑証明書は不要です。

登録免許税
$\frac{4}{1000}$になります。

登記申請書

登記の目的　所有権移転
原　　　因　令和5年9月1日相続
相　続　人　（被相続人　　甲山太郎）
　　　　　　持分2分の1　甲山花子
　　　　　　　　2分の1　甲山一郎
添付情報　登記原因証明情報　　住所証明情報
　　　　　代理権限証明情報

課税価格　金1,000万円
登録免許税　金4万円

　まず今までと大きく違う点が申請構造です。**移転登記で、原因が相続になっているので単独申請となります**（権利者・義務者というのが申請書に記載されていないことに注目してください）。

　では、なぜ単独申請にしたのでしょうか。

　仮に共同申請を要求したとしましょう。権利者は名義を取得する花子と一郎、義務者は太郎となるはずです。ただ、太郎は死んでいますから、太郎の代わりに花子と一郎が義務者として動きます。

　結局、**権利者側の人と義務者側の人がほぼ同じになってしまい共同申請にする必要性が乏しくなります**。こういった事情から相続、合併のケースでは単独申請としたのです。

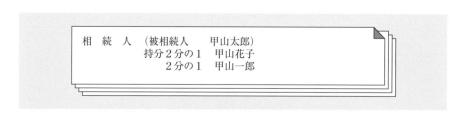

相　続　人　（被相続人　　甲山太郎）
　　　　　　持分2分の1　甲山花子
　　　　　　　　2分の1　甲山一郎

　表現の仕方を見ましょう。**相続人と頭に入れてから、その後に（　　）を入れて被相続人の名前を記載します**。誰の相続なのかを明示するために記載が要求さ

れているのです。

> 添 付 情 報　　登記原因証明情報　　住所証明情報
> 　　　　　　　代理権限証明情報

次に添付情報ですが、今までと比べて数が相当減っています。

登記原因証明情報、例外の４つに当たっていないので必要です。また、所有権の移転登記なので、住所証明情報も必要です。

登記識別情報、これは共同申請の場合に必要ですが、**相続登記は単独申請なので不要**です。

そして、印鑑証明書、義務者が所有権者の場合に必要ですが、**相続登記では義務者がいないため、印鑑証明書も不要**となります。

> 単独申請
> →虚偽の可能性が高い
> →登記原因証明情報　を公文書に限定

単独申請、これは権利を取得する人だけによる申請です。権利取得する人だけが申請に来ることになります。

利益を受ける人間の言葉は信用できません。

そこで、登記原因証明情報は公文書に限るとしたのです。**公務員が作った書類を持って行かないと信用しないことにした**のです。

そして、「**年月日相続**」という登記原因・誰が相続人になるかが分かる公的書面は、**戸籍**です。戸籍があれば、いつ死んで、誰が妻で誰が子供で誰が親で誰が兄弟姉妹かが分かります。そのため戸籍謄本を添付することになります。

登記原因証明情報の具体的な中身
被相続人甲山太郎の戸籍謄本・相続人甲山花子、甲山一郎の戸籍謄本

そして、誰の戸籍が要るのかというと、基本的には**死んだ人の戸籍謄本と相続人の戸籍謄本**になります。

被相続人の戸籍が要るのは分かるとして、なぜ相続人の戸籍が必要なのでしょうか。

例えば、相続人の一郎が結婚した場合、一郎はこの戸籍から出て行き別の戸籍に移るため、死んだ人の戸籍には、結婚した後の一郎の記載はありません。被相続人太郎の戸籍だけ取っても、一郎が生き残っているかどうかが分からないのです。そこで一郎の戸籍を取って、**一郎が今でも生きていることを証明する**のです。

```
課 税 価 格    金 1,000 万円
登録免許税    金 4 万円
```

登録免許税が、1000分の4と安くなっています。

これは、そもそも相続登記は「登記しなくても対抗できる」ため、放置されやすいことが原因です（実際に相続登記がされていない現状が社会問題化しています）。**登記するメリットが小さいため、税金が安くなっているのです。**

個人的には、「税金を安くするから早く登記して」という感じで、他の登記と比べて登録免許税を安くしている気がしています。

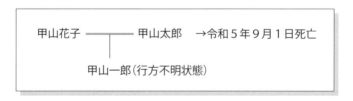

甲山花子 ——————— 甲山太郎　→令和５年９月１日死亡

甲山一郎（行方不明状態）

上の図の通り、一郎が行方不明で登記申請をすることができない場合、どういう登記をすることになるのでしょうか。

花子しか申請することができないので、花子の分だけの登記をすると、次の通りになります。

	順位番号	登記の目的	受付年月日	権利者その他の事項	
✕	1	所有権保存	（略）	所有者	（住所省略）　　甲山太郎
	2	所有権一部移転	（略）	原因 共有者	令和5年9月1日相続 （住所省略） 持分2分の1　甲山花子

花子名義だけ作ったこの登記簿はアウトです。

相続は包括承継なのですべて降りるはずです。原因に相続と書いたら一部移転登記は絶対に許しません。

	順位番号	登記の目的	受付年月日	権利者その他の事項	
〇	1	所有権保存	（略）	所有者	（住所省略）　甲山太郎
	2	所有権移転	（略）	原　因 共有者	令和5年9月1日相続 （住所省略） 持分2分の1　甲山花子 （住所省略） 　　　2分の1　甲山一郎

結局、相続という原因にする以上、上記のような登記簿を作るしかありません。

先例は、花子しか申請意思が無かったとしても、**花子1人で全員名義を作ってよいとしたのです（いわゆる保存行為です）**。

ただし、お勧めはしません。というのは、**1人で登記申請をすると登記識別情報は、申請した花子1人分しか出ない**からです。

覚えましょう

登記識別情報の通知の要件
①申請行為をしていること
②登記実行後、「登記名義人」と登記記録に記載されること

登記識別情報の通知の要件、①かつ②と思ってください。

①申請行為をしていること。

申請行為をした人にしか登記識別情報は通知されません。だから、花子だけが登記申請をした場合は、登記簿は花子と一郎の名義になりますが、登記識別情報は花子にしか通知されません。

後になって一郎が登記識別情報をくれといってきたとしても、登記識別情報は通知しません。

このように、保存行為は理論上可能ですが、これをやると一郎の登記識別情報が通知されないので、余程のことがない限りはやらない方がいいでしょう。

②登記実行後、「登記名義人」と登記記録に記載されること。

「所有者（住所）〇〇」「共有者（住所）〇〇」「抵当権者（住所）〇〇」と登記簿に載る場合だと思ってください。

問題を解いて確認しよう

1	共同相続による所有権移転登記は、相続人中の一人のみで申請することができる。〔58-19-3〕	〇
2	Bが、共同相続人A、B及びCのために、相続を原因とするA、B及びCへの所有権の移転の登記を単独で申請した場合、Aは登記識別情報の通知を受けることができる。〔17-13-イ改題（2-27-ウ、6-12-ア）〕	×

×肢のヒトコト解説

2 申請行為をしていないACには登記識別情報は通知されません。

基本形はここまでにして、応用事例を見ます。

甲山太郎　　令和4.8.8死亡
　｜
甲山一郎　　令和5.9.9死亡
　｜
甲山五平

　上の図のように、順次に相続が起こっている状態のことを数次相続といいます。

　太郎から一郎、一郎から五平と2回の物権変動があったので、厳密には2回の登記申請が要るはずです。

　ただ、2回の登記申請を要求することは難しいです。相続による物権変動は登記をしなくても対抗できる、にもかかわらず**2回の登記が要りますよといったら、やってくれない可能性が高まります**。そこで、次のような登記簿を作ることを認めました。

順位番号	登記の目的	受付年月日	権利者その他の事項		
1	所有権保存	（略）	所有者	（住所省略）	甲山太郎
2	所有権移転	（略）	原　　因	令和4年8月8日甲山一郎相続 令和5年9月9日相続	
			所有者	（住所省略）	甲山五平

　物権変動は2回にも関わらず、作る登記は1つ、**登記申請は1回でOKにしているのです**。

　1回の登記だけで物権変動の流れが分かるのでしょうか。

　実は、原因のところをよく見ると「令和4年8月8日甲山一郎相続　令和5年9月9日相続」となっていて、物権変動の過程が分かるのです。

　上記の登記は、登記を省略しているのではなく、**2回の登記を1回に圧縮して登記申請をしている**のです。これが数次相続による登記申請の特別ルールです。

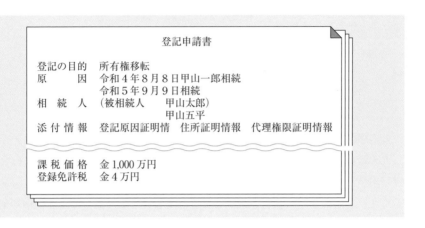

申請人の欄を見てください。相続人と冠記した後の括弧書きの中には、「被相続人　甲山太郎」と書きます。

太郎の名義を移すので、そこは甲山太郎と書きます。そして登記名義を取得するのは五平なので、申請人は甲山五平と記載します。

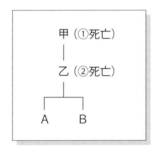

甲が死んで乙が所有権を取得し、更に乙が死んでABが所有権を取得する。だから現在の所有者はAとBです。

物権変動は2回ですが、登記を甲名義からダイレクトにAB名義にすることができます。

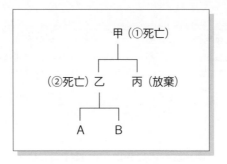

　甲が死んで乙丙が相続しているのですが、丙が相続放棄をしているため、結局相続するのは乙です。この乙が死んでAとBが相続をしました。

　現在の登記名義は甲です。この事例も甲名義からダイレクトにAB名義にすることができます。

数次相続
→中間が単独相続の場合、中間圧縮登記ができる

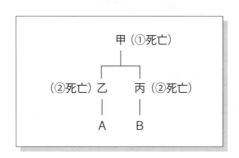

　甲が死亡して、乙と丙が相続しました。この後乙が死んでAが、丙が死んでBが相続しました。だから現在の所有者はAとBです。

　この事例では甲名義からダイレクトにAB名義に登記ができません。

1	所有権保存	（略）	所有者	（住所省略）	甲
2	所有権移転	（略）	原　因	年月日乙丙相続 年月日相続	
			共有者	（住所省略）　持分２分の１	Ａ
				（住所省略）　　　２分の１	Ｂ

上記の登記簿から、物権変動の過程は読み取れますか？

　この登記簿からだと甲から乙丙が相続して、そこからＡＢへ移転したことは分かるのですが、**乙丙の相続人が誰なのかがはっきりしません**（乙の相続人がＡＢとも読めるし、丙の相続人がＡＢとも読めます）。

　このことから、原因の欄の「年月日乙丙相続」の部分、**「２人は書けない」**と覚えてください。

問題を解いて確認しよう

1	甲土地の所有者Ａが死亡し、Ａの相続人が子Ｂ・Ｃである場合、Ｂ・Ｃ間で、Ｂ持分４分の３・Ｃ持分４の１とする遺産分割協議が成立した場合、Ｂは、相続を原因とする所有権一部移転の登記を申請することができる。〔12-23-エ（令4-21-オ）〕	×
2	Ａの相続人がＢ及びＣであり、Ａの遺産の分割がされず、かつ、甲不動産について相続を原因とする所有権の移転の登記がされないまま、Ｂが死亡し、その相続人がＣのみである場合には、Ｃは、甲不動産について「平成25年4月1日相続」を登記原因とするＡからＣへの所有権の移転の登記を申請することができる。〔令4-21-ア〕	×
3	甲土地の所有権登記名義人Ａが死亡し、その共同相続人Ｂ及びＣが遺産分割協議未了のまま死亡した場合において、Ｂ及びＣのいずれの相続人もＤ及びＥであり、ＤＥ間で「被相続人Ａ所有の甲土地はＢが単独で相続し、さらにＢの甲土地はＥが単独で相続する。」旨の遺産分割協議が成立したときは、その遺産分割協議書を提供してＡからＥへの所有権移転の登記を申請することができる。〔オリジナル〕	○

×肢のヒトコト解説

1　相続を原因とする一部移転登記はできません。

2　物権変動は「Ａ→ＢＣ→Ｃ」となり、中間は単独相続ではありません。

◆ 登記原因証明情報として何を添付するのか ～考え方の指針～ ◆

	相続の態様	相続証明書の中身
原則	法定相続人・法定相続分で決まる相続	戸籍謄本のみ
例外	修正事由あり	戸籍謄本に＋α

　相続を立証する添付書類を学習しましょう。

　基本は戸籍謄本が必要になります。**戸籍を見れば、誰がいつ死んだか、相続人が誰か分かるからです。**

　法定相続人・法定相続分で決まるのであれば、戸籍謄本のみでいいのですが、法定相続人・法定相続分に修正が出る場合には、戸籍に加えて修正事由を立証する必要があります。

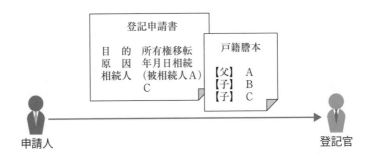

　上記のような「Aが死亡して、相続人はCです」という登記申請書を提出しています。その時に添付した戸籍謄本には父A、子BCと書かれています。

　この2枚だけを登記官が見たらどう思うでしょう。

そこで、戸籍謄本に加え、下記の相続放棄申述受理証明書というものを提出します。

相続放棄申述受理証明書

Ａの相続につきＢは放棄することを申述しています。
　　　　　　　　　　　　　　　　　　　　　家庭裁判所

　この書面を添付すると登記官は、下記のように考えるでしょう。

なるほど。本当は子供がＢＣ２人だけど、Ｂが相続放棄をしているから、Ｃだけが相続人なんだな。

　この事例は法定相続人、法定相続分では決まらず、相続放棄という修正事由が起きています。このように**修正事由があれば戸籍謄本とは別に、修正事由が生じたことを立証していくことになります。**

　今回の修正事由は相続放棄です。**相続放棄は相続放棄申述受理証明書、これを付けて立証します。**相続放棄自体は家庭裁判所の許可をもらうのではなく、家庭裁判所に申述するだけで構いません。申述をすることによって、家庭裁判所から証明書が出されるので、それを添付することになります（この証明書は、家庭裁判所が作る公的な書面です）。

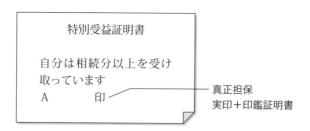

　「相続財産を先にもらっていた場合、相続分が減少する」特別受益という修正事由について説明します。

先にもらっていたということを証明しようとしても、公的にそれを証明する方法がありません。

そのため、これはもらった本人自身が証明書を作ることになります。むしろ、**証明書を作る義務があるのです**（証明しないまま死亡した場合、その者の相続人に書く義務が承継されます）。

ただ、その文書は私文書であって、公的書面ではありません。

「単独申請⇒虚偽の危険が高い⇒原因証明は公文書に限る」というロジックにしていますが、どうしても私文書しか付けられない場合があります。

この私文書しか付けられない場合は、もらった本人が作ったという真実性を高めるために、実印を押して印鑑証明書を付けさせることにしています。

遺産分割協議書

ＡＢＣＤは、相続財産である甲土地は
Ｄが単独所有することを合意した。

Ａ	実印
Ｂ	実印
Ｃ	実印
Ｄ	認印

申請人以外の印鑑証明書が必要

※例外
公正証書で作られていた場合

お互いに話し合って決めた遺産分割の場合、それを証明する公的書面が無いので、上記のような私文書を付けることになります。そして、**私文書は信用性が低いため、実印＋印鑑証明書で証拠力を高めることになります。**

問題は誰が実印の押印と印鑑証明書を添付するかです。

今回のようにＤが申請する場合は、申請するＤについて印鑑証明書は要りません。

上記の書類を勝手にでっち上げられていた場合、Ｄはそれを持って登記所に行くはずがありません。

つまり、**申請をしている＝Ｄが作っていることの立証**になっているのです。

「申請が書面の真正を表す」ということから、**申請人以外の印鑑証明書が必要**

になっています。

そして、D以外については印鑑証明書が絶対に必要になるというわけでもありません。それは、**公正証書で遺産分割協議書が作られている場合です。**

公証役場で遺産分割協議書を作成していれば、真実性は高いので印鑑証明書を付ける必要がありません。

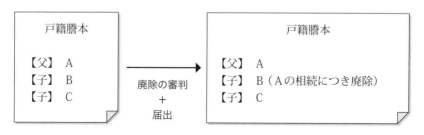

推定相続人が虐待をしている場合、被相続人は廃除手続をとることができ、廃除手続がとられると、廃除した旨は戸籍謄本に記載されるようになります。

そのため、**戸籍謄本を見れば、誰が廃除を受けているのかが分かる**ため、戸籍とは別に、廃除についての立証は要らないことになります。

今までのまとめを下図に記載しています。

相続の態様	登記原因証明情報の具体的内容
相続放棄者がいる場合	①戸籍謄本 ②相続放棄申述受理証明書
廃除がなされた場合	戸籍謄本
特別受益者がいる場合	①戸籍謄本 ②特別受益証明書
相続人による遺産分割協議があった場合	①戸籍謄本 ②遺産分割協議書
家裁の審判又は調停による遺産分割があった場合	審判書正本又は調停調書正本 ※　戸籍謄本その他の書面の添付は、原則として不要。
相続させる趣旨の遺言があった場合	①戸籍謄本 ②遺言書（及び第三者の指定を証する書面）

図表の下から2つ目、家庭裁判所の審判又は調停による遺産分割があった場合

ですが、戸籍が基本的に要らなくなります。

審判又は調停の過程で**家庭裁判所は、戸籍を見て、相続人を確認している為、その後の登記手続では戸籍謄本を添付しなくてよい**のです。

図表の1番下にある、相続させる趣旨の遺言があった場合を、次の図を使って説明します。

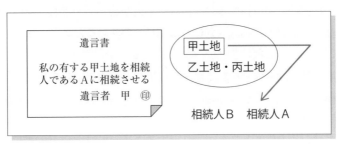

- 特定財産を
- 相続人に
- 相続させると書いた場合
→「被相続人が遺産分割協議をしておいた」という扱い

被相続人

お前らの遺産分割、甲土地だけは決めておく。
甲土地はAが遺産分割でもらいなさい！

本来、遺産分割は相続人同士で行うことなのですが、上記のように被相続人が遺産分割の結果を決めておくことも許されます。

この場合、**甲土地は甲が死んだ瞬間に遺産分割が終わり、Aがもらうことで確定します**。そのため、その後、AとBが遺産分割協議をするのは乙土地と丙土地だけになります。

相続人Aに相続させる趣旨の遺言をすると、その相続財産はダイレクトにAに移ることになります。そして、この場合、戸籍謄本で立証する内容が原則と変わってきます。

相続登記の戸籍で立証すること

① Ａが相続人であること

② Ａ以外に相続人がいないこと

　例えば、被相続人の戸籍謄本に子供Ａの名前が載っていても、その戸籍だけでは足りません。**Ａ以外に相続人がいれば相続分が変わるため**、Ａ以外に相続人がいないことまで立証しなければいけないのです。

　そのため、基本的には被相続人が生まれてから死ぬまでのすべての戸籍が必要です。戸籍を転々としている場合には、どこに子供が載っているか分からないので、**すべての戸籍を持っていき「戸籍をすべて見てください。相続人は私だけで、他にはいません」**というところまで立証する必要があります。

　例外がこの相続させる趣旨の遺言です。この場合はＡ以外に相続人が何人いようとも、この土地はＡが取得しておしまいです。

　Ａ以外に誰がいても、本物件はＡが取得するため、Ａ以外の方を立証する意味がありません。そのため、相続させる趣旨の遺言では、「子供Ａがいます」という戸籍謄本を添付すれば、他の相続人の存在を立証する必要がないのです。

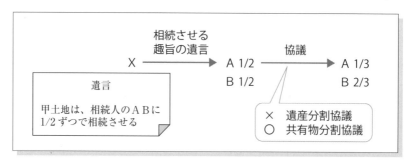

　Ｘが甲土地を相続させる趣旨の遺言「甲土地は、相続人のＡＢに１/２ずつで相続させる」ということをしています。

　Ｘが死亡したあと、ＡＢ２人が協議をして分数を変えることにしました。

　これは、遺産分割協議ではなく、共有物分割協議になります。

　相続させる趣旨の遺言で、甲土地の遺産分割協議は終わっているため、もはや遺産ではなくなり、物権的に共有しているＡＢは共有物分割協議を行ったことに

なるのです。

問題を解いて確認しよう

1　甲土地の所有権の登記名義人であるＡには、配偶者Ｂ並びに子Ｃ及びＤがおり、Ｃには子Ｅがいる場合において、Ａが死亡して相続が開始した。Ａが遺言でＣについて推定相続人の廃除の意思表示をしたときは、Ｂ、Ｄ及びＥは、Ｃが推定相続人から廃除された旨の記載のある戸籍の全部事項証明書を提供して、甲土地をＢ、Ｄ及びＥの共有とする相続による所有権の移転の登記を申請することができる。〔25-17-1〕　　〇

2　「相続人中の１人であるＡに相続させる」との文言のある遺言書を添付して相続登記を申請する場合には、相続を証する市町村長、登記官その他の公務員が職務上作成した情報及びその他の登記原因を証する情報は被相続人の死亡した事実及びＡが相続人であることを明らかにするもののみで足りる。〔5-26-2〕　　〇

3　遺産分割調停調書を添付してする相続登記の申請においては、他に相続を証する市町村長、登記官その他の公務員が職務上作成した情報及びその他の登記原因を証する情報の添付を要しない。〔5-26-4〕　　〇

4　Ａが「甲土地を共同相続人Ｂ、Ｃ及びＤのうちＢ及びＣに各２分の１の持分により相続させる。」旨の遺言をして死亡した場合には、Ｂ及びＣは、当該遺言書及びＢ持分３分の１、Ｃ持分３分の２とするＢ及びＣによる遺産分割協議書を申請書に添付すれば、甲土地について当該遺産分割協議書の持分による相続の登記を申請することができる。〔14-23-5〕　　×

5　法定相続人がＡ、Ｂ及びＣである場合において、相続財産に属する不動産をＡの単独所有とする公正証書による遺産分割協議書を提出して、相続を原因とする所有権移転の登記を申請するときは、申請書にはＢ及びＣの印鑑証明書を添付しなければならない。〔12-27-エ（20-17-ウ）〕　　×

×肢のヒトコト解説

4　被相続人の遺言により、遺産分割が終わっています。そのため、その後に行う協議は共有物分割協議になります。

5　公正証書で作られているため、その時点で信用性があり、印鑑証明書を添付する必要はありません。

登記簿
埼玉県草加市・・・ A

↔

戸籍
本籍　東京都・・・ A　死亡

Aが死亡したため、Aの戸籍を添付して登記申請をしようとしたところ、戸籍に載っている本籍と、登記簿上の住所が異なっていました。

この戸籍を登記官に提出すると、
登記官　「名前は同じだけど、別人の戸籍じゃないの」
と疑問を持ってしまいます。

このような場合には、別途、別の書類も提出して、同一性を立証します。
具体的には、下記のような書類です。

住民票の写し	戸籍の附票の写し
埼玉県草加市・・・　A 本籍　東京都・・・	本籍　東京都・・・　A 住所　埼玉県草加市・・・

ただ、こういった書類がなくても「所有権に関する被相続人名義の登記済証」があれば、構いません。登記済証とは、旧法の登記識別情報にあたるもので、別名、権利証と呼ばれているものです。

権利証が見つかる　→　登記名義人だろう
という計らいなのです（論理的な結論というよりも、便宜的な扱いです）。

以上をまとめると、以下の図表のようになります。

要求される場面	相続による所有権移転登記の申請において、所有権登記名義人である被相続人の登記記録上の住所が、戸籍謄本に記載された本籍と異なる場合
相続を証する市町村長が職務上作成した情報の一部として要求される情報	・住民票の写し（但し、本籍及び登記記録上の住所が記載されているものに限る。） ・戸籍の附票の写し（但し、本籍及び登記記録上の住所が記載されているものに限る。） ・所有権に関する被相続人名義の登記済証

☑ 1　被相続人の戸籍の附票の写しは、相続又は合併を登記原因とする所有権の移転の登記の申請情報と併せて提供すべき登記原因証明情報とはなり得ない。〔31-13-イ改題〕　×

2　所有権に関する被相続人名義の登記済証は、相続又は合併を登記原因とする所有権の移転の登記の申請情報と併せて提供すべき登記原因証明情報とはなり得ない。
〔31-13-ア改題〕　×

通常、登記・預金・株式などの相続の手続をとるときは、生まれてから死ぬまでの戸籍を集めて、それを各部署に送ることになります。１つの手続が終わったら、その戸籍を別の手続につかう、という手順を取るため、すべての手続が終わるまで相当時間がかかります。

法改正により、戸籍と家系図を法務局に提出すると、法務局が証明書にしてくれます。この証明書（法定相続証明情報と呼びます）は、戸籍の代わりとして各種の相続手続に使うことができます。

しかも、無料で何通も発行してもらうことができるため、「登記・預金・株式などの相続の手続」を一気に行うことが可能になったのです。

	戸籍謄本等一式	相続人の住所を証する情報	遺産分割協議書	相続放棄申述受理証明書
省略の可否	○	○（注）	×	×

（注）当該写しに相続人の住所が記載されているときに代替できる

法定相続証明情報の写しを提供することによって、何が省略できるかをまとめた図表です。この情報は戸籍の代わりになるだけでなく、相続人の住所まで載っていれば、相続人の住所証明情報の代わりにもなります。

ただ、あくまで戸籍の代わりに過ぎないため、戸籍には載っていない「遺産分割協議」「相続放棄」のことは、この書面とは別に立証する必要があります。

☑ 1　BがAの相続人から廃除されたため、Cが乙土地を単独で　　　　○
相続したとして、AからCへの相続を登記原因とする所有
権の移転の登記を申請する場合において、添付情報として、
相続人をCのみとする被相続人Aの一覧図の写しを提供し
たときは、Bが廃除された旨の記載がされていることを証
する戸籍の全部事項証明書の提供を省略することができる。
〔31-26-ウ〕

2　AからB及びCへの相続を登記原因とする所有権の移転の　　　　○
登記を申請する場合において、B及びCの住所が記載され
ている被相続人Aの一覧図の写しを提供したときは、B及
びCの住所を証する市町村長が職務上作成した情報の提供
を省略することができる。〔31-26-エ〕

3　Bが相続の放棄をしたため、乙土地を単独で相続したCが　　　　×
AからCへの相続を原因とする所有権の移転の登記を申請
する場合において、添付情報として、被相続人Aの一覧図
の写しを提供したときは、Bの相続放棄に係る相続放棄申
述受理証明書の提供を省略することができる。〔31-26-オ〕

遺産分割協議による相続登記を申請する場合、その遺産分割協議書の真正を担保するため、申請人を除く協議者全員の印鑑証明書の添付を必要とする（昭30.4.23民甲742号）。この場合、一部の者の印鑑証明書を添付することができないときは、その者に対する遺産分割協議書真否確認の勝訴判決をもって、その者の印鑑証明書に代えることができる（昭55.11.20民三6726号）。

〔3-15-2〕

★協議は成立し押印もされているのですが、印鑑証明書の添付に非協力な場合です。この場合は、訴訟を起こし、その勝訴判決が印鑑証明書の代わりになります。

Aの死亡によりB、C及びDが共同相続人となり、A所有名義の甲土地をBが単独で相続する旨の遺産分割協議が成立したが、Dが遺産分割協議書への押印を拒んでいる場合には、Bは、Dに対する所有権確認訴訟の勝訴判決正本及びCの印鑑証明書付きの当該遺産分割協議書を申請書に添付すれば、甲土地について単独でBへの相続の登記を申請することができる（平4.11.1民三6284号）。〔14-23-1〕

★協議は成立したのですが、押印に非協力な場合です。この場合も、訴訟を起こし、その勝訴判決が印鑑証明書の代わりになります。

甲土地の所有権の登記名義人であるAには、配偶者B並びに子C及びDがおり、Cには、子Eがいる。Aが死亡して相続が開始した場合において、B、C及びD間で遺産分割協議を行った結果、Dが甲土地を取得することとされたときは、Dは、その旨の記載のあるB及びC間の証明書と、同旨の記載のあるDの証明書の2通を提供して、甲土地をDの単独所有とする相続による所有権の移転の登記を申請することができる（昭35.12.27民甲3327号）。

〔25-17-2（令2-19-イ）〕

★遺産分割は全員の合意で成立しますが、その証拠書面まで同一にする必要はありません。

☐ A・B両名のために共同相続が開始したが、Aは特別受益者であったところ、その後Aは死亡し、C及びDが相続した場合において、BはC又はDの一方が作成した「Aは相続分がない」旨の証明書を添付して相続の登記を申請することはできない（登研473-149参照）。〔4-25-4（3-19-4）〕

> ★権利がなくなる性質のもの、義務の性質があるものは相続人全員の関与が必要になる傾向があります。

☐ 「相続」を登記原因とする所有権移転の登記を申請する場合において、相続欠格者が自ら作成した相続欠格者に該当することを証する情報は、登記原因を証する情報の一部として提供することができる（昭33.1.10民甲4号参照）。

〔31-13-エ〕

> ★たとえば、遺言書を書き換えた相続人が「自分は欠格事由に当たっているので、相続分がありません」旨の書面を作成した場合、これを登記原因証明情報の一部とできます。

☐ 相続人の資格を併有する者の相続の放棄は、いずれの相続人の資格にも及ぶものとして取り扱われるところ（昭32.1.10民甲61号、昭41.2.21民三172号）、特定の相続人の資格をもって相続の放棄をしたことが添付情報から明らかである場合には、当該特定の相続人の資格をもってのみ相続の放棄をしたものとして取り扱われる（登研820-95）。〔29-19-エ〕

> ★たとえば、BがAの唯一の相続人として、配偶者及び妹としての相続人の資格を併有していたところ、配偶者としては相続を放棄し、妹としては相続を放棄しなかった場合、Bは、その旨を明らかにした添付情報を提供して、相続を登記原因とするAからBへの所有権の移転の登記を申請することができます（ちなみに、妹としては相続を放棄しなかった旨を明記しない場合は、「一切相続を受けない」意思と扱われます）。

覚えましょう

遺産分割協議の要件
共同相続人の「全員」が出席し、全員の合意が必要

　遺産分割協議は相続人全員が参加し、相続人全員の承諾が必要であるため、全員出席していない協議や、全員出席していても、誰か1人でも遺産分割協議の内容に反対している人がいれば、遺産分割協議は無効となります。

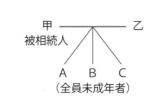

　上の事例では、乙ABCが遺産分割協議をするべきなのですが、ABCが未成年者であるため、親権者と未成年者で遺産分割協議をすることになります。

　これは、**利益相反行為に当たります。**

　そのため、遺産分割協議をすることになったら、特別代理人の選任手続をとる必要が絶対に生じます。

　遺産分割の内容が、子供に有利になりそうだとかは関係なく、親と子で協議するとなった場合には、特別代理人が必要になります。

　また、**未成年者の人数分、特別代理人が必要**です。例えば、Aの特別代理人がX、Bの特別代理人もX、このXがAB2人の協議をした場合には、**双方代理になってしまうので許されません。**

　子供がABC3人いれば、3人別々の特別代理人を選ぶ必要があります。

胎児は相続登記が受けられます。ただし、乙とＡで遺産分割協議をすることはできません。

　民法の条文は相続について権利能力があるとみなすとしていますが、**遺産分割について能力があるという条文はありません**。権利能力が無い以上、遺産分割協議をすることができないのです。

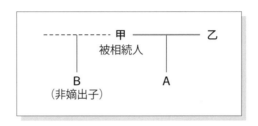

　甲と乙の夫婦の間にＡという子供がいて、この甲（男だと思ってください）は、愛人との間にも子供Ｂをもうけましたが、Ｂを認知していません。

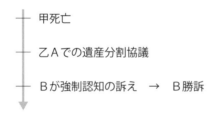

　ここで甲が死亡したため、乙Ａの間で遺産分割協議をしました。この時点での相続人は乙Ａだけですので、この協議は有効です。

　その後婚外子Ｂによる強制認知の訴えが起こされ、Ｂが勝訴しました。

　認知の効果は遡及します。つまり、初めから相続人は乙ＡＢだったことになるのです。すると、先に乙Ａで行った遺産分割協議は全員でやっていないから、この協議は無効でやり直しになるはずです。

　ただこのやり直しは乙Ａにとって酷です。「もう遺産分割協議が終わって分配も終わっちゃったよ。もうもらった土地に建物を建てちゃったよ」ということもあるでしょう。そこで民法は「**やり直しをしなくていいよ、お金で解決しなさいね**」としました（民910）。

結果的に、これは相続人が全員揃っていない遺産分割協議でもそれを認めている条文なのです。**後から認知があった場合、これはしょうがないだろうという配慮です。**

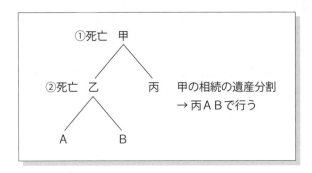

登記名義人の甲が死んで乙丙が相続し、更に乙が死んでＡＢが相続しています。

遺産分割協議は、乙と丙で行うべきですが、乙が死んでいるため、乙の地位はＡとＢが引き継ぎます。

そのため、**遺産分割協議は、丙ＡＢで行います。**

その協議の内容によって、なすべき登記の申請書の枚数が違ってきます。

👉 **Point**

> Ａ単独所有とする協議が成立した時も、数次相続で中間の相続が単独相続の場合に該当するため、直接Ａ名義に登記申請をすることができる。

Ａ単有にするという内容になりました。

物権変動の流れは甲からダイレクトにＡではありません。甲の相続人は乙丙なのですから、甲からダイレクトにＡがもらうことはできません。

どんな流れにすれば、所有権はＡにいくでしょうか。

「甲の相続については乙がもらう」「その後、乙の相続についてはＡがもらう」

この流れが一番、スムーズでしょう。物権変動の過程は甲から乙、乙からＡの２回になります。

では、申請書は何枚必要でしょうか。

「数次相続の中間が１人なら申請書１枚に圧縮できる」この理屈を使うと、今回、

中間者は乙1人なので、1枚の申請書に圧縮して表現することができます。

登記の原因は「**年月日乙相続年月日相続**」と書いて1回で登記ができるのです。

> **✊Point**
>
> 協議で丙とAの共有にするとした時には、直接丙A名義に登記申請をすることはできない。
>
> この場合、乙丙名義の相続登記を申請した後、A名義に相続による乙持分全部移転登記を申請する。

丙A共有にするという内容になりました。

「甲の相続については乙丙がもらい、乙の相続についてはAがもらう」という流れがスムーズです。そのため、物権変動の過程は甲から乙丙、乙からAになっています。

では、申請書は何枚必要でしょうか。

「**数次相続の中間が1人なら申請書1枚に圧縮できる**」この理屈を使うと、**中間に入るのが乙丙2人になっているので、申請書1枚ではできません。**

本事例、申請書は2枚必要になります。

問題を解いて確認しよう

1	遺産分割協議後に認知された子があった場合において、当該遺産分割協議に基づく所有権の移転の登記を申請するときは、認知された子の同意を証する情報を提供しなければならない。〔19-13-イ〕	×
2	共同相続人である親権者とその親権に服する未成年者との間で、親権者が相続財産の分配を受けないことを内容とする遺産分割協議がされた場合には、当該未成年者のために特別代理人が選任されたことを証する情報を提供することなく、当該遺産分割協議に基づく所有権の移転の登記を申請することができる。〔19-13-ウ〕	×
3	甲土地の所有権の登記名義人Aの相続人が配偶者B並びに子C及びDの3名であり、遺産分割協議をしない間にBが死亡した場合において、Bの相続人がC及びDの2名であり、CD間で甲土地はCが単独で取得する旨のAを被相続人とする遺産分割協議が成立したときは、Cは、単独でAからCへの相続を登記原因とする甲土地の所有権の移転の登記を申請することができる。〔28-12-イ〕	○

┌─────── ×肢のヒトコト解説 ───────┐

1 遺産分割後に認知を受けた相続人が登場しても、お金で解決するので、不動産登記を申請するときには、その認知を受けた相続人の同意は不要です。

2 親子で遺産分割協議をすることになったら、特別代理人を選任する必要があります。結果的に有利になろうがなかろうが、特別代理人が関与しなければ登記申請は受け付けられません。

└──────────────────────────┘

 ## 2周目はここまで押さえよう

◆ 遺産分割協議の当事者 ◆

論点	遺産分割協議の当事者の具体例
原則	共同相続人の「全員」
数次相続が発生している場合	関係相続人全員の間で、各相続を含めて遺産分割の協議をすることができる（昭29.5.22民甲1037号回答）
包括遺贈があった場合	包括受遺者も、遺産分割協議に参加しなければならない
相続分の譲渡があった場合	相続分の譲受人も、遺産分割協議に参加しなければならない 相続分の譲渡人は、遺産分割協議に参加することはできない
共同相続人の一部の者に、「不在者」が存在する場合	不在者財産管理人は、家庭裁判所の許可を得て、遺産分割協議に参加することができる（昭39.8.7民三597号回答）
共同相続人の一部の者に、「破産手続開始決定を受けた者」が存在する場合	破産管財人は、破産法78条2項に基づく破産裁判所の許可を得て、遺産分割協議に参加することができる※
委任による代理人がいる場合	委任による代理人も、遺産分割協議に参加できる（昭33.7.9民甲1379号通達、登記研究480-133）

※　破産管財人が遺産分割調停に参加した場合でも、破産裁判所の許可があったことを証する情報の提供は要しない（平22.8.24民二2078号）。

　遺産分割の協議は誰と誰でやるべきかをまとめた図表です。学習状況に応じて、使用してください。

ここでは、不在者の扱いを見ていきます。

　例えば、父が死亡して相続人は３人だったのですが、長男とは全く音信不通でわからないという状態だとします。

　この場合、関係者は長男のために、不在者財産管理人を選任して、その管理人と遺産分割協議をすることになります。

　ただ、この行為は長男の相続分の処分にあたります。

　財産管理人は「管理はOK」「処分をするには許可がいる」という民法のルールに従って、裁判所の許可書が必要になります。

　ほぼ同じ扱いを受けるのが、相続人が破産手続を受けている場合です。本来は、裁判所の許可を立証することになりますが、遺産分割を調停で行っている場合は、不要です。

　これは、調停の過程で裁判所が許可があることを確認しているためです（調停の場合には、戸籍謄本をつける必要がないという知識と同じ理屈です）。

✔ **1** 不在者の財産管理人は、家庭裁判所の許可を得て、遺産分割の協議に参加することができ、その協議に基づいて作成された遺産分割協議書を申請書に添付して相続の登記を申請することができる。〔4-25-3〕　　○

2 甲土地の所有権の登記名義人であるＡには、配偶者Ｂ並びに子Ｃ及びＤがおり、Ｃには、子Ｅがいる。Ａの死亡後、Ｂが破産手続開始の決定を受け、その破産管財人ＦがＡの遺産に関する遺産分割協議に参加し、Ｃが甲土地を取得することとされた場合において、当該遺産分割協議の結果に基づき、甲土地をＣの単独所有とする相続による所有権の移転の登記を申請するときは、ＦがＡの遺産に関する当該遺産分割協議をすることにつき裁判所の許可があったことを証する情報を提供しなければならない。〔25-17-3〕　　○

☑ **3** 被相続人Aの相続人がB及びCである場合において、相続開始後にBが破産手続開始の決定を受け、その後Aの相続財産についてCから遺産分割調停が申し立てられ、Bの破産管財人Dが当事者となって遺産分割調停が成立し、その調停調書の正本を提供して相続を登記原因とする所有権の移転の登記を申請するときは、Dが遺産分割調停に参加することについての破産裁判所の許可があったことを証する情報を提供しなければならない。〔29-16-ウ〕　　×

◆ 共同相続登記の前後となすべき登記 ◆

順位番号	登記の目的	受付年月日	権利者その他の事項
1	所有権保存	（略）	所有者　　　　　　　（住所省略）　　　A
2	所有権移転	（略）	原因　　年月日相続 共有者　（住所省略）持分2分の1　　B 　　　　（住所省略）　　2分の1　　C

甲区2番の登記、これが俗にいう共同相続の登記です。この**共同相続登記が入る前又は入った後に、何をするかによって、その後の登記手続がだいぶ異なってきます。**

	共同相続登記前 （甲区2番の登記前）	共同相続登記後 （甲区2番の登記後）
相続放棄 （Bのみが所有者となる）	目的　　所有権移転 原因　　年月日相続 相続人　（被相続人A）B	目的　　2番所有権更正 原因　　年月日相続放棄 申請人　Bによる単独申請
遺産分割協議 （Bのみが所有者となる）	目的　　所有権移転 原因　　年月日相続 相続人　（被相続人A）B	目的　　C持分全部移転 原因　　年月日遺産分割 申請人　Bによる単独申請 目的　　2番所有権更正 原因　　年月日遺産分割 申請人　Bによる単独申請

Aが死亡し相続人はＢＣの２人でした。その後、

①　Ｃが相続放棄をしたことによって、Ｂのみが相続人となった場合、

②　ＢＣで遺産分割協議をして、Ｂが不動産を承継することになった場合

なすべき登記はどうなるのでしょう。

　甲区２番ができる前に原因が起きたとします。

この場合は初めから相続人はＢだけだったとなるので、なすべき登記は甲区２番でＢ名義を作ればいいだけです。わざわざＢＣ名義にする必要はありません。

　甲区２番ができた後に原因が起きたとします。**基本的には遡及効が有るので、初めからＢが所有者だったことになります。**

　すると、**初めからＢだけだったのに、２番でＢＣ名義と入れたのは間違っていたことになるため、**所有権更正登記を申請することになります。

　現段階では、「間違っていたから直す」、それぐらいの感じの理解で構いません。

　所有権更正登記は（後に説明する申請書です）、本来、共同申請で行います。ただ、**この事例ではＢによる単独申請することを認めています。**

　もともとの相続登記が単独申請であること、簡易に登記簿を修正したいことから認めた特例と考えられます。

　遺産分割がされた場合は、**更正登記だけでなく、移転登記も認められています。**

　民法の遺産分割後の第三者を思い出してください。遡及効を使わずに、遺産分割によって、Ｃの持分がＢに移転したと考えたはずです。不動産登記法も同じように考え、Ｃの持分がＢに移転したということで移転登記をすることも認めているのです（この場合も、単独申請が可能です）。

　では、移転登記の場合の申請書を、細かく見てみましょう。

問題を解いて確認しよう

1 甲土地について、所有者Ａが死亡し、子Ｂ・Ｃの共同名義による法定相続の登記がされた後に、寄与分を定める協議が成立し、Ｂが単独で相続することになった場合、その事実に基づき、Ｃを登記義務者として所有権更正登記を申請することができる。〔11-13-1改題（16-26-オ）〕　　　○

2 共同相続を原因とする所有権移転の登記がされた後、遺産分割により所有権を取得した共同相続人の一人は、単独で、他の相続人に帰属する持分の移転の登記を申請することができる。〔16-26-エ（12-23-オ）〕　　○

3 債権者代位によって第１順位の法定相続人のために相続登記がされたが、当該相続登記より前に当該第１順位の法定相続人全員が相続放棄をしていた場合には、当該第１順位の法定相続人と第２順位の法定相続人とが共同して、第２順位の法定相続人の相続による所有権移転の登記を申請することができる。〔16-26-ウ（11-13-3）〕　　　×

4 被相続人Ａの共同相続人であるＢ・Ｃ間でＡが所有していた特定の不動産をＢが単独で相続する旨の遺産分割協議が成立した場合において、Ｂ単独所有名義の登記をするには、あらかじめ法定相続分による、Ｂ・Ｃ共有名義の相続による所有権移転の登記を申請しなければならない。〔7-15-イ〕　　　×

5 被相続人Ａから子Ｂ及び子Ｃへの相続を原因とする所有権の移転の登記がされたが、相続人となることができない欠格事由がＣにあった場合において、ＣにＡの直系卑属である子Ｄがいるときは、Ｄを登記権利者、Ｃを登記義務者として、登記名義人をＢ及びＤとする所有権の更正の登記を申請することができる。〔19-13-ア〕　　　○

6 共同相続人がＢ及びＣの二人である被相続人Ａ名義の不動産について、Ｂは、ＣがＡからＣの相続分を超える価額の遺贈を受けたことを証する情報を提供したときは、相続を登記原因として、直接自己を登記名義人とする所有権の移転の登記を申請することができる。〔22-25-1〕　　　○

×肢のヒトコト解説

3 初めからその相続登記は間違っていたので、移転登記ではなく抹消登記で処理をします。

4 相続登記が入っていない状態で遺産分割協議をしているので、遡及効の処理が使えます。そのため、ダイレクトにＢ名義の登記が可能です。

（遺産）	乙土地
預貯金	
ＡＢ共有	Ａ単独所有

　相続により、預貯金をＡＢで共有していましたが、遺産分割ですべてＡが
もらうことにしました。この見返りとして、ＡはＢに自分のもっている土地
を渡すことにしました。

　ここで、乙土地については所有権移転登記が必要になりますが、その登記
原因はどうなるでしょう。

遺産分割	×
遺産分割による代償譲渡	×（平21.3.13民二646号通知）
遺産分割による贈与	○（昭40.12.17民甲3433号回答）

　遺産分割というのは、遺産についての原因です。本件の乙土地は遺産では
ないので、遺産分割という原因では許されません。

　また、不動産の取得は有償か、無償かをはっきり示すことになっています
（不動産取得税との絡みです）。「譲渡」という表現では有償か、無償かが分
からないので許されません。

　この事例では「遺産分割による贈与」という表現になります。

☑ **1**　甲土地の所有権登記名義人Ａが死亡した場合において、Ａ　　　×
　　の遺産に関する遺産分割の調停調書に「Ｃが甲土地を取得
　　する代償として、Ｃは、Ｂに対して、Ｃの所有する乙建物
　　を譲渡する」旨の条項があるときは、Ｂ及びＣは、当該調
　　停調書の正本を提供して、乙建物について、遺産分割によ
　　る代償譲渡を登記原因とする所有権の移転の登記を申請す
　　ることができる。〔30-21-イ〕

2　被相続人Ａの配偶者ＢがＡの預貯金を取得する代わりにＢ　　　×
　　所有の乙土地を子Ｃが取得する旨が記載された遺産分割協
　　議書を登記原因証明情報の一部として提供し、乙土地につ
　　いてＢからＣへの所有権の移転の登記を申請するときの登
　　記原因は、遺産分割である。〔28-24-ウ〕

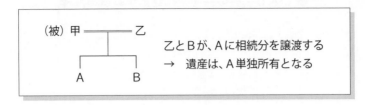

　甲が死亡して、相続人の乙ＡＢが遺産分割をする前に、乙はＡに相続分を売り、ＢもＡに相続分を売りました。これにより、遺産はすべてＡのものになります。

　ここで、どのような登記が必要になるかは、乙ＡＢの共同相続登記が入っている場合と、入っていない場合で分かれます。

◆ 乙ＡＢ名義の共同相続登記がない場合 ◆

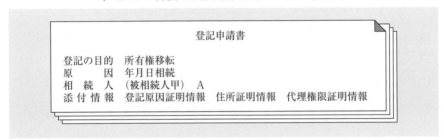

　乙ＡＢの共同相続登記が入っていない場合、遡及効により初めからＡの単有だったとして、**甲からダイレクトにＡ名義に相続登記をします。**

　そして、登記原因証明情報には、戸籍謄本と相続分譲渡証明書を添付することになります。

　相続分譲渡証明書というのは、乙ＢとＡで乙Ｂの相続分をＡに売るという契約書を指します。ただこれは**私文書であり、信用性が低いため、実印を押して印鑑証明書が必要になります**（譲渡人乙Ｂの印鑑証明書は要りますが、申請することで登記が真正であることを表すことになるＡについては不要です）。

◆ 乙ＡＢ名義の共同相続登記がある場合 ◆

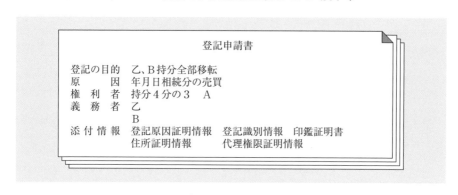

登記申請書

登記の目的　乙、Ｂ持分全部移転
原　　　因　年月日相続分の売買
権　利　者　持分４分の３　Ａ
義　務　者　乙
　　　　　　Ｂ
添 付 情 報　登記原因証明情報　登記識別情報　印鑑証明書
　　　　　　住所証明情報　　　代理権限証明情報

　乙ＡＢの共同相続登記が入っていた場合には、遡及効により初めからＡの単有だったとして更正登記をするのではなく、**移転登記をする**ことになっています。

　では、相続分の譲渡の他の事例も見ましょう（これより後は共同相続登記がされていないことを前提に読んでください）。

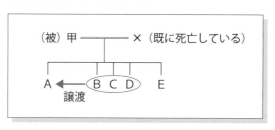

　共同相続人ＡＢＣＤＥのうち、ＢＣＤがその相続分をＡに譲渡した場合、遡及的に相続人はＡＥだけだったことになります。そのため**「ＡＢＣＤＥの名義を入れずに」いきなり「Ａ持分５分の４　Ｅ持分５分の１」**で登記ができます。

　相続人ＡＢが、赤の他人であるＤに、相続分を譲渡することができます。ただ、登記的には甲からＤにダイレクトに移転登記することを認めていません。

極論をいいますと、下のような登記簿があったらどう思いますか？

1			ロドリゲス
2	移転	年月日相続	根本

ロドリゲスという方が死んで、根本が相続したんだなと思うでしょうか。いや、それはないだろう！！　と思いますよね。

相続人以外の赤の他人名義に相続という登記を先例は認めていないのです。

👆 Point

共同相続人　→　共同相続人への譲渡

⇒　遡及的に、相続分の修正OK

上記のように考えるといいでしょう。

だから、相続人以外の人が相続分を買った先ほどのケースでは、遡及的な処理ができないことになります。

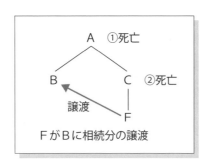

A　①死亡

B　　C　②死亡

譲渡

F

FがBに相続分の譲渡

この場合も遡及処理が使えません。

Aの相続人はBとCであり、Fは相続人ではありません（Cが生きている以上、孫は相続人になりません）。このケースは、**相続人からの譲渡ではないため、遡及処理が使えないのです。**

そのため、AからBCに移転登記、CからFに移転登記、FからBに移転登記という経路をとる必要があります。

問題を解いて確認しよう

甲土地の所有者Aが死亡してB、C及びDが共同相続人である。

1	B及びCがその相続分をDに譲渡した場合には、Dは、D一人を相続人とする相続の登記を申請することができる。〔15-25-ア（令4-21-ウ）〕	○
2	B、C及びDがその相続分を第三者Eに譲渡した場合には、Eは、E一人を相続人とする相続の登記を申請することができる。〔15-25-イ〕	×
3	Aの相続開始後にCが死亡し、Cの相続人FとDがその相続分をBに譲渡した場合には、Bは、B一人を相続人とする相続の登記を申請することができる。〔15-25-エ〕	×
4	B、C及びDの法定相続分がそれぞれ3分の1である場合において、Cがその相続分をBに譲渡したときは、B及びDは、Bの持分を3分の2、Dの持分を3分の1とする相続の登記を申請することができる。〔15-25-オ〕	○

×肢のヒトコト解説

2 第三者名義の相続登記は許されません。

3 Aの相続人でないFが相続分の譲渡をしているため、遡及的な処理ができません。

	相続・遺贈に関する登記申請義務	遺産分割に関する追加申請義務
義務の発生場面	不動産の所有権登記名義人に相続が開始した場合	法定相続登記又は相続人申告申出が行われた後に遺産分割が行われた場合
義務を負うもの	不動産の所有権を以下の事由により取得した相続人 ① 相続 ② 遺贈 ③ 特定財産の承継遺言 ④ 遺産分割	遺産分割により所有権を取得した者
義務の発生日	自己のために相続開始があったことを知り、かつ、不動産の所有権を取得したことを知った日	遺産分割の日

義務の 履行期間	義務の発生から３年間	
義務の 内容	以下のいずれかの登記の申請・申出 ①相続を原因とする所有権移転登記 ②遺贈を原因とする所有権移転登記 ③相続人申告の申出	遺産分割を原因とする所有権移転登記 の申請
違反の 効果	10万円以下の過料（正当事由がある場合を除く）	
適用の 免除	代位登記など、第三者により相続登記が申請された場合	

　相続は登記しなくても対抗できることから、相続があっても登記がされないま
ま放置されやすい状態になり、登記簿を見ても「今の所有者が分からない」とい
う事態が多発することになりました。

　そのため、法改正により**相続等を知ったら、相続登記をする義務を課す**ことに
しました。

　具体的には、相続、遺贈、特定財産の承継遺言、遺産分割により所有権の取得
を知って３年間の間に所定の登記しないと過料を科すことにしています。

　また、法定相続登記をした後に遺産分割をして所有者が変わった場合も同様で、
遺産分割から３年間の間に登記をする義務があります。

父が死亡して、相続になった
相続人がどこにいるんだろう。

甲山太郎

　たとえば、相続が生じたのはわかったのですが、相続人がどこに、何人いるか
分からないという事態になったとします。
　この場合でも、知ってから３年間内の義務が生じます。

この場合は、「**自分は相続人です。**」という申告をすることによって、**義務は免れます。**

（先ほどの表の、相続人申告の申出という部分です。）

登記記録

順位番号	登記の目的	受付年月日	権利者その他の事項	
2	所有権移転	昭和何年何月何日 第何号	原因　　　　昭和何年何月何日売買 所有者　　　（住所省略）	A
付記1号	相続人申告	令和6年何月何日 第何号	原因　　　　　令和6年何月何日申出 相続開始年月日 　　　　　昭和何年何月何日 Aの相続人として申出があった者 　　　　　（住所省略）	B
付記2号	相続人申告	令和8年何月何日 第何号	原因　　　　　令和8年何月何日申出 相続開始年月日 　　　　　昭和何年何月何日 Aの相続人として申出があった者 　　　　　（住所省略）	C

これは、Aが死亡してBが「自分は相続人です」という申告をし、その後Cが「自分が相続人です」という申告をした登記記録です。

これによって、BCは登記する義務を尽くしたことになります。

第2節　民法第958条の2による特別縁故者への財産分与

民法第951条
　相続人のあることが明らかでないときは、相続財産は、法人とする。

甲山太郎が死亡して戸籍を調べたところ、「奥さんはいない、子供もいない、父母は先に死んでいて、兄弟もいない」、相続人が戸籍を見ても分からない状態でした。

相続人がいない可能性が高いのですが、いないとは断言できません。戸籍に載っていないだけかもしれませんし、死後認知がこれから起きるかもしれません。

このように、死亡した方に相続人がいない場合には、2つほど手続が必要になります。

相続人を探すこと、相続財産を管理・清算することです（清算というのは借金を返すとか、遺贈を受けた人がいるなら受遺者に渡す手続です）。

この手続は民法952条で相続財産清算人（家庭裁判所が選びます）が行います。

この相続財産清算人は、代理人として扱われています。

代理人ということは、誰が本人になるのでしょう。

甲山太郎は、死亡して権利能力を失っている為、本人にできません。また相続人を本人にしようとしても、その相続人がいるかどうかが分かりません。

相続財産法人

相続財産清算人

本人

代理人

そこで、**相続財産をひとくくりにして人にして、それを本人にする**ことにしました。

財産を人として扱うのは、気持ち悪く聞こえますが、代理の本人としての地位を認めたいから、人としているのです。

民法という法律によって人にするため、法人という扱いになります。

ちなみに財産を人として扱っているのは、他の制度にもあります。財団法人というのを聞いたことはありませんか？　あれも財産を人にする制度です。このように、財産が人として扱われることは結構あります。

では、財産が法人になった場合、どういった登記簿になるかを見ましょう。

順位番号	登記の目的	受付年月日	権利者その他の事項	
2	所有権移転	（略）	原因 所有者	年月日売買 （住所省略）甲山太郎
付記1号	2番登記名義人 氏名変更	（略）	原因 登記名義人	年月日相続人不存在 亡甲山太郎相続財産

　2番所有権の登記名義人甲山太郎が死んで、しかも、相続人がいるかどうかが分からない状態でした。

　この場合、亡甲山太郎相続財産法人へと名義が変わります。この名義を変更する登記の目的を見てください。**移転ではなく、名前が変わったという扱いにしています。**

　これによる1番の恩恵は、**登録免許税が安くなる**ことです。

　移転にすると1000分の20取られます。これから財産を管理したり、清算したりするため、できるだけ経費を掛けたくありません。そのため、移転という形で登録免許税が高くなるものではなく、名前が変わったという登記で税金が安くなっているのは、大きなメリットです。

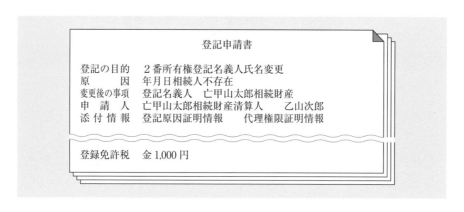

```
　　　　　　　　　　　　　登記申請書

登記の目的　　2番所有権登記名義人氏名変更
原　　　因　　年月日相続人不存在
変更後の事項　登記名義人　亡甲山太郎相続財産
申　請　人　　亡甲山太郎相続財産清算人　　乙山次郎
添付情報　　　登記原因証明情報　　代理権限証明情報


登録免許税　　金1,000円
```

　原因は年月日相続人不存在、「死んだけど相続人がいないから名前が変わった」というニュアンスの表現になっています。

　そして、今までの申請書と違って「変更後の事項」という箇所があります。ここは変更登記で要求される記載で、何がどのように変わったかを明示する箇所です（今回は名前が変わりましたということを書きます）。

次は申請人を見ましょう。この名前が変わったという登記は、**単独申請**になっています。**名前が変わることによって、誰かが不利益を受けることは考えにくい、**不利益を受ける者がいないため単独申請です（申請書には単に「申請人」と記載します）。

次は、添付情報を見ましょう。登記原因証明情報、添付しない例外に当たらないため添付が必要になり、また、この登記は**単独申請ですから公文書が必要になります**。「死んだけど相続人がいない」これが分かる公文書は、戸籍謄本（死亡したので正確には除籍謄本）です。

登記識別情報、印鑑証明書の添付は不要です（単独申請だからです）。また、住所証明情報も添付する要件を満たしていないので不要です。

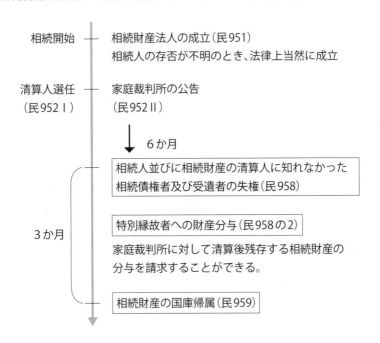

これが全般的な手続の流れです。

被相続人が死亡し、相続財産法人が成立すると遅滞なく清算人が選ばれます。その後公告を出します。

> 官　　報
>
> ○○さんが死んだけど相続人が見当たりません。
> 相続人だと思われる方は申出をしてください。

　こういった相続人公告をします（ここは、6か月行います）。ここまでして相続人が誰もいなかったとしても、まだ国庫には行きません。ここから3か月間、あることができるのです。

> **民法第958条の2（特別縁故者に対する相続財産の分与）**
> 1　前条の場合において、相当と認めるときは、家庭裁判所は、被相続人と生計を同じくしていた者、被相続人の療養看護に努めた者その他被相続人と特別の縁故があった者の請求によって、これらの者に、清算後残存すべき相続財産の全部又は一部を与えることができる。

> 相続人ではないけれど、甲野太郎と縁故があります。彼の財産を私にください。

　上記のような請求をすることができます（例えば、同居をしていた内縁の妻などです）。死んだ人も、国に財産を持っていかれるぐらいだったら、こういった方に財産を承継してもらいたいと思うだろうということから、作られた制度です。

　ただ、特別の縁故が無ければ、こういった請求はできず、裁判所も本当に特別の縁故があるかどうかを調べます。

> 審　　判
>
> 甲土地は、特別縁故がある丙山花子に分与する。

　上記のように、丙山花子が自分に特別縁故があるということを主張して、裁判所に認められ、財産分与を認める旨の審判が出されました。

　その時の申請書を見ましょう。

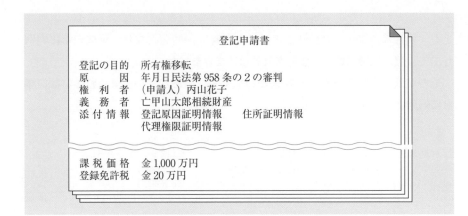

　原因は民法第958条の2の審判と書きます。審判で財産をもらったので、審判という文字を原因に入れるとともに、根拠条文も申請書に記載します。

　そして、この登記は、**判決による登記の仕組み**になっています。審判によって義務者側の意思は擬制している扱いをしているのです。そのため、**義務者の意思の立証書面である登記識別情報と印鑑証明書を省略する**ことになります。

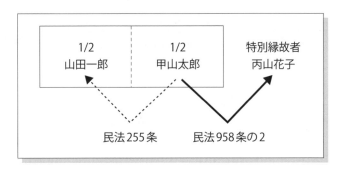

　共有者の1人の甲山太郎が死亡し、相続人がいないという状態です。

　この場合、名前が変わり、特別縁故者がいるのなら、そちらに財産が移ることになります。

　ただ、この状況に該当する条文がもう1つあります。

民法第255条（持分の放棄及び共有者の死亡）
　共有者の一人が、その持分を放棄したとき、又は死亡して相続人がないときは、その持分は、他の共有者に帰属する。

この条文だけ見たら、他の共有者の山田一郎に財産が移ってもおかしくありません。民法958条の2と民法255条の適用範囲が問題となり、**平成元年に判例が出て、民法958条の2が優先されると決まりました。**

その結果、**民法255条は相続人がいなくて、なおかつ特別縁故者もいない場合に適用されます。**

順位番号	登記の目的	受付年月日	権利者その他の事項		
2	所有権移転	（略）	原因 共有者		年月日売買 （住所省略） 持分2分の1　甲山太郎 （住所省略） 2分の1　山田一郎
付記1号	2番登記名義人 氏名変更	（略）	原因 共有者		年月日相続人不存在 甲山太郎登記名義人 亡甲山太郎相続財産
3	亡甲山太郎相続 財産持分全部移 転	（略）	原因 所有者		年月日特別縁故者不存在確定 （住所省略） 持分2分の1　山田一郎

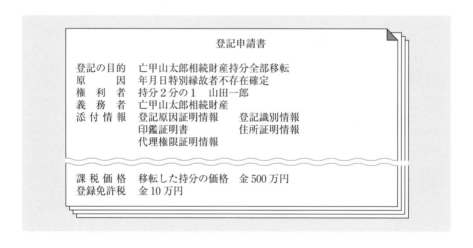

```
                          登記申請書
    登記の目的　亡甲山太郎相続財産持分全部移転
    原　　　因　年月日特別縁故者不存在確定
    権　利　者　持分2分の1　山田一郎
    義　務　者　亡甲山太郎相続財産
    添 付 情 報　登記原因証明情報　　登記識別情報
    　　　　　　　印鑑証明書　　　　　住所証明情報
    　　　　　　　代理権限証明情報


    課 税 価 格　移転した持分の価格　金500万円
    登録免許税　金10万円
```

原因日付に気を付けてください。

特別縁故者の**申立期間満了日の翌日**になるのが通例です。

申請構造は単純な共同申請です。民法255条は審判があったというわけではありませんから、意思擬制も働きません。

添付情報も原則通りの基本形の５セットになります。

登記識別情報には気を付けてください。**登記識別情報は２番付記１号ではなく、2番のものになります。これは、２番付記１号の登記が入っても、登記識別情報は通知されないからです**（この２番付記１号では新たに登記名義人になる者が出ないため、登記識別情報は通知されません）。

問題を解いて確認しよう

1	相続財産が法人とされる場合には、その相続財産に属する不動産については、被相続人からその法人に対する相続を登記原因とする所有権移転の登記をすべきである。〔59-25-5〕	×
2	共同相続人のうち、相続開始後に死亡した者があった場合、その者に相続人がないときは、死亡した相続人に帰属すべき持分は、直ちに他の相続人に帰属するものとして生存相続人のみで相続の登記を申請することができる。〔3-27-4（4-25-2、8-16-イ）〕	×
3	Ｂ及び亡Ａの相続財産法人を所有権の登記名義人とする甲土地について、特別縁故者からの相続財産分与の申立が却下されたときは、却下する審判が確定した日を登記原因の日付として、亡Ａの相続財産法人からＢへの持分の全部移転の登記を申請することができる。〔31-15-エ〕	×
4	相続財産清算人が申請する相続人不存在を登記原因とする所有権の登記名義人の氏名の変更の登記では、相続財産清算人の氏名は登記事項とはならない。〔30-13-エ改題〕	○
5	被相続人Ａが死亡し、Ａに配偶者であるＢと嫡出子であるＣがある場合、Ｂ、Ｃ共に相続を放棄して相続人が存在しなくなったため家庭裁判所が特別縁故者であるＤに対してＡの所有していた特定の不動産を与える審判をしたとき、Ｄは、単独で、Ｄ名義の所有権の移転の登記を申請することができる。〔7-15-ウ〕	○

×肢のヒトコト解説

1　氏名変更登記で行います。

2　もし、死亡したものに特別縁故者がいれば、その人が優先します。

3　原因日付は、却下した翌日になります。

☐ Ａの持分につき、Ａの相続財産法人名義とする所有権の登記名義人の氏名の変更の登記を申請する場合において、Ａの相続財産清算人の選任の審判書の記載によって、当該相続財産清算人の選任が相続人不存在によるものであること及びＡの死亡年月日が明らかであるときは、その添付情報として、Ａの相続を証する戸籍謄本を提供することは要しない（昭39.2.28民甲422号）。

〔27-26-ア〕

★年月日相続人不存在という登記原因（「相続人不存在の場合であること」「被相続人の死亡年月日」）の内容が選任審判書から分かれば、別途、戸籍謄本を要求しないとする先例です。

☐ 甲土地の登記記録に記録されている所有権の登記名義人Ａの住所及び氏名と、死亡時のＡの住所及び氏名とが異なる場合において、亡Ａの相続財産法人名義とする所有権の登記名義人の変更の登記を申請するときは、Ａの住所及び氏名の変更についての登記原因及びその日付を申請情報の内容とすることを要する。

〔31-15-オ〕

★所有権の登記名義人が死亡したが、相続人のあることが明らかでないため、相続人不存在を登記原因とする登記名義人の氏名の変更の登記を申請する場合において、当該所有権の登記名義人の死亡時の氏名及び住所が登記記録上の表示と異なるときは、申請情報に、その氏名及び住所の変更についての登記原因及びその日付を併記することとなります（登研665-165）。

☐ 相続財産全部の包括受遺者のあることが明らかである場合には、相続財産法人は、成立しない（最判平9.9.12）。〔民法30-23-4〕

★遺言書に相続人は存在しなくても、相続財産全部の包括受遺者が存在する場合は、民法951条にいう「相続人のあることが明らかでないとき」には当たりません。

相続人の捜索の公告期間内に相続人としての権利を主張する者がなかった場合において、その後に、相続財産に属する金銭債務の債権者があることが相続財産の清算人に知れたときは、相続財産の清算人は、その債権者に対し、弁済することはできない（民958）。〔民法30-23-3〕

★公告の期間内に権利を主張していないと、本来は権利がある相続債権者であっても、権利行使できないようにしています。

相続人の捜索の公告期間内に相続人としての権利を主張する者がなかった場合において、その後に相続人のあることが明らかになったとしても、その相続人は、権利主張をすることができない（最判昭56.10.30）。〔民法30-23-5〕

★公告期間に相続人であることの申出をしなかった者は、民法958条の規定により相続財産に対して失権することになります。

相続人不存在の場合において、相続財産が国庫に帰属する時期は、特別縁故者に対する相続財産の分与の手続により処分されなかった残余財産を、相続財産清算人において国庫に引き継いだ時である（最判昭50.10.24参照）。

〔民法26-22-オ〕

★特別縁故者に対する相続財産の分与の手続により処分されなかった相続財産は、国庫に帰属する（民959）となっていますが、その帰属時期を明確にした判例です。実際に財産を引き継いだタイミングで、帰属することになります。

相続財産の清算人がその権限内で相続財産を売却した後に相続人のあることが明らかになった場合、相続人は、当該相続財産の買主に対し、その代価を弁償して、その返還を請求することができない。〔民法30-23-2〕

★相続人のあることが明らかになったときでも、不意打ちを防ぐため、相続財産の清算人がその権限内でした行為の効力は変化がないことにしています（民955条但書参照）。

第2編 所有権に関する登記 ◆ 第2章 所有権移転② 包括承継

抵当権を設定した者がその旨の登記がされる前に死亡した場合において、その相続人が存在しないときは、抵当権設定者の死亡前にその旨の仮登記がされていない限り、抵当権者は、相続財産法人に対して抵当権の設定の登記手続を請求することができない（最判平11.1.21）。〔民法22-23-エ〕

★被相続人の死亡時までに対抗要件を具備していると相続財産に優先することが認められます。死亡時までに対抗要件を具備していなければ、たとえ死亡後に設定登記がされたとしても優先権は認められません。このような優先権がない権利について、設定登記をする意味はないでしょう。

第3節 合併

甲山（株）と乙山（株）が合併することになりました。

合併によって、乙山（株）が甲山（株）を飲み込みます（もしくは甲山（株）が乙山（株）に飲まれるといった感じのイメージです）。

その結果、**飲み込まれる甲山（株）という会社は消滅**します。

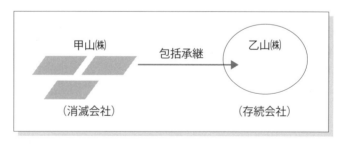

順位番号	登記の目的	受付年月日	権利者その他の事項		
1	所有権保存	（略）	所有者	（住所省略）	甲山株式会社
2	所有権移転	（略）	原因 所有者	令和6年9月1日合併 （住所省略）	乙山株式会社

合併により消滅する甲山（株）の権利義務の全部が、乙山（株）に移転します。つまり**包括承継が起きる**のです。そのため、甲山（株）が不動産物件を持っているのであれば、甲山（株）の不動産物件はすべて乙山（株）に移ることになります。

そのため、なすべき登記は**すべての物件についての移転登記**となります。

ちなみに、この合併の手続をどのように行うか、概略を見ましょう。

> 合併契約書
>
> 甲山株式会社が消滅会社となり、乙山株式会社が存続会社となる吸収合併契約を締結する。
> （1）合併の効力発生日　　　　　　　　　令和6年9月1日

合併と聞くと、嫌がっているのに無理やり飲み込むというイメージがあるかもしれませんが、実際には互いの合意のもとに行っています。そして、その**契約の中で効力発生日をいつにするかを決めてする**合併もあります（もちろん合併の形態によっては、こうならない場合もありますが、それは会社法で説明します）。

この合併契約書を交わした後、様々な会社法の手続をとります。その手続をすべてとった後、最後に甲山（株）を飲み込んだ乙山（株）は、登記所に対して商

業登記の申請をします。

会社法人等番号	○○○○-○○-○○○○○○
商号	乙山株式会社
本店	Ｂ市南町二丁目３番４号
公告をする方法	官報に掲載してする
会社成立年月日	令和５年３月10日
吸収合併	令和６年９月１日東京都千代田区千代田一丁目２番３号 甲山株式会社を合併 令和６年９月１日登記

　会社には会社の戸籍に当たる登記簿があります。**その登記簿に甲山（株）を飲み込んだよ、ということを書くのです**。結婚したら戸籍に書かれるのと同じように、会社を飲み込んだら、うちはあの会社を飲み込んだということを記載します。
　（それが上記の登記簿の「吸収合併」という欄になります。）

　では、この事例で甲山株式会社が不動産物件を持っていた場合の不動産登記の申請書を見ましょう。

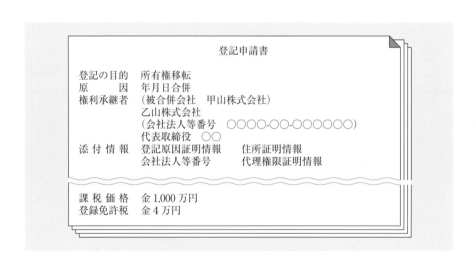

　原因は年月日合併と書きます。どんな合併でも単に合併と書きます。
　そして、**申請構造は、単独申請です（移転登記で、原因が合併となっているた**

めです）。合併も相続も、包括承継という効果が生じる登記は単独申請で行います（申請書の書き方は、相続と似ているのに注目してください）。

次に添付情報を見てみると、登記原因証明情報が必要ですし、**単独申請のため公的書面の必要があります。**

合併が分かる公的書面はなんでしょう。

合併契約書ではなく（これは私文書です）、**乙山（株）の登記事項証明書**です。乙山（株）の登記簿を見れば、どこを飲み込んだか、そしていつ飲み込んだかわかります。そこで登記事項証明書を添付することになります（実際には会社法人等番号を提供することによって事は足りるので、登記事項証明書を添付する事例は稀ですが……）。

住所証明情報、所有権移転ですから必要ですよね。それと会社が申請しているので会社法人等番号が必要です。

最後に登録免許税を見てください。登録免許税は相続に準じて**1000分の4**となっています。

第4節 **遺贈に関する登記**

遺言書

私は、乙山次郎にＡ土地を遺贈する。遺言執行者は北田冬子とする。

令和6年5月21日
甲山太郎

（乙山次郎は相続人でないものとする。）

上記のように遺言書を作って、贈与することを遺贈といいます。そして、遺言者が死亡することによって、効力が生じ、上記の例では所有権が移転することになります。

そのため、登記簿は次のように変化します。

順位番号	登記の目的	受付年月日	権利者その他の事項	
1	所有権保存	（略）	所有者	（住所省略）　甲山太郎
2	所有権移転	（略）	原因　　令和6年9月1日遺贈 所有者　（住所省略）　乙山次郎	

この登記簿を作るための申請書を見ていきます。

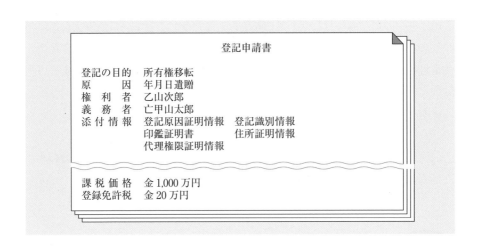

原因日付は、遺言書を書いた日ではなく、遺言者が死んだ日になります。**物権変動自体は遺言書を書いた日に生じるのではなく、死ぬことによって生じるからです。**

申請構造は権利者・義務者の共同申請になります。**移転登記で原因が相続・合併ではないので共同申請です。**

そして、権利者は受遺者の乙山次郎、義務者が遺言者の甲山太郎です。ただ、甲山太郎は死んでいますので、登記手続を行うことはできません。そのため、**義務者の代わりに、遺言執行者が手続をとります。**

ちなみに、**遺言執行者がいない場合は、相続人が手続をとる**ため、下記のような記載になります。

> 義務者　亡甲山太郎相続人　甲山一郎

添付情報は単なる移転登記ということで、基本形の５セットです。ただ具体的な中身が少々複雑です。

遺言書
（検認済みのもの）※

← 遺贈の登記の登記原因証明情報で必須
（報告形式のものは許されない）

まず、**登記原因証明情報として遺言書が必須になります。**

遺言は要式行為であるため、遺言書を必ず作っているはずです。そのため、その遺言書を添付して「要式に従って、遺言をしている」ことを立証させます。

また、この**遺言書は検認済みのものが必要です（※）。**検認という偽造防止策がとられていない遺言は、偽造の恐れがあるため、添付書類としては使用できません。

（※公正証書による遺言及び遺言書保管法に基づく遺言書を除く。）

遺言書＋戸籍で立証

遺言者　　　　　　遺言執行者　　　　　　司法書士

代理権限証明情報として、上記の３者の間の関係を立証する必要があります。

遺言執行者北田冬子の権限を示すために、**遺言書と戸籍謄本**が必要です。遺言執行者として選ばれたということを遺言書で立証し、選ばれても遺言者が死ななければ、遺言執行者にはなりませんので、死亡したということを戸籍謄本で立証するのです。

そして、この遺言執行者から司法書士へ委任した委任状が必要です。

添付書類	遺言執行者の資格を証する書面		
	遺言書	死亡証明書	家庭裁判所の 選任審判書
遺言で指定	○	○	×
家庭裁判所が選任	○	×	○

遺言執行者は家庭裁判所の審判で選ばれる場合もあります（その場合は、選ばれた選任審判書を添付します）。

この場合には、**死亡を立証するための戸籍謄本の添付は不要です。**

家庭裁判所は、選任する前に「死亡しているかどうか」を確認しています。家庭裁判所が死亡したことを確認して選任しているので、今一度登記官が確認することはないのです。

では次に、印鑑証明書は誰のものが必要でしょうか。登記の申請は甲山太郎が本人、遺言執行者が代理人として司法書士に依頼しますので、復代理になっています。復代理であれば真ん中のものが必要になりますので、**遺言執行者の印鑑証明書が要求されます。**

遺贈による移転登記に農地法の許可は必要でしょうか。次の表を見てください。

遺贈の種類	許可の要否
特定遺贈	許可必要 ただし、特定遺贈であっても、相続人を受遺者とする場合は不要である
包括遺贈	許可不要（農地施規3⑤）

農地法の許可の要否、これは覚えてください。**遺贈は単独行為ですが、特定遺贈に関しては農地法の許可が必要**です。売買と同じように考えているようです。

ただ、**もらう人が相続人だったら許可は不要**です。相続が原因で相続人がもらう場合は許可が不要ですが、**これとバランスをとる**ようにしています。

そして、**包括遺贈は相続と扱われるため、農地法の許可は不要**です。

問題を解いて確認しよう

1	Aが「甲土地を長男Bに相続させる。」旨の死亡危急時遺言をして死亡した場合には、Bは、遺言書と家庭裁判所の遺言確認審判書正本を申請書に添付すれば、当該遺言書が家庭裁判所の検認を経ていないものであっても、甲土地についてBへの相続の登記を申請することができる。〔14-23-2（31-13-ウ）〕	×
2	遺贈を原因とする所有権移転の登記の申請を公正証書遺言で定められている遺言執行者がする場合、その代理権限証書には、遺言者の死亡を証する書面を添付することを要しない。〔12-14-オ〕	×
3	遺言執行者が、遺言書を代理権限証書として遺贈の登記の申請をする場合には、遺言者の死亡を証する書面の添付を要するが、遺言執行者が家庭裁判所により選任された場合には、その審判書を添付すれば別途遺言者の死亡を証する書面の添付は要しない。〔5-26-3〕	○

- - - - - ×肢のヒトコト解説 - - - - -

1 検認がされていない書類は使用できません。

2 死亡の立証は必要です。

これで到達！ 合格ゾーン

☐ 登記の申請情報に添付された自筆証書による遺言書の家庭裁判所の検認期日の審問調書に、相続人中の一人が、「遺言書は遺言者の自筆によるものでなく押印は遺言者の使用印ではないと思う。」旨の陳述をした旨の記載があるときは、遺言内容により登記の申請に異議がない旨の当該陳述者の証明書（印鑑証明書付）の添付を要する（平10.11.26民三2275号）。〔27-25-イ〕

★異議を述べた陳述者による、遺言内容に従った登記の申請に異議がない旨の証明書の添付があった場合、審問調書において相続人の陳述はなかったものとして扱われます。

遺言執行者が当該遺言の執行として所有権の移転の登記を申請する場合において、検認済みの遺言書を紛失しているときは、遺言執行者の代理権限を証する情報として、当該遺言書の代わりに家庭裁判所の遺言検認調書謄本を提供することができる（平7.6.1民三3102号）。〔令3-19-イ〕

> ★裁判所で検認手続をすると、その遺言の内容は家庭裁判所に残っています。それを使って登記申請ができることを認めた先例です。

		遺言書の文言	
		相続	遺贈
登記原因	原則	相続	遺贈
	例外	受遺者が相続人以外 →遺贈	相続人全員に対する包括遺贈 →相続

　これは登記原因が何になるかという表です。実は、**遺言書があるからといって、登記原因が必ずしも遺贈になるわけではない**のです。

　基本的には遺言書の言葉で決めます。遺言書に遺贈と書いてあれば、登記原因は遺贈（そのため、共同申請が原則）、遺言書に相続と書いてあれば、登記原因は相続（そのため、単独申請）となります。

　ただ、それぞれ例外があります。まずは遺言書の**文言が相続のケースでも、もらう人が相続人ではない場合は遺贈**となります（そのため、共同申請になります）。これは前述したように**相続人以外に、相続登記をすることがまずい**からです。

　次は遺言書の**文言が遺贈のケースでも、相続人全員に対する包括遺贈の場合は相続になります**（そのため、単独申請になります）。遺言書をご覧ください。

```
            遺言書

  遺言者は、全財産を次の割合で遺贈する。
  A2分の1、B6分の1、C6分の1、D6分の1。
```

　これは、「遺贈」とは書いているのですが、単純に被相続人が、「相続人たちの相続分を指定している」のと変わりません。**単に相続分を決めている状態なので「相続」を登記原因にします。**

　例外が発動する条件、これは意識して覚えてください。「**①相続人全員に対するということ。②包括遺贈ということ**」の2点をチェックしましょう。

```
            遺言書

  私は、乙山次郎にA土地を遺贈する。
```

　遺贈する物を「A土地を」というように特定しているので、これは特定遺贈になるため、上記の例外に当たりません。

　物件を特定していたら特定遺贈です。その部分で引っかかる人が多いので、気を付けてください。

```
         遺言書

  全財産をCに4分の2、Dに4分
  の1、Bに4分の1の割合で遺贈
  する。
```

Aには離婚をした配偶者Bと子C及びDがいる。

　これも例外に当たりません。相続人以外の者が1人混じっているのです（離婚した配偶者はもはや相続人ではありません）。

　そのため、例外ではなく原則通り「遺贈」となります。

問題を解いて確認しよう

<その①>

1 甲不動産の所有者であるAに、相続人の全員である妻Bと嫡出子C及びDがいる場合、「全財産を、B2分の1、C4分の1、D4分の1の割合で遺贈する」旨のAの遺言に基づき、所有権移転の登記を申請する際の登記原因は、相続である。〔オリジナル〕　　　　　　○

2 Aの共同相続人がB及びCである場合において、A所有の甲土地について、Aが「甲土地を配偶者Bに遺贈する。」旨の遺言を残して死亡した場合、当該遺言に基づくBへの所有権移転の登記の登記原因は「相続」となる。〔オリジナル〕　　　　　　×

<その②>

Aは甲土地及び乙土地の所有権登記名義人であり、Aには配偶者B及びAB間の嫡出子Cがおり、Cには子Dがいる。

3 Aが「全財産の3分の1をBに、3分の1をCに、3分の1をDにそれぞれ遺贈する。」旨の遺言を残して死亡した場合、当該遺言に基づき、各土地について遺贈を登記原因とする所有権移転の登記を申請することができる。〔オリジナル〕　　　　　　○

×肢のヒトコト解説

2 「甲土地を」となっているので、特定遺贈です。そのため、例外にあたりません。

遺贈したいけど、借金はキレイにしたい…。

> 遺言書
>
> 不動産を売却し、その売却代金によって乙への負債を清算し、残金を丙に遺贈する。

上記のような遺贈を、清算型遺贈といいます。

「不動産を売って、そのお金で借金を返して、借金を返した上で残金が生じたら、その残金を遺贈してほしい」という遺言です。

遺贈する内容は不動産ではなく、お金であることに注意しましょう。

今回、土地をBさんに売却して、借金を返済したとしましょう。その時の所有者の流れが下記のとおりです（甲の相続人をAとします）。

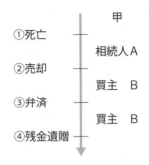

最終的に不動産はBに売り払うことによってB名義になるですが、問題は死んでから売るまで間が空きますよね。ここは誰の所有でしょうか。

甲は所有権を持てないため、一旦は相続人Aに相続させるしかありません。**B名義にする前に、A名義の相続登記が省略できないこと**を意識しておいてください。

問題を解いて確認しよう

1 「遺言執行者は、不動産を売却してその代金より負債を支払い、残額を
 受遺者に分配する」旨の遺言に基づき、遺言執行者が不動産を売却し
 た場合に、買主名義に所有権移転の登記を申請するには、その不動産
 について相続による所有権移転の登記を経なければならない。
 〔オリジナル〕 ○

2 遺言執行者が、遺言に基づき不動産を売却し、買主名義に所有権移転
 の登記を申請するには、前提として相続登記を経なければならない。
 〔オリジナル〕 ○

ここからは、遺言執行者の権限を見ていきます。

　例えば、前記のように、AがBに対し遺贈しました。そして遺言執行者を甲と決めていたとします。

　この時、原因が遺贈であれば、権利者B・義務者Aですが、Aが死んで動けないから、遺言執行者甲が関与して司法書士に任せるという流れになります。

```
原因が遺贈　　権利者　　B
　　　　　　　義務者　　A—遺言執行者甲—司法書士
```

　一方、原因が相続であれば、単独申請になるため、Bだけが申請すればいいですよね。だから遺言執行者を決めていたとしても、遺言執行者が申請に関与する必要がありません。

```
原因が相続　　申請人　　B
```

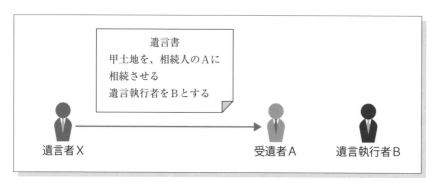

　上記のような遺言書があり、遺言者が死亡した場合、誰が申請してA名義にすればいいのでしょう。

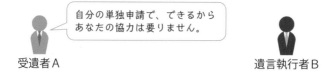

相続が原因での移転登記なので、Aによる単独申請ができます。そのため、**受遺者は遺言執行者の力を借りずに、自己名義にできます。**

受遺者A

いつまでも、登記をしないじゃないですか。
私が、あなた名義にしておきますね。

遺言執行者B

従来は、Aによる単独申請のみを認めていましたが、Aが登記しないという事態が多発しました（相続が原因なので、登記なくして対抗できてしまうからです）。

そこで、先例を変更して、**遺言執行者は、単独で、法定代理人として相続による権利の移転の登記を申請することもできる**としたのです。

結局は、
・受遺者による単独申請
・遺言執行者による単独申請
のどちらも認められています。

右500㎡遺贈（遺言執行者甲）

A　　　　　　　　　　　　　　　B

Aが土地を持っていて、「土地の右側500平方メートルをBに遺贈する。遺言執行者を甲とする」という遺贈をしています。

なすべき登記は1件目が分筆登記、2件目が移転登記です。

遺言執行者が頼まれているのは2件目です。ただ、1件目をしないと、2件目ができません。かといって、Aは死んでいるから申請できませんし、Aの相続人がやってくれるとも思えません。

この場合は、**遺言執行者が1件目もやっていいとしています。1件目をやらないと2件目が通らないので、1件目についても権限を与えたのです。**

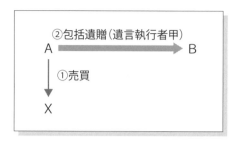

　Aがいろんな財産を持っていて、ある物件をXに売っています。その後に、Aは残った財産を全部Bに遺贈しました。手続は遺言執行者甲に頼んでいました。

　なすべき登記は、1件目がXへの移転登記。2件目がBへの移転登記になります。遺言執行者が頼まれているのは2件目です。

**　1件目を登記しなくても、残った財産の移転はできますよね。そのため、遺言執行者は1件目についての権限を持ちません。**

問題を解いて確認しよう

1	遺言者の財産が生前に売却されていたにもかかわらず、その所有権の移転の登記がされていなかった場合において、その遺言がある特定の者への包括遺贈を内容とするものであったときは、当該遺言の遺言執行者は、買主との共同申請により、所有権の移転の登記の申請をすることができる。〔20-24-ア〕	×
2	相続財産である数筆の土地のうちの一定の面積を指定して遺贈する旨の遺言があった場合には、遺言執行者は、土地の分筆の登記の申請をし、さらに、受遺者に対する所有権の移転の登記の申請をすることができる。〔20-24-ウ〕	○
3	遺言者が甲不動産を相続人A及びBにそれぞれ2分の1ずつ相続させる旨の遺言をし、かつ、遺言執行者を指定した場合、遺言執行者は、A及びBを代理して、A及びBの共有名義にするための所有権の移転の登記の申請をすることができる。〔20-24-オ（令4-20-オ）〕	○
4	甲土地の所有者Aが死亡し、Aの相続人が子B・Cである事例を前提として、Aが「1.甲土地をBに相続させる。2.遺言執行者をDとする。」旨の遺言を残していた場合、Bは、単独で相続を原因とする所有権移転の登記を申請することができ、Dの関与を要しない。〔12-23-ウ〕	○

1 この移転登記をしなくても、遺言執行者の任務はこなせます。そのため、遺言執行者の権限ではありません。

◆ 遺贈登記の申請人（受遺者が相続人以外の場合）◆

遺言執行者の有無	有	受遺者（登記権利者）と 遺言執行者（登記義務者側）の共同申請
	無	受遺者（登記権利者）と 遺言者の相続人全員（登記義務者側）の共同申請

遺贈を原因とする登記は、原則として共同申請で行います。

権利者は遺贈を受ける人（受遺者といいます）、義務者は遺言執行者がいるかどうかで結論が分かれます。

遺言執行者がいれば、**遺言執行者が遺言者の代わりに登記義務者**になり、

遺言執行者がいなければ、**相続人が相続人による登記として申請**します（義務者側の相続なので、相続人全員の関与が必要です）。

ただ、これは受遺者が相続人ではない場合の話です。**受遺者が相続人の場合は、別の申請も認められます**。

	申請構造
相続人に対する遺贈	共同申請・単独申請
相続人以外に対する遺贈	共同申請のみ

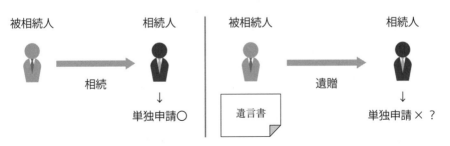

被相続人が死亡して、原因が相続だった場合には、相続人から単独申請ができます。

一方、もし被相続人が遺言書を残していて、**原因が遺贈だった場合には、相続人は遺言執行者と共同申請するしかないというのは、バランスが取れません。**

そこで、**相続人に対する遺贈の場合には、単独申請でも登記ができる**ようにしています。

この結果、相続人に対して遺贈があった場合、

登記原因が相続になる場合も、遺贈になる場合も単独申請をすることができることになります。

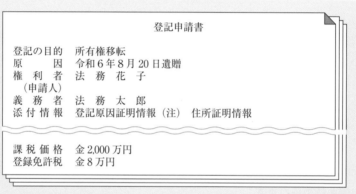

(注) 単独で遺贈による所有権の移転の登記を申請するときは、登記原因証明情報として、次の情報を提供しなければならない（登記令別表30ロ）。

一　相続があったことを証する市町村長その他の公務員が職務上作成した情報（公務員が職務上作成した情報がない場合にあっては、これに代わるべき情報）

二　遺贈（相続人に対する遺贈に限る。）によって所有権を取得したことを証する情報

相続人への遺贈は、相続人による単独申請ですが、申請情報には通常の遺贈の登記と同じように権利者・義務者を記載します。そのうえで、（申請人）と記載して単独申請であることを示しています。

そして、添付情報ですが、**単独申請であるため登記識別情報・印鑑証明書は不要**となります。また、単独申請であるため、登記原因証明情報には相続を立証する公務員が作成した情報（戸籍謄本等）が要求されています。

また、**登録免許税が1000分の20ではなく、1000分の4になっています。被相続人から相続を原因として取得する場合でも、遺贈を原因として取得する場合も同じ税金にしている**と理解しておきましょう。

問題を解いて確認しよう

| 1 | Aには離婚をした配偶者BとBとの間の子C及びDがいる。Aが「甲土地をBに遺贈する。」旨の遺言をして死亡したが、当該遺言につき遺言執行者がいない場合は、Bを登記権利者、Cを登記義務者として、遺贈を原因とする所有権移転の登記を申請することができる。
〔オリジナル〕 | × |

×肢のヒトコト解説

1　受遺者が相続人ではないので、共同申請になります。遺言執行者もいないため相続人CD全員を義務者にする必要があります。

これで到達！ 合格ゾーン

☐ 甲土地の所有権の登記名義人であるAが、公正証書によって、その所有する財産の全部をAの相続人でないBに対して遺贈する旨の遺言をした事例において、Aの生前にBが死亡し、Bの直系卑属であるCがいる場合に、Aが死亡した後、Aの遺言に基づいて甲土地についてCを受遺者とする遺贈による所有権の移転の登記を申請することはできない。〔26-21-イ〕

★遺言者の死亡以前に受遺者が死亡したときは、遺贈は、その効力を生じません（民994Ⅰ）。

☐ Aが、甲土地を相続人でないG、H及びIに遺贈する旨のみを本文とする適式な遺言書を作成していたが、Aの死亡後にG及びHが遺贈の放棄をした場合、Iは、G及びHが作成した遺贈の放棄を証する書面を提供して、AからIへの遺贈を登記原因とする所有権全部の移転の登記を申請することはできない。

〔27-25-オ〕

★遺贈を放棄したときは、受遺者が受けるべきであったものは、相続人に帰属します（民995）。上記の例では、GHが放棄した分は、Aの相続人に帰属することになります。

☐ Aを所有権の登記名義人とする不動産につき、Aを売主、Bを買主とする売買契約が締結された後、その旨の登記を申請する前にAが死亡した場合において、当該売買契約の締結前に、Aが当該不動産をZに遺贈する旨の遺言を残していたときは、Aの相続人全員とZとは、共同してAからZへの所有権の移転の登記を申請することはできない。〔19-14-イ〕

★遺言が遺言後の生前処分その他の法律行為と抵触する場合は、その抵触する部分については撤回したものとみなされます（民1023Ⅱ）。上記の例では、ABの売買により、AからZへの遺贈は撤回扱いになります。

☐ 遺言者AがBに遺贈する旨の遺言がされた不動産について、遺言者AからCに対する所有権移転登記がされ、更に当該所有権移転登記が錯誤を登記原因として抹消された後、Aが死亡した場合には、受遺者Bは、当該遺言による遺贈を登記原因とする所有権の移転の登記を申請することができる（平4.11.25民三6568号参照）。〔22-25-5、26-21-オ〕

★ABの遺贈が、ACの処分で撤回したように見えますが、その後、ACの処分がもともとなかったことにより復活しています。

2周目はここまで押さえよう

「前提として相続登記が必要か」が問われた場合
→ 物権変動の流れを追いかける

```
              ①遺贈
      A  ─────────────→  D       Dへの遺贈の登記の前提として
                      (相続人    BCへの相続登記
②死亡│                ではない)  →不要

   相続人BC
```

　AはDに遺贈する旨の遺言書を記載して、その後死亡しました。ここで、Dへの移転登記をする前に、BCに相続登記をするべきなのでしょうか。

　物権変動の流れを追いかけると
　A　→　BC　→　D　ではありません。
　A　→　D　になります。
　そのため、前提として相続登記は不要なのです。

　このように、「前提として相続登記が必要か」が問われた場合には、物権変動の流れを追いかけることが必要になります。

　もう1つ事例を出しましょう。

```
     ①死亡
  A ─────────→  相続人BC        Cへの持分移転登記の前提として
                →B持分放棄      BCへの相続登記
                              →必要
```

　Aが死亡して、BCが相続した後、Bが持分放棄をしました。
　この場合の物権変動の流れは
　A　→　BC　→　C
となります。そのため、Cへの移転登記の前提として、BCへの相続登記は必要です。

ただ、Ｂが行った行為が相続放棄だったらどうでしょう（相続放棄には遡及効があります）。

　この場合の物権変動の流れは

　　Ａ　→　Ｃ

　となります。そのため、Ｃへの移転登記の前提として、ＢＣへの相続登記は不要となるのです。

　Ａが死亡して、ＢＣが相続したのですが、遺産分割で揉めました。そのため、遺産分割の調停に入ったのですが、この調停で「不動産を売却して、お金で分配する」ことを決めました。

　その売却相手として、Ｄという方が出てきて、その人に無事に売却が終わりました。

　ここで、Ａ名義の不動産をいきなりＤ名義にできるでしょうか。

　Ａが死亡した時点で、相続が起きるため、所有権はＢＣに降りてしまいます。その状態のものをＤが買ったので、物権変動は

　　Ａ　→　ＢＣ　→　Ｄ

　となります。そのため、Ｄへの移転登記の前提として、ＢＣへの相続登記は必要になるのです。

　では、以下の問題を物権変動の流れを追いかけて解いていってください。

✔ <その①>
甲土地の所有権の登記名義人Ａが死亡し、Ｂ及びＣが相続人である。

1 Ｂ及びＣの死亡により、Ｂの相続人Ｄ及びＣの相続人Ｅが甲土地を更に取得した場合におけるＤ及びＥへの各所有権移転登記を申請する場合、その登記を申請する前提としてＢ及びＣの相続の登記を経由することを要する。〔9–22-イ改題〕　○

2 Ｂが持分を放棄した場合におけるＣへの所有権移転登記を申請する場合、その登記を申請する前提としてＢ及びＣの相続の登記を経由することを要する。〔9–22-ウ改題〕　○

3 ＢとＣとの間で、甲土地をＢの寄与分としてＢに取得させる旨の合意が成立した場合におけるＢへの所有権移転登記を申請する場合、その登記を申請する前提としてＢ及びＣの相続の登記を経由することを要する。〔9–22-エ改題〕　×

4 Ａが、甲土地をＤに遺贈していた場合におけるＤへの所有権移転登記を申請する場合、その登記を申請する前提としてＢ及びＣの相続の登記を経由することを要する。〔9–22-オ改題〕　×

<その②>
所有権移転登記の前提として相続登記をすることを要するかを述べよ。

5 家庭裁判所が遺産分割の審判をするため必要があると認めて遺産の任意売却による換価を命じた場合において、その買受人のために所有権移転登記をするとき。〔15-21-2改題〕　要する

6 遺産分割の審判において、審判前の保全処分として選任された財産の管理人が、被相続人名義となっている不動産を、家庭裁判所の許可を得て第三者に売却するとき。〔15-21-5改題〕　要する

□ 限定承認をした共同相続人の一人が民法932条ただし書の規定により鑑定価額弁済をして競売手続を止めた場合において、当該弁済をした相続人以外の相続人から弁済をした相続人に対して持分移転登記をするときは、前提として、共同相続をした上で、「民法第932条ただし書の価額弁済」を登記原因として、持分移転登記を申請する（昭58.6.6民三3316号）。〔15-21-4〕

> ★限定承認も、相続の承認手続であるため、相続財産は相続人に相続されます。そのため、その後の登記をする前提として相続登記が必要になります。

□ 被相続人名義で登記されている不動産に関して、共同相続人の一人の持分について処分禁止の仮処分の登記をするには、その前提として相続登記をしなければならない（昭39.5.14民甲1759号）。〔6-14-4〕

> ★共同相続人から持分を買ったにもかかわらず、移転登記を拒否されている事案です。仮処分は相続人の持分に対して行うため、相続登記が必要です。

□ 甲から買い受けた不動産の所有権移転登記をする前に甲が死亡した場合において、買主が甲の相続人乙に対し処分禁止の仮処分を得たときには、その仮処分決定の債務者の表示及び仮処分の登記の嘱託情報の登記義務者の表示が「甲の相続人乙」となっていれば、相続の登記をしないで、その仮処分の登記をすることができる（昭33.11.14民甲2351号）。〔6-14-3〕

> ★被相続人の甲から生前に買ったにもかかわらず、移転登記を拒否された事案です。当該財産は実体上相続されていないので、相続登記は不要です。

□ 甲から乙へ甲の死亡を始期とする所有権移転の仮登記がされている場合において、その後甲が死亡し、甲の相続人丙が相続した場合、仮登記権利者乙が甲の相続人を本登記義務者として本登記を申請するときは、その前提として必ずしも相続による所有権移転の登記を申請することを要せず、相続を証する情報を提供して、甲の相続人とともに仮登記に基づく本登記を申請することができる（昭38.9.28民甲2660号）。〔26-20-エ〕

> ★物権変動は「甲→丙→乙」という順番なので、本来は「甲→丙」の相続登記の後に、乙の本登記をし、丙の登記は職権抹消されることになります。丙の登記を入れてもすぐに本登記で職権抹消されてしまうことから、申請の手間、登録免許税の軽減のため、省略を認めた先例です。

第3章 所有権保存

所有権保存登記は、できる人が限定されている、単独
申請です。
誰ができるのかは必ず即答できるようにしましょう。

第1節 74条1項　保存

　所有権保存というのは、甲区で最初にされる権利の登記です。甲区1番を作る
登記と思ってください。

　ポイントは、所有権保存登記は**条文に載っている者しか申請できない**ことです。

74条（所有権の保存の登記）
1　所有権の保存の登記は、次に掲げる者以外の者は、申請することができない。
　①　表題部所有者又はその相続人その他の一般承継人
　②　所有権を有することが確定判決によって確認された者
　③　収用（土地収用法（昭和26年法律第219号）その他の法律の規定による収
　　　用をいう。第118条第1項及び第3項から第5項までにおいて同じ。）によっ
　　　て所有権を取得した者

　**いかに真実の所有者であれ、条文に載っている者でなければ、所有権保存登記
の申請はできません。**

　これは、**所有権保存登記が単独申請になることが原因です。**

　（所有権保存登記を入れる時点では、まだ登記簿上に誰もいないので、登記義
務者がいません。そのため、利益を受ける者だけの単独申請になるのです）

　**利益を受ける人間だけの申請は怖いので、真実の所有者かどうかを問わず、と
にかく条文に載っている者だけにやらせようとしたのです。**

　では、実際に誰が登記申請ができるのかを、まずは74条の1項1号から説明
しましょう。

表　題　部（主である建物の表記）	調整	余白		不動産番号	1234567890123
所在図番号	A11－1				
所在	文京区小日向二丁目24番地2		余白		
家屋番号	24番2の1				
所有者	東京都新宿区歌舞伎町一丁目24番2号　　　A				

権利部（甲区）　（所有権に関する事項）			
順位番号	登記の目的	受付年月日・受付番号	権利者その他の事項
1	所有権保存	（略）	所有者　　（住所省略）　A

　表題部は建物を作った段階で登記するものです。この表題部の欄、最後のところに所有者という欄が無いでしょうか。**ここに記載されている者を別名、表題部所有者と呼びます。**

　この表題部所有者というのは、建物を作った段階で入れる、とりあえずの暫定的な所有者です。この段階では対抗力を持ちません。

　この**暫定的な所有者が所有権保存登記をすること**を、74条1項1号が認めています。表題部を作った人なので、所有者の可能性が極めて高いため、所有権保存登記をすることを認めています（ちなみに、保存登記をすると、表題部所有者の情報に意味が無くなるので、下線が引かれます）。

　甲区1番を見てください。「権利者その他の事項」には、今まで「登記原因」が載っていて、「所有者　　○○」と書かれていたのに、この保存登記には原因が載っていません。

　そもそも**原因というのは、前主との取引の跡を表すために書いていたのです。**ただ、所有権保存というのは最初にされる登記なので、前主というものはありえないので、原因を書かないのです。

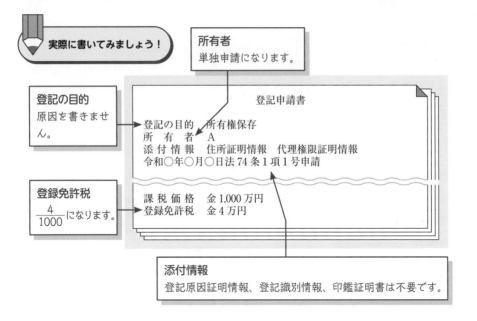

申請書には、登記原因を記載しません。

そして、「所有者」と書いてありますが、**これは単独申請を表しています。**

では添付情報です。保存登記は登記原因証明情報が要りません。登記原因が無いため、それを証明する必要はありません。

また、単独申請なので登記識別情報と印鑑証明書を添付する必要もありません。

そして、所有権保存登記なので、住所証明情報は必要です。

添付情報欄の下に、74条1項1号申請と書いてあるのに気付くでしょうか。

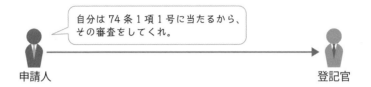

条文に載っている者しか保存登記申請ができないので、自分はそれに該当しているというメッセージを出しているのです。

最後に登録免許税を見てください。登録免許税は定率課税で**1000分の4**です。

建物を新築する場面では**対抗関係になりにくいので、あまり登記の方向に動いてくれません**。そのため、登録免許税を安くしています（相続登記が安いのと同じような理由です）。

下が74条1項1号の1つの事例です。

条文を見てください。74条1項1号では、もう1人保存登記することを認めています。

順位番号	登記の目的	受付年月日	権利者その他の事項		
1	所有権保存	（略）	共有者	（住所省略） 持分2分の1	a
				（住所省略） 2分の1	b

表題部は先ほどと同じものがあったと思ってください。

保存登記は表題部所有者A自身ができるのですが、もし表題部所有者Aが死んでいたら、**このAの相続人がダイレクトに保存登記を入れることができる**のです。それが甲区1番に載っている所有権保存、持分2分の1a、2分の1bという登記です。

物権変動としては「Aに所有権が発生し、Aが死んでabに相続で移転した」という流れです。そのため、本来2回の登記申請が必要です。

ただ、所有権保存自体はもともと対抗関係になりにくい、なおかつ相続による移転はもともと登記なくして対抗できます。こういった状況にも関わらず、「**2回登記しろ、2回税金払え**」ということは期待できません。

こういった理由から、表題部所有者の相続人は、自分名義でダイレクトに保存登記をしていいよとしているのです。

このことから保存登記の考え方が1つ見えてきます。

所有権の保存、初めにされる登記
→　現状が分かればいい
→　過程は厳しく見ない

　所有権保存登記では、過程を省略することが多い登記になっています。これは択一・記述両方で意識すべき考え方です。

実際に書いてみましょう！

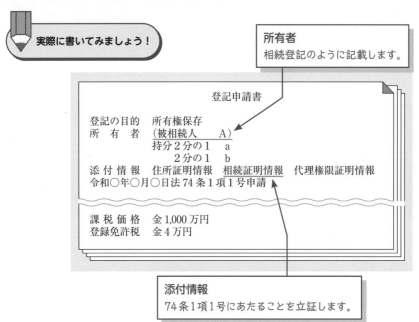

所有者
相続登記のように記載します。

登記申請書

```
登記の目的　所有権保存
所　有　者　（被相続人　　A）
　　　　　　　持分2分の1　a
　　　　　　　　　 2分の1　b
添 付 情 報　住所証明情報　相続証明情報　代理権限証明情報
令和○年○月○日法74条1項1号申請


課 税 価 格　金1,000万円
登録免許税　金4万円
```

添付情報
74条1項1号にあたることを立証します。

　先ほどの申請書と違う点は、申請人の書き方です。ここは相続登記っぽい書き方になっていますね。

　添付情報として、**自分は表題部所有者の相続人であることの立証が必要**です（相続証明情報）。

　これは自分が74条1項1号後段に当たっているという証明をしています。保存登記をする場合は、何条で申請するかを書くだけでなく、自分がその条文に当たっているという立証も必要なのです。

ちなみに74条の１項１号の前段、**表題部所有者自身が申請する場合は立証は要りません。表題部所有者自身が申請していることは、表題部を見れば分かるからです。**

74条１項１号前段による申請以外は、立証が必要だと考えてください。

申請書の書き方は以上です。ここからは、所有権保存登記の論点を見ていきます。

論点①

Aはハウスメーカーだと思ってください。Aが建売の住宅を作り、これをBに売りました。

> 原 則：A表題 → A保存 → B移転

これが過程を忠実に表した姿ですが、このやり方はBに嫌がられます。

移転登記で名義を入れるとなれば登録免許税が1000分の20になります。

また、Bは甲区２番で所有権を取得しますので、ある意味中古物件のような登記簿になってしまいます。

そこで、もう１つB名義にする方法を認めています。

> 例 外：B表題→B保存

表題部をBで作ってしまうのです。そうすれば表題部所有者Bは保存登記をすることが可能になります。これでBの登録免許税は1000分の４だし、所有権保存Bと入るので、Bとしても初代所有者になったと思えるでしょう。

ただ、**この手法はどんな物件でもできるわけではなく、区分建物の保存登記では使えません**（後述します）。

```
A表題  →  B保存  ×
```

いかに**Bが真の所有者であっても、表題部登記をA名義で先に作られてしまえ
ば、Bの保存登記を74条1項1号ではできなくなります**（1項2号・3号、2
項では可能です）。

論点②

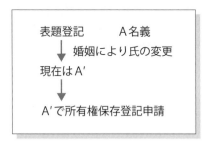

上記のように、「A表題 → A'保存」を認めています。**名前が変わったぐら
いであれば、その名前で保存登記をしても構いません。**
AがBに売った時に「A表題 → B保存」はできませんが、A表題で、Aの
名前が変わったのであれば、「A表題 → A'保存」はOKです。

論点③

Aが死んで相続人がいない場合の話です。この場合は相続財産法人名義に変わ
りますよね。この場合は、所有権の移転ではなく、名前が変わった扱いをしまし
た。**名前が変わったという場合なので、ダイレクトに保存登記をすることができ
ますね。**

1	土地の所有権の表題部に所有者として記録されたAから土地を買い受けたBは、Aが死亡している場合に限り、申請書にAからBへの売買を証する書面を添付してB名義の所有権の保存の登記を申請することができる。〔7-21-ア〕	×
2	所有権の登記のない不動産をその不動産の登記記録中表題部に記録されている所有者から買い受けた者は、自己を登記名義人とする所有権保存の登記を申請することはできない。〔57-19-4〕	○
3	表題部に記録されている所有者が死亡し、その相続人が明らかでない場合において、相続財産清算人は直接相続財産法人名義の保存登記を申請することができる。〔3-26-1〕	○

----- ×肢のヒトコト解説 -----

1　A名義で表題登記がされている状態で、Bに売却した場合は、Aでの保存登記が必要になります。

 2周目はここまで押さえよう

表題部所有者　　　A株式会社（→A合同会社）
　　　　　　　　　　　　　↓
保存登記　　　　　A合同会社

（この部分は、会社法を学習してからの方がスムーズに学べます）
ここまでの論点をまとめると
表題部所有者から移転があった場合は、直接登記×
表題部所有者に名変事由があった場合は、直接登記○
　こういった感じで結論を使い分けることができます。では、上記の図のように、表題部所有者に組織変更があった場合はどうでしょう。

　会社法で学びますが、組織変更は、
　合併のように、別の会社へ権利移転を起こす行為ではなく、
　自分の会社の名前が変わる行為を指します。

つまり、これは名変事由があった場合になるので、直接新しい名前で登記することが認められます。

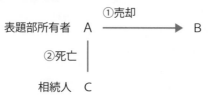

表題部所有者AがBに売却した後に死亡しました。ここで、B名義で保存登記はできませんが、誰名義で保存登記をするのでしょう。

1/2　A名義の所有権保存（74 I ①） 2/2　A→Bへの所有権移転登記	○
C名義の所有権保存登記	×

C名義に保存登記をすることはできません。

たしかに、Cは74条1項1号後段の保存登記の適格を持っていますが、所有権を持ったことがないからです。

一方、A名義で保存登記をすることはできます。確かに今は所有権を持っていませんが、かつて所有権を持っていたのは間違いありません。

不動産登記は、権利変更の「過程」を公示するものであるため、A名義での保存登記が認められるのです。

> ☑ **1** A株式会社が表題部所有者として記録されている所有権の　×
> 登記がない建物について、A株式会社がA合同会社へ組織
> 変更をした場合には、当該組織変更があったことを証する
> 情報を提供しても、「所有者　A合同会社」を申請情報の内
> 容とする所有権の保存の登記を申請することができない。
> 〔29-12-オ〕
>
> **2** 所有権の登記のない不動産について、その表題部所有者で　○
> あるAが死亡する前にAがBに対して当該不動産を売却し
> ていた場合、Aの相続人は、亡Aを登記名義人とする所有
> 権の保存の登記を申請することができる。〔30-20-エ〕

論点④

　表題部所有者ＡＢのうち、登記申請する意思はＡにしかありません。Ａだけの
保存登記をすることができるでしょうか。

表　題　部（主である建物の表示）	調整	余白	不動産番号	1234567890123
所有者	東京都千代田区神田三崎町一丁目１番１号　持分２分の１　　Ａ 東京都千代田区神田三崎町一丁目１番１号　持分２分の１　　Ｂ			

権利部（甲区）　（所有権に関する事項）			
順位番号	登記の目的	受付年月日・受付番号	権利者その他の事項
1	所有権一部保存	（略）	共有者（住所省略）持分２分の１　　Ａ

（左に✕マーク）

　所有権一部保存　持分２分の１でＡ名義だけを作る、これはＮＧです。これを
認めると、**表題部と甲区の両方見ないと現在の所有者が分からない、登記簿が見
づらくなる**からです（公示の明瞭を欠くと評価されます）。

　所有権一部保存はＮＧと押さえてください。

　この場合は、Ａ１人で全員名義の保存登記を申請すればいいのです。Ａ１人で

ＡＢ名義を作る、いわゆる保存行為を認めています。

ここで保存行為ができるかどうかを、まとめてみましょう。

例えば、ＸからＡＢが不動産を買いました。Ａにしか登記申請の意思がありません。

この場合、Ａの持分だけの移転登記ができます。Ａはそれをすればいいので、**Ａ１人でＡＢ名義を作ることを認めていません**。

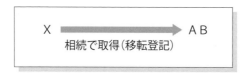

Ｘが死んでＡＢが相続しました。Ａにしか登記申請の意思がありません。

この場合、Ａの持分だけの移転登記ができません。原因が相続なのに所有権一部移転になってしまうからです。そこで、**Ａ１人でＡＢ全員名義の相続登記を認めています**。

ＡＢが揃って家を建築しました。Ａにしか登記申請の意思がありません。

この場合、Ａの持分だけの保存登記ができません。そのため、**Ａ１人でＡＢ全員名義の保存登記を認めています**。

> Aの持分だけの登記ができる場合 → 保存行為×
> Aの持分だけの登記ができない場合 → 保存行為○

上記の観点で覚えておきましょう。

問題を解いて確認しよう

1 表題部に共有者として記録されているAは、自己の持分のみの所有権 の保存登記を申請することができる。〔11-18-エ〕　　×

2 所有権の登記がない建物の表題部所有者の共同相続人の一人は、自己 の持分のみについて、所有権の保存の登記を申請することができる。　　×
〔22-14-ウ〕

（ヒトコト解説）

1 所有権保存登記は、持分のみについてすることはできません。

2 1と同じで、74条1項後段であっても結論は同じです。

論点⑤

- 表題部所有者　　株式会社　A
- （株）Aを（株）B（存続会社）が吸収合併
- →　　B名義で保存登記○

先ほどの条文をもう1回見てください。74条1項1号は「相続人だけ」と限定 していません。

その他**一般承継人**と規定しています。この一般承継人というのは、包括承継人 と思って結構です。**合併の場合も包括承継なので、合併で引き継いだ会社名義で 保存登記ができることになります。**

```
● 表題部所有者　　A
● AがBに対して包括遺贈
→　B名義で保存登記×
```

　包括遺贈の場合、受遺者は相続人扱いされます。**民法上では相続人扱いされますが、保存登記では相続人扱いされません。**

　このように、民法では包括承継人は相続人と同一の権利義務を有すると規定していても、他の法令では相続人扱いしないことがあります。そこは1個1個丹念に覚えるしかありません。

　ここは理由付けを追い詰めても何もいいことはないので、「**不動産登記法では包括遺贈の受遺者は相続人扱いしないことが多いんだな**」というぐらいで押さえてください。

問題を解いて確認しよう

1	表題登記のみがされた法人所有の建物を合併により承継取得した法人は、直接その法人名義で保存登記を申請することができる。〔3-26-5〕	○
2	土地の登記記録の表題部に所有者として記録されたAが財産の全部をBに包括遺贈する旨の遺言をして死亡した場合、Bは、当該土地について、自己の名義で所有権保存登記を申請することができる。 〔13-12-1（26-17-ア、令4-21-イ）〕	×

×肢のヒトコト解説

2　Bは包括遺贈を受けている人です。74条1項の場面では、包括遺贈を受けた人は相続人扱いしません。

論点⑥

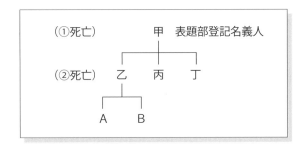

　甲が死んで乙丙丁が相続し、更に乙が死んで、乙をＡＢが相続していて、いわゆる数次相続の状態になっています。

　なすべき登記が所有権の移転登記だった場合、１枚の申請書で行うことができません。１枚で書こうとした場合、原因は、年月日乙丙丁相続年月日相続になるからです。原因に２人以上書かれるときは１枚では申請できませんでした。

　ただ、**なすべき登記が所有権保存登記だった場合、「甲表題→丙丁ＡＢ保存登記」ができます。所有権の保存は登記原因を書かないためです。**

問題を解いて確認しよう

1　登記記録の表題部に所有者として記録されたＡが死亡してＢが相続した後、さらにＢが死亡した場合にＢの相続人であるＣは、Ｃ名義の所有権の保存の登記を申請することができる。〔7-21-イ〕　　○

2　所有権の登記のない土地について、表題部所有者Ａが死亡してＢ及びＣがＡを相続した後、Ｂが死亡してＤ及びＥがＢを相続した場合には、Ｃ、Ｄ及びＥは、Ｃ、Ｄ及びＥを共有名義人とする所有権の保存の登記を申請することができる。〔19-26-オ〕　　○

3　土地の登記記録の表題部にＡ及びＢが共有者として記録されている場合において、Ａの死亡によりＣ及びＤが、さらに、Ｃの死亡によりＥが、Ｄの死亡によりＦが、それぞれ相続人となったときは、Ｂ、Ｅ及びＦは、自らを名義人とする所有権保存登記を申請することができる。　　○
〔15-22-ア（26-17-オ）〕

論点⑦

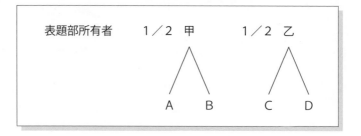

　表題部所有者が甲・乙の共有状態の物件がありました。その後、甲・乙が死亡して、相続人がそれぞれ、ＡＢ・ＣＤでした。

　ここでは、どういった保存登記が許されるのでしょうか。

甲・乙は死亡している。この場合、どのような保存登記が可能か？
甲乙　　　名義の保存登記　→　○
甲ＣＤ　　名義の保存登記　→　○
ＡＢＣＤ名義の保存登記　→　○

　保存登記は、**「今所有者である人」名義だけでなく、「かつて所有者の人」名義も許されています。**

　そのため、

　「甲乙」という、かつて所有者だった人の名義、

　「ＡＢＣＤ」という、今の所有者の名義、

　「甲ＣＤ」という、チャンポンのような名義も許されています。

1 表題部の共有者A・Bが共に死亡し、Aの相続人がC、Bの相続人がDである場合、Cは、C・亡Bの共有名義の所有権の保存登記を申請することができる。〔11-18-オ〕　　○

2 甲建物の表題部所有者であるA及びBが共に死亡している場合、Aの相続人Cは、当該建物について亡A及び亡Bの共有名義とする所有権の保存の登記を申請することはできない。〔オリジナル〕　　×

━━━━　×肢のヒトコト解説　━━━━

2　かつての所有者の名義でも登記することができます。

2周目はここまで押さえよう

　複数人で保存登記をする場合には、申請条項が同じことが要求されます。
　例えば、表題部所有者とその相続人名義で保存登記をする場合には、両方とも74条1項1号と申請条項が同じなため、1枚の申請書で行けます（一括申請できる、ということです）。

```
区分建物

表題部所有者　A ──────→ B　　×　AB保存登記
　　　　　　　　1/2売却　　　　○　A保存登記
```

上の図のような場合
　A　74条1項1号保存
　B　74条2項保存　　となり、申請書に記載する申請条項が異なります。
この場合は、AB名義で保存登記はできないのです（A名義で保存登記をして、後日、Bに一部移転登記することになります）。

☑ 1 敷地権の登記をした建物の登記記録の表題部にAが所有者として記録されている場合において、BがAからその持分2分の1を譲り受けたときは、A及びBは、両名を名義人とする所有権保存登記を申請することができる。
〔15-22-オ（19-26-エ）〕　　×

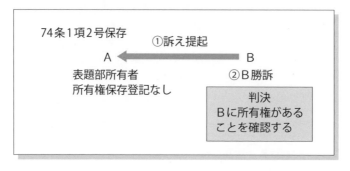

これからやるのは、「Ａ表題→Ｂ保存」ができるケースです。

Ａが表題部所有者ですが、ここでＢが「なんで俺の物件に勝手に表題部作っているんだ。その物件は自分のだ」と主張して、Ａを訴え、Ｂが勝ったのです。

この場合、**表題部所有者はＡですが、判決があればＢ名義で保存登記ができます**。これが74条1項2号です。

ここでのポイントは、判決の内容です。

	63条1項 （判決による登記）	74条1項2号 （判決による保存登記）
判決の種類	登記手続を命ずる 判決のみ	所有権が認められる 判決
「ＢはＡに所有権移転登記手続をせよ」 **給付判決**	○	○
「Ａに所有権があることを確認する」 **確認判決**	×	○
「ＢからＡに所有権を移転する」 **形成判決**	×	○
判決が登記原因 証明情報となるか	なる	ならない
正本の添付	必要	不要
確定証明書	必要	必要

図表を縦に見てください。

63条1項（判決による登記）、これは判決で意思擬制をする場合の話です。これは登記手続を命ずる判決のみしか許されていません。そのため、判決の種類の

中で給付判決しか、認めていません。

　また、判決書正本の添付が必要です。意思擬制をする場合は、格の高い証明情報が要るということです。

　表の右側を見てください。74条1項2号、所有権保存登記を認めるための判決は、63条1項と比べてかなりハードルが低くなっています。

> 所有権さえ認められたのであれば、何でもOK

　だから、**判決の種類も、給付、確認、形成判決を問いませんし、判決書正本の添付も要求しません**。所有権さえ認められればいい、意思擬制をするわけではないので、格の高い証明情報を付ける必要はないのです。

　ただ、判決がひっくり返らない状態にあることの確認が必要なので、**確定証明書は必要です**（条文でも書かれていますので確認をしてください）。

　では次に、どのような申請書になるか見ていきましょう。

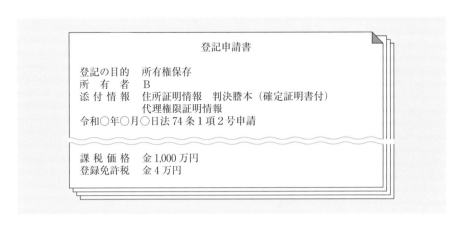

```
　　　　　　　　　　　　　登記申請書

　登記の目的　所有権保存
　所　有　者　　B
　添 付 情 報　住所証明情報　判決謄本（確定証明書付）
　　　　　　　　代理権限証明情報
　令和○年○月○日法74条1項2号申請


　課 税 価 格　金1,000万円
　登録免許税　金4万円
```

　今までの保存登記と違う点が2点あります。まず1つは添付情報のところですが、判決謄本が入っています。これが74条1項2号の立証です。

　もう1つは申請の条文番号が変わっています。74条1項2号申請と書きます。

◆ 法74条１項２号の判決の被告適格＜表題部所有者が複数の場合＞ ◆

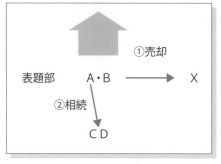

法74条１項２号の規定により自己名義で所有権の保存登記を受けるために申請書に添付すべき判決の適格性（平10.3.20民三552号）	
表題部に所有者として記録されている者全員を被告とするもの	○
表題部に記録されていない者を被告とした判決	×
表題部所有者（共有者）の一部の者を被告とした判決	×

　訴えて所有権を確認できれば、保存登記ができるのですが、誰を相手にした訴訟なら判決登記ができるのでしょうか。

　特に前記のように、表題部所有者が複数いるときに問題があります。

　先例が恐れているのは、

　自分と仲がいいＢだけを相手にして、訴えよう（やらせ訴訟にしよう）。これで、保存登記を申請するぞ

X

こういった事態です。

　そのため、**表題部所有者全員を被告にした判決でなければ、保存登記をすることを認めていません**。

　次は74条１項３号の条文を見てください（試験ではほとんど出ません）。

　Ａ表題があって、この表題の物件をＢが収用で巻き上げた場合、ダイレクトにＢ名義で保存登記ができますとしています。

　収用手続は、厳格な手続の元で行うので、虚偽の可能性は低いことから、所有権保存登記をすることを認めているのです。

1　表題登記のみがされた建物の買主は、売主に対して所有権移転の登記
　　手続を命ずる確定判決を得たときは、直接自己名義の保存登記を申請
　　することができる。〔3-26-2〕　　　　　　　　　　　　　　　　　○

2　土地の登記記録の表題部にＡが所有者として記録されている場合にお
　　いて、Ｂがその土地について「Ａは、Ｂに対し、所有権保存登記をし
　　た上で、所有権移転登記手続をせよ。」との確定判決を得たときは、Ｂ
　　は、自らを名義人とする所有権保存登記を申請することができる。　　○
　　　　　　　　　　　　　　　　　　　　　　　　　　　　　　〔15-22-ウ〕

3　Ｘが、建物の表題部所有者Ａ及びＢから当該建物を買ったが、その旨
　　の登記の申請をする前にＡが死亡し、Ｃ及びＤがＡを相続した場合に
　　は、Ｘは、Ｂ及びＣを被告としてＸが当該建物の所有権を有すること
　　を確認する旨の確定判決に基づき、Ｘを登記名義人とする所有権の保　　×
　　存の登記を申請することができる。〔19-26-イ〕

4　表題部の共有者Ａ・Ｂから甲建物を買い受けたＣは、Ａが死亡してＤ
　　が単独でＡを相続した場合、Ｂ・Ｄに対する所有権確認の判決に基づき、○
　　自己名義の所有権の保存登記を申請することができる。〔11-18-ア〕

───────── ×肢のヒトコト解説 ─────────

3　表題部所有者全員を被告にする判決でなければ、保存登記は認められません。

２周目はここまで押さえよう

法74条１項２号・３号の
保存登記申請

表題登記のない不動産　　所有者　─────────→　登記所

①職権で表題登記
②保存登記を実行

　表題登記がなくても、保存登記の申請は可能です。

　この場合は、登記官が、職権で表題登記を入れたうえで、申請された保存登記を実行します（そのため、表題登記が作れるように、「建物図面・各階平面図」などの表題登記に必要な添付書類をつけることになります）。

　ただ、74条１項１号保存登記は無理です。

　表題部がない登記、つまり、表題部所有者もいない状態で、

　申請人　「自分は表題部所有者（又はその相続人）です。保存登記させてください」

　というのは無理がありますよ。

✓ 1　表題登記がない建物の所有権を収用によって取得した者は、表題登記の申請をすることなく、建物図面及び各階平面図を提供して、直接自己を登記名義人とする所有権の保存の登記を申請することができる。〔22-14-ア〕　　〇

2　表題登記がされていない甲建物について、所有権を有することが確定判決によって確認された者であっても、当該判決に基づいて所有権の保存の登記を申請することはできない。〔オリジナル〕　　×

3　表題登記のない建物について、Aが、当該建物の所有権を有することを確認する旨の確定判決に基づいて、当該建物の表題登記の申請をすることなくAを登記名義人とする所有権の保存の登記の申請をする場合には、当該建物の建物図面及び各階平面図を提供しなければならない。

〔30-20-ウ〕　　〇

□ 表題登記がない土地の所有権を時効によって取得した者は、表題登記の申請をすることなく、土地所在図及び地積測量図を提供して、直接自己を所有権の登記名義人とする所有権の保存の登記を申請することはできない。〔22-14-イ〕

> ★時効取得した人は所有権を取得しますが、所有権保存登記の適格が認められません。そのため、もともとの土地の所有者が保存登記をしたうえで、時効取得者への移転登記をすることになります。

第2節 74条2項 保存

74条（所有権の保存の登記）
2　区分建物にあっては、表題部所有者から所有権を取得した者も、前項の登記を申請することができる。この場合において、当該建物が敷地権付き区分建物であるときは、当該敷地権の登記名義人の承諾を得なければならない。

マンションを新築した場面を想定しています。この場合は、**表題部所有者から所有権を取得した者も保存登記ができます**。

なぜマンションだけはそのようにしているのでしょうか。

Aが作った物件をBが買いました。通常の不動産だったら、「B表題→B保存」をすることになります。

一方、区分建物については、A表題を入れることが絶対になっています。**マンションに関しては、作った人間で表題登記をするように決まっているのです。**

この原則論だけでいうと、B名義にするには、「A表題→A保存→B移転」となり、**Bが名義を取得するには移転登記となるため、登録免許税が1000分の**

20になってしまいます。

これでは買主に酷だろうということで、「A表題→B保存」を一般論として認めたのです。こうすれば登録免許税は1000分の4で済みます。

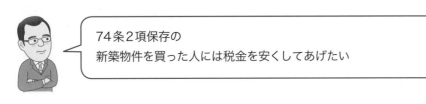

74条2項保存の
新築物件を買った人には税金を安くしてあげたい

B名義の保存登記を認めてあげたいというよりも、上記のように考えると応用が効くでしょう。

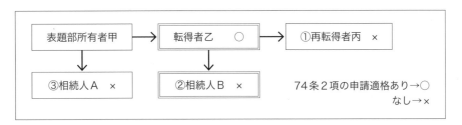

どこまでが74条2項保存登記を認められるかを示した図です。

表題部所有者甲がいて、そこから乙が買いました。この乙はまさに業者から新築物件を買った人ですから、74条2項の申請により1000分の4で保存登記が可能です。

再転得者　丙　×

一方、乙から買った丙がダイレクトに74条2項の保存登記を申請することはできません。**この物件は、乙が買っているので、もはや中古物件になっています。**また条文からも表題部所有者から所有権取得をした者としており、丙は甲から買ったわけではないため、丙名義で保存登記を申請することはできません。

相続人　B　×

もう1つ、表題部所有者甲から乙にいって、そのまま乙の下を見てください。これは甲から乙が買い、乙が死んでBが相続をしたという場合、いきなりB名義で直接保存登記できるかという話なのですが、これもできません。条文上は表題

部所有者から手に入れた者が保存登記できるとしていますので、やはりこのBも、この条件には当てはまりません。

相続人　A　×

　続いて表題部所有者の下を見てください。表題部所有者の相続人Aが74条2項保存ができるのかというと、**条文の文言には当たるのですが、「表題部所有者から買った人の税金を安くしたい」という趣旨には当たらないので、**保存登記を認めません。

　マンションの業者が土地を買って、その上にマンションを建てています。すべての部屋は、マンション業者が持っている状態です。

　ここで、マンションの1部屋102号室をBが買うことになりました。Bが買うべき権利は2つあります。102号室の所有権と土地の権利です。一体処分の原則があるため、土地の権利も買う必要があります。

　では、**土地の権利をどれだけ買う必要があるかというと、これは建物の表題部を見ると分かります。**

【専有部分の登記記録】

表　題　部（専有部分の建物の表示）			
家屋番号	小日向二丁目1番1-102		余白
建物の名称	102		余白
①種類	②構　　造	②床　面　積　　　　㎡	原因及びその日付〔登記の日付〕
居宅	鉄筋コンクリート造1階建	1階部分　　　　85｜00	令和5年12月1日新築〔令和5年12月1日〕
表題部（敷地権の表示）			
①土地の符号	②敷地権の種類	③敷地権の割合	原因及びその日付〔登記の日付〕
1	所有権	2000分の50	令和5年12月1日敷地権〔令和5年12月1日〕
所有者	（住所省略）　　A		

②敷地権の種類　所有権　　　③敷地権の割合　2000分の50

　ここを見ることによって、土地の所有権を2000分の50買う必要があることが分かります。

　では、土地と建物を買った場合、どのような登記が入るのでしょうか。

　建物については甲区が無い状態で表題部所有者から買っているので、直接B名義で保存登記できます。土地に関しては既に登記が入っていますので、保存ではなく移転のはずですが、土地の登記簿を見てください。

【敷地権の対象となっている土地の登記記録】

権利部（甲区）　　（所有権に関する事項）			
順位番号	登記の目的	受付年月日・受付番号	権利者その他の事項
1	所有権保存	（略）	所有者　　（住所省略）　　　X
2	所有権移転	（略）	原因　　　年月日売買 所有者　　（住所省略）　　　A
3	所有権敷地権	余白	（登記事項一部省略） 令和5年12月1日登記

　土地の登記簿の甲区3番には所有権敷地権と入っているのです。**これは土地の登記をもう動かさないという意味なので、もう移転登記はできません。**

　マンションの登記の特徴を思い出してください。

建物で登記をすれば、土地も登記したものと扱います。

そのため、マンションの登記申請は建物の方だけに行うことになります。

では、申請書を見ましょう。

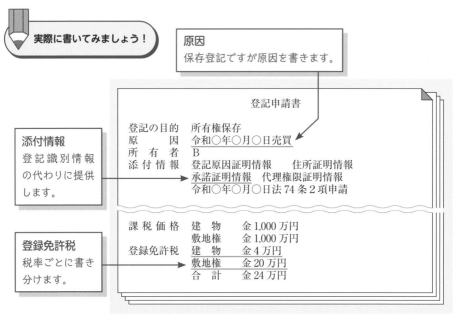

目的には、建物の目的である所有権保存と書きます。

この登記は、建物の保存と土地の移転の2つのことを表しています。そのため、登録免許税は建物と土地の分を払うことになります（建物については保存登記だから1000分の4、土地については移転登記なので1000分の20を取ります）。

そして、**この申請書には原因がある**ことに注目してください。確かに建物は保存登記ですが、土地は移転登記です。**移転登記では原因を記載するため、本事例では原因を記載します。**

原因の後は、所有者Bと記載します。**区分建物であっても、所有権保存登記は単独申請**だということは変わりません。

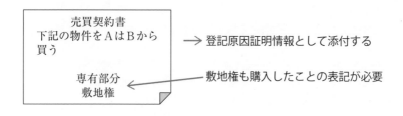

売買契約書
下記の物件をAはBから買う
→ 登記原因証明情報として添付する

専有部分
敷地権
← 敷地権も購入したことの表記が必要

　次に添付情報です。**登記原因証明情報が必要**です。**今回の申請書には登記原因を書くため、その立証が必要になります。**この登記原因証明情報には、専有部分を買ったことだけでなく、**敷地権も買ったことが記載されている必要があります。**一体処分の原則があるため、専有部分だけを買ったら無効になるためです。

　そして承諾証明情報というものが、別個必要となります。これは土地の所有者からもらう書面です。

承諾書

保存登記をして、いいですよ。
A印

この承諾書は、登記識別情報の代わりとして扱われます。

　土地については移転登記です。移転ということは、登記識別情報と印鑑証明書を要求したいところなのですが、保存登記は単独申請のため登記識別情報と印鑑証明書は要求できません。要求はできないけれど、真実性は確保したい。そこで**登記識別情報と印鑑証明書の代わりに、承諾書を書いてほしいとしたのです。**

　実際は、この承諾書に印鑑を押して印鑑証明書まで付けます。だから、事実上は登記識別情報と印鑑証明書を付けているのと変わりません。承諾書を登記識別情報と印鑑証明書の代わりに付けると思ってください。

1　表題部の共有者Ａ・Ｂから直接敷地権付きの甲区分建物を買い受けた　　×
　　Ｃが、同建物をＤに贈与した場合、Ｄは、自己名義の所有権の保存登
　　記を申請することができる。〔11-18-イ（26-17-エ）〕

2　表題部の所有者Ａから直接敷地権付きの甲区分建物を買い受けたＢ・　　×
　　Ｃのうち、Ｂが所有権の保存登記をする前に死亡した場合、その唯一
　　の相続人Ｃは、相続を証する書面を添付して自己名義の所有権の保存
　　登記を申請することができる。〔11-18-ウ〕

3　敷地権の登記をした建物の登記記録の表題部にＡが所有者として記録　　×
　　されている場合において、ＣがＡの相続人Ｂから当該建物を譲り受け
　　たときは、Ｃは、自らを名義人とする所有権保存登記を申請すること
　　ができる。〔15-22-エ（19-26-ア）〕

4　敷地権付き区分建物の所有権を表題部所有者から取得した者が、所有　　×
　　権保存の登記を申請する場合、登記原因証明情報の提供を要しない。
　　　　　　　　　　　　　　　　　　　　　　　　　　　　　〔23-24-イ〕

5　敷地権付き区分建物につき、表題部所有者から所有権を取得した者が　　○
　　所有権の保存の登記を申請する場合、登記原因証明情報には、建物と
　　敷地権である土地の権利とについて同一の処分がされたことが表示さ
　　れていなければならない。〔21-14-イ〕

6　教授：区分建物の表題部所有者から直接所有権を取得した者が所有権　　○
　　　　　保存の登記を申請する場合には、その区分建物が敷地権付き区
　　　　　分建物であるときに限り、登記原因及びその日付の記載を要す
　　　　　るのは、なぜですか。
　　学生：この場合の敷地権付き区分建物の所有権保存の登記は、実質的に
　　　　　は、その敷地権の移転の登記となることから、その移転の登記原
　　　　　因及びその日付を明らかにするという趣旨です。〔16-21-オ〕

───────── ×肢のヒトコト解説 ─────────

1　Ｃは保存登記ができますが、ＣからもらったｌＤは保存登記ができません。

2　表題部所有者から買ったのはＢＣなので、ＢＣ名義で保存登記をすべきです。

3　表題部所有者から所有権を取得していないので、保存登記が認められません。

4　登記原因があるので、登記原因証明情報は必要です。

2周目はここまで押さえよう

表題部所有者　A ——信託——→ B
　　　　　　　　　　　　　　　　　→B名義保存登記○

　表題部所有者が、区分建物についてある人に信託しました。これにより、その区分建物の所有権はBに移転します。
　ここでB名義で保存登記ができるのでしょうか。

　先ほど掲載していた74条2項の条文を見てください。
　所有権を取得したものが保存登記できると規定してあって、
　売買などの取得原因に限定をかけていないのです。

　そのため、上記の図のような信託で所有権を取得した場合でも、直接保存登記をすることが可能なのです。

✓ 1　敷地権の登記をした建物の登記記録の表題部にAが所有者　　○
　　　として記録されている場合において、Aが当該建物を目的
　　　として、Bを受益者、Cを受託者とする信託契約を締結し
　　　たときは、Cは、自らを受託者とする所有権の保存及び信
　　　託の登記を申請することができる。〔15-22-イ〕

　2　Aが表題部所有者として記録されている所有権の登記がな　　○
　　　い敷地権付き区分建物について、当該区分建物及びその敷
　　　地を目的として、Aを委託者、Bを受託者とする信託契約
　　　が締結されたときは、Bは、一の申請情報で、直接自らを
　　　所有者とする所有権の保存及び信託の登記を申請すること
　　　ができる。〔29-12-エ〕

　AがBにお金を貸しています。Bは家を建てたのですが、保存登記をしていません。保存登記をすると、債権者たちにばれてしまい、差押えを受けてしまうからです。

　今回、Aさんがこの家に気付きました。そこでAが競売をかけようと思い、裁判所から開始決定をもらい、差押登記をしていいところまできました。ここで裁判所から法務局に差押登記の嘱託というのがされます（裁判所からの申請を嘱託といいます）。

　問題はこの差押えの登記が、甲区2番に入るということです。甲区2番に入るということは、甲区1番で保存登記が入らなければ、2番で登記できません。

　もし76条2項の条文が無ければ「Bは保存登記をしていない。よって甲区1番が無いから、差押えはできない。競売逃れができる」。この結論はどう見てもおかしいですよね。

　次の図を見てください。

| 1 | 保存登記 | B | ……職権で登記 |
| 2 | 差押え | A | ……嘱託で登記 |

　甲区2番で差押えを入れたいのです。そのために、登記官が職権で甲区1番に保存登記を勝手に入れてしまいます。

　「甲区2番で差押えを入れるために、登記官が勝手に保存登記を入れる」これが職権保存登記と呼ばれるものです。

> **76条（所有権の保存の登記の登記事項等）**
> ２　登記官は、所有権の登記がない不動産について嘱託により所有権の処分の制限の登記をするときは、職権で、所有権の保存の登記をしなければならない。

　処分制限の登記というところがポイントです。処分制限、これは処分権を制限させる行為で、今回の事例では、**差押えが当たります。**

　他にも処分制限をさせるものには、**仮差押えと仮処分があります。**

 ２周目はここまで押さえよう

　　　　　　　　売買契約　　　　　　　　　　　　　　　決定
　Ａ ──────── Ｂ　　　　　　　　　　　　　　ＡはＢに
　　　　　　　仮登記を命じる書面の決定　　　　　　　仮登記せよ
　　　　　　　→職権保存登記 ×

　Ａの不動産をＢに売ったのですが、Ａが協力しません。そこで、Ｂは仮登記を命じる処分をもらったのですが、そもそもこの不動産に表題部がありませんでした。

　この場合、Ｂは仮登記を命じる処分をもらっていますが、職権で保存登記をすることはできません。

　仮登記を命じる処分は、Ａに仮登記を命じるのみであって、Ａの処分権を奪う登記ではないからです（仮処分は処分権を制限しますが、仮登記を命じる処分は処分を制限しません。言葉は似ているのですが使い分けてください）。

　ただ、この事例の場合、ＢはＡに対して登記請求権を持っているので、債権者代位を使って表題登記・保存登記をしたうえで、自分名義の仮登記をします。

☑ 1 所有権の登記のない建物について所有権の移転の仮登記を　　×
命ずる裁判所の処分に基づく仮登記が申請されたときは、
登記官は、職権で所有権の保存の登記をしなければならな
い。〔27-18-イ〕

2 所有権の登記のない建物について所有権の移転の仮登記を　　×
命ずる処分がされた場合には、所有権の保存の登記を申請
することなく、当該処分に基づく所有権の移転の仮登記を
申請することができる。〔19-26-ウ〕

第4章 所有権更正

どういう時に所有権の更正登記ができるのか（もしくは、抹消登記をしなければいけないのか）という点が重要です。
また、利害関係人の判断も頻繁に出題されています。

これは、登記簿を間違えて作ってしまったという場合の登記です。

上記のように、AがBCに売りました。その登記簿が下に載っています。

| 2 | 所有権移転 | 所有者 | A |
| 3 | 所有権移転 | 所有者 | B |

AがBCに売ったのに、3番でB名義になっているのです。この3番の登記は間違っています。

2	所有権移転	所有者	A
3	所有権移転	所有者	B
4	3番所有権抹消	（略）	
5	所有権移転	共有者　持分2分の1 B 2分の1 C	

このような場合、本来は甲区4番で抹消登記を入れて、5番で正しい登記を入れ直すことになります。

登記の回数は 2 回です。登録免許税は 4 番の抹消で 1,000 円。5 番の移転で 1000 分の 20 必要になります。

もう 1 つ方法があります。次の登記を見てください。

2	所有権移転	所有者	A	
3	所有権移転	<u>所有者</u>	<u>B</u>	
付記 1 号	3 番所有権更正	共有者　持分2分の1	B	
		2分の1	C	

3 番付記 1 号所有権更正という付記登記で、持分 2 分の 1 B、持分 2 分の 1 C というように直してしまうこともできます。

登記の回数は 1 回です。また、登録免許税は 3 番付記 1 号の更正 1,000 円で済みます。

間違った場合、抹消して登記をやり直すという方法と、更正登記 1 回で終わらせる方法と 2 つあります。**もちろん優先すべきは更正登記です。**登記の回数が少なくなるし、登録免許税も安くなるので、できるだけ更正登記を選ぶべきです。

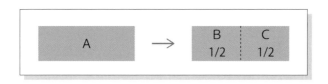

2	所有権移転	所有者	A	
3	<u>所有権移転</u>	<u>所有者</u>	<u>D</u>	
4	3 番所有権抹消	（略）		
5	所有権移転	共有者　持分2分の1	B	
		2分の1	C	

A から B C へ所有権が移転しているのですが、登記簿が 3 番で D 名義になっています。

この場合は 4 番で抹消して 5 番でやり直す、これしかできません。更正登記という方法で、1 回で直すことはできないのです。

更正登記は、**名義の正しい部分が無いとできません。**

本事例、実体はB・C所有なのですが、登記簿はD名義です。一番大切な名義の部分の情報がどこも正しくないため、すべて潰すのです。

一方、前の事例では登記簿自体は確かに間違っています。ですが、Bの名義自体は間違っていないので、現在の登記簿を生かしながら直すのです。

> 名義が一部でも正しければ、
> 現在の登記簿を生かしつつ更正登記
> 名義がすべて間違っていれば、抹消登記をして、やり直す

上記のように処理してください。

「AはBに対し、A名義でなされた相続登記をB名義に更正する登記手続をせよ」との判決がなされた場合においても、A名義をB名義とする判決による更正登記を申請することはできない。

A名義が間違っていて、B名義に直すというのは、判決で命じていてもできません。このように、名義の同一性があるかをしっかりと見るようにしてください。

問題を解いて確認しよう

1	甲、乙、丙の全員が共同相続人であるのに、誤って甲、乙のみを名義人とする相続の登記がされた場合には、丙を登記権利者、甲、乙を登記義務者として、甲、乙、丙の共同相続名義とする更正の登記を申請することができる。〔3-20-3〕	○
2	A名義でされた相続登記のB名義への更正登記手続を命ずる判決がされたときは、Bはこれに基づいて、単独で相続登記の更正登記を申請することができる。〔オリジナル〕	×

┌─────────── ×肢のヒトコト解説 ───────────┐

2 名義に正しいところがどこにもないので、更正登記はできません。抹消登記
をしてから、相続登記をやり直すことになります。

└───────────────────────────────────────┘

2周目はここまで押さえよう

更正登記を2回することはできるでしょうか。

例えば、A名義で登記したのですが、間違っていたことが分かり、AB名
義に更正しました。ただ、やっぱり、A名義でよかったことが分かった場合
には、A名義に戻せます。

一方、A名義で登記したものを、AB名義に更正し、そこからB名義に更
正することはできません。A→ABへの更正は同一性がありますし、AB→
Bへの更正も同一性があるように見えるのですが、結果として

　　A　→　B　へ更正

したことになってしまいます。これを認めてはいけないため、この2度目
の更正登記は認められません。

☑ **1** A名義の不動産について所有権移転の登記がされた後、A 　　　　○
及びBの共有名義の更正の登記がされた場合、更にB名義
とする更正の登記を申請することはできない。
〔24-18-イ改題〕

2 所有権の登記名義人を、AからA及びBとする更正の登記 　　　　×
がされた後、再度、A及びBからAとする更正の登記を申
請することはできない。〔18-12-4〕

これで到達！　合格ゾーン

☐ Ａが単独で所有し、その旨の登記がされている甲建物に、Ｂが増築を施したので、ＡＢ間で甲建物の所有権の一部をＡからＢに移転する旨の合意がされた場合、甲建物の所有権の登記名義人をＡからＡ及びＢとする更正の登記を申請することはできない。〔18-12-3〕

> ★実体と登記が異なった場合は更正登記で直すことになりますが、上記の事例のように登記後の行為で、実体と登記事項に不一致が生じた場合には更正登記はできません（これは移転登記をするべきです）。

☐ 不動産登記法第105条第1号による所有権の移転の仮登記を、同条第2号の所有権の移転請求権の仮登記とする更正の登記を申請することは可能である。
〔18-12-2、24-18-エ〕

> ★原因の更正は原則として認められ、上記の事例のように105条1号仮登記と同条2号仮登記間の更正も認められています（大決大8.5.15）。

☐ 所有権移転請求権の仮登記に基づく本登記の申請手続につき、申請の過誤によって別個の新たな順位番号をもって登記の申請がなされた場合において、当該登記の名義人は仮登記に基づく本登記として、仮登記の余白に移記する更正登記をすることはできない。〔3-20-1〕

> ★仮登記（順位番号3番とします）に基づく所有権移転の本登記である旨を申請情報の内容としなかったため、4番で通常の所有権移転登記がされてしまった場合に、4番の登記を3番の本登記に更正するのはさすがに無理です。登記の形式面が全く異なるためです（昭36.3.31民甲773号）。

☐ Aが死亡し、Aを所有権の登記名義人とする不動産について、AからB及びBからCへの順次相続したことを登記原因として直接Cに対して所有権の移転の登記がされている場合において、Aの相続人がB及びDであることが判明したときは、B及びDに対する所有権の移転の登記とBからCに対する持分の移転の登記に更正する旨の登記の申請をすることはできない（最判平17.12.15）。

〔22-13-ウ〕

★中間が単独相続だったため、1回の「A→C名義」の登記をしていましたが、実際には中間はBDの共同相続でした。共同相続では1回の登記ではできないため、一旦、C名義を抹消したうえで、正しい相続登記を2回行うことになります。

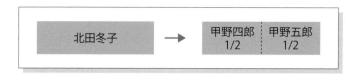

上記のように、甲野四郎・甲野五郎が取得しているのですが、間違った登記をしてしまいました。

順位番号	登記の目的	受付年月日	権利者その他の事項
2	所有権移転	（略）	原因　令和4年8月8日売買 所有者　（住所省略）北田冬子
3	所有権移転	（略）	原因　令和5年9月12日売買 所有者　（住所省略）甲野四郎

登記を間違えていますが、「甲野四郎」名義の部分は正しいので、更正登記で直すことができます。

順位番号	登記の目的	受付年月日	権利者その他の事項
2	所有権移転	（略）	原因　令和4年8月8日売買 所有者　（住所省略）　北田冬子
3	所有権移転	（略）	原因　令和5年9月12日売買 所有者　（住所省略）　甲野四郎
付記1号	3番所有権更正	（略）	原因　錯誤 共有者　（住所省略）持分2分の1　甲野四郎 　　　　（住所省略）　　2分の1　甲野五郎

では、この登記簿を作る申請書を見ましょう。

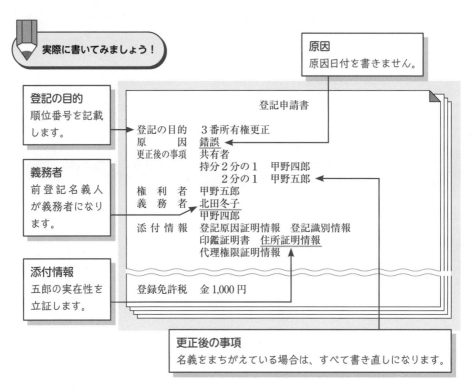

実際に書いてみましょう！

登記の目的
順位番号を記載します。

義務者
前登記名義人が義務者になります。

添付情報
五郎の実在性を立証します。

原因
原因日付を書きません。

登記申請書

登記の目的　　3番所有権更正
原　　　因　　錯誤
更正後の事項　共有者
　　　　　　　持分2分の1　甲野四郎
　　　　　　　　　2分の1　甲野五郎
権　利　者　　甲野五郎
義　務　者　　北田冬子
　　　　　　　甲野四郎
添付情報　　　登記原因証明情報　登記識別情報
　　　　　　　印鑑証明書　住所証明情報
　　　　　　　代理権限証明情報

登録免許税　　金1,000円

更正後の事項
名義をまちがえている場合は、すべて書き直しになります。

目的は3番所有権更正と書きます。3番というように順位番号を入れます。

順位番号を入れないのは、所有権の移転と所有権の保存だけです。 それ以外は、所有権といえども順位番号を入れます。

原因は錯誤と書きます。勘違いだったということを原因に書いているのです。

他の書き方もありますが、錯誤と書けばまず間違いないので、錯誤と書くようにしましょう。

そして原因には年月日を書く必要がありません。誤解をしていたのは登記申請日です。**登記申請日に誤解をしていましたが、その日付は書かなくても分かります。**

その後に、更正後の事項と書いていきます。変更登記だったら、変更後の事項という欄で「ここを直してください」と記載しました。更正登記の場合は、「ここを直してください」というニュアンスで、更正後の事項を書くのです。

この部分は、基本的には間違ったところだけ書けば結構です。次の例を見てください。

状況	更正後の事項
「贈与」を原因とする所有権移転登記をすべきところを、「売買」を原因とする所有権移転登記をしてしまった場合	更正後の事項 原因　　贈与

ただ、名義を間違えた場合は、すべて書き直しになります。**一番重要な名義を間違えた場合は、住所から名義人を全部書き直す**必要があります。

今回の事例は名義人を間違えたので、住所から名義人をすべて書き直すことになります。

次は、申請人です。

この登記は共同申請となり、権利者は名義取得をする甲野五郎、義務者は名義を失う甲野四郎と北田冬子です。北田冬子は、前の所有者の方です。

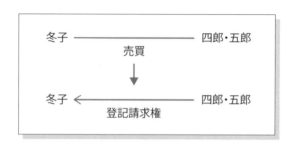

北田冬子と甲野四郎・甲野五郎で売買契約をしていました。そのため、甲野四

郎・甲野五郎は北田冬子に対して登記請求権を持ちます。これは北田冬子から見れば、甲野四郎と甲野五郎に対して、登記義務を負っていたことになります。

そして登記簿には、甲野四郎名義のみが作られています。つまり、この北田冬子は甲野五郎に対する登記義務をまだ履行していないのです。

そのため、**北田冬子を申請の義務者にして、その登記義務を改めて履行してもらうことにしたのです。**

Point

権利者：更正登記によって利益を受ける人
義務者：更正登記によって不利益を受ける人＋前登記名義人

基本的には、義務者に前登記名義人が入ると思ってください。

ただ、例外がいくつかあります。**相続登記や所有権保存登記**を直す場合です。これらを直す場合に、前の登記名義人は登記義務自体負っていません。

どちらも単独申請であるため、**前の所有者は手続に関与していません。**そのため、この２つは基本的には、前登記名義人は義務者にならない、それ以外は前登記名義人が義務者として関与すると覚えておいてください。

申請書の方に戻りまして、添付書類を見てください。登記原因証明情報、添付不要の例外に当たらないので必要です。

登記識別情報、共同申請だから義務者のものが必要です。

そして、その義務者は北田冬子と甲野四郎の２人なので、それぞれの登記識別情報が必要になります。

義務者の甲野四郎と北田冬子は所有権の登記名義人です。所有権登記名義人が義務者になっているので、それぞれの印鑑証明書も必要になります。

住所証明情報ですが、今回の申請によって**甲野五郎という新たな登記名義人が登場するので、甲野五郎のものが必要**になります。

またこれ以外にも、場合によっては、利害関係人の承諾書が必要になる場合があります。これは後でまとめて説明します。

そして、登録免許税は、不動産1個につき1,000円となるのが基本です。ただ、1,000円では済まない事例もあります。

順位番号	登記の目的	受付年月日	権利者その他の事項
2	所有権移転	（略）	原因　年月日売買 所有者　（住所省略）　北田冬子
3 付記1号	所有権一部移転 3番所有権更正	（略） （略）	共有者　（住所省略）　持分2分の1　甲野四郎 原因　錯誤 目的　所有権移転 所有者　（住所省略）　甲野四郎

本当は全部移転しているのに、一部移転と登記してしまったので、更正登記を入れて全部移転に書き換えている登記簿です。

3番付記1号の登記が、1,000円で済んだら持分2分の1の分を払わなくて済んでしまいます。**本事例の場合は、差額分の登録免許税として、移転する持分に対して1000分の20とられます。**

問題を解いて確認しよう

1	甲及び乙名義の所有権保存の登記（持分各2分の1）について、甲及び丙持分各2分の1とする更正の登記を申請する場合、登記義務者は甲及び乙である。〔元-16-4〕	×
2	被相続人Aから子B及び子Cへの相続を原因とする所有権の移転の登記がされたが、相続人となることができない欠格事由がCにあった場合において、CにAの直系卑属である子Dがいるときは、Dを登記権利者、Cを登記義務者として、登記名義人をB及びDとする所有権の更正の登記を申請することができる。〔19-13-ア〕	○
3	甲・乙・丙の全員が共同相続人であるのに、誤って甲・乙のみを名義人とする相続の登記がなされた場合には、丙を登記権利者、甲・乙を登記義務者として、甲・乙・丙の共同相続名義とする更正の登記を申請することができる。〔3-20-3〕	○

×肢のヒトコト解説

1　甲の権利は減っていませんので、甲は義務者になりません。

では次にどんな人が利害関係人になるかを見ましょう。次に考え方を載せました。

更正登記　→　一部消滅
　　　　　→　上にある権利は消える

抵当権 ──→ 四郎 ←── 地上権

　四郎単有名義の不動産があり、ここには抵当権、更に地上権も設定されています。

　ただ、その後、四郎単有ではなく、四郎・五郎の共有だったことが判明しました。

四郎：悪い、勝手に抵当権と地上権を付けちゃった。まあいいだろう？

五郎：何を勝手にやっているんだ‼

　この抵当権・地上権、五郎が納得できるわけはありません。結局、権利関係は下記のようになります。

抵当権 ──→ 四郎　1/2
　　　　　　五郎　1/2　　　地上権（×）

四郎単有から四郎・五郎共有にする場合というのは、四郎持分2分の1が抹消されると思ってください。四郎持分2分の1が抹消されるので、四郎が付けた権利は吹き飛びます。

　四郎が付けた抵当権は持分2分の1は吹き飛び、抵当権は四郎の残った持分2分の1にしか残りません。抵当権の範囲を勝手に半分にすると抵当権者が怒りますので、抵当権者の承諾が必要になります。

次に、地上権ですが、抵当権と同じように、四郎持分2分の1に地上権が付く状態になるのではないかと思うところですが、これはNGです。**地上権は持分に設定することができないからです。**

　そのため、結局、**地上権は完全に消滅する**ことになります。地上権の抹消を勝手にやっては、地上権者が怒りますので、地上権者の承諾が必要になります。

　四郎持分2分の1、五郎持分2分の1と登記をしていたのですが、実は四郎が全部持っている物件だったことが発覚し、更正登記をすることになりました。

　この場合、**五郎持分2分の1が消える**という発想です。だから五郎が付けた権利は吹き飛びます。五郎に付けた抵当権は消え、抵当権は、四郎持分2分の1にしか残らなくなります。この抵当権者は不利益を受けますので、利害関係人になります。

　一方、地上権はすべて残ります。

　もともと地上権者は四郎・五郎と地上権の契約をしていたのです。**四郎も契約に関与していて、四郎はこの物件を使う気が無かった**のです。

　更正後、四郎単独所有になったとしても、使う気が無いのは変わりません。そのため、この場合は四郎の意思を考えて、この地上権は完全に残るとしています。結果的に地上権者は不利益を受けないので、利害関係人にはなりません。

地上権 → 更正後の共有者の意思で考える

　地上権に関しては、更正後の共有者の意思で考えてください。四郎から四郎・五郎へと更正するケースでは、もともと地上権は四郎が付けた地上権です。四郎は使う気がありませんでしたが、五郎はこの契約に関与していません。

　この五郎が関与していない地上権が付いた状態は、五郎の意思に反しますので、更正登記が入ると地上権は消滅します。

　更正後の名義人が、その地上権を設定していたかどうかという観点で見るようにしてください。

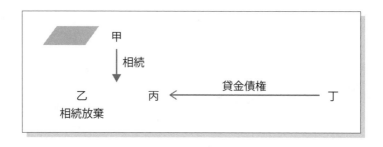

　最後に特殊な利害関係人を紹介します。

　登記名義人の甲が死んで、相続人が乙・丙という事例です。丁は丙にお金を貸していました。丁としては何とか強制執行して回収したいなと思っていたら、甲が死亡して、乙・丙が相続で財産を承継しました。ただ、乙丙は相続登記をしていません。

　相続登記なんかしたら、丁がその持分を差押えに来るのを分かっていたからです。

　そこで頭にきた丁が、債権者代位という手法をとりました。債権者代位というのは、債権者であれば、債務者の権利を代わりに行使することができるというものです。

　債務者の丙は1人で乙丙名義の相続登記が作れますよね。そこで、債権者の丁

が、この丙の立場を乗っ取って、乙丙名義の相続登記を勝手に作ってしまったのです。

順位番号	登記の目的	受付年月日	権利者その他の事項		
2	所有権移転	（略）	原因 所有者	年月日売買 （住所省略）　　　甲	
3	所有権移転	（略）	原因 共有者 代位者 代位原因	年月日相続 （住所省略）持分2分の1　　乙 （住所省略）　　2分の1　　丙 （住所省略）　　　　　　　　丁 年月日金銭消費貸借の強制執行	

　上の登記簿の3番が、債権者が勝手に作った登記です（代位で登記を入れたことが、登記簿の下の2行で分かります）。

　この後、乙が相続放棄をしていたことが発覚しました。乙の相続放棄を気付けずに、丁が乙丙名義で相続登記していたのです。相続放棄には遡及効があります。初めから丙単有だったことになるので、この3番は間違っていた登記になります。

　この3番を更正する登記を申請するのですが、この場合は登記を作った丁の承諾が必要です。

　丁としては一見すると不利益が無いように見えます。ですが、**自分が作った登記を勝手に変えられてしまうというのはまずいだろう**ということで、丁に対し「君が作った登記、ちょっと直させてもらいますよ」と言って承諾をもらうことにしています（おそらく今回の丁は承諾してくれるでしょうね）。

　債権者が作った登記を勝手に直す場合は、作った債権者のＯＫが要るのだと思ってください。

問題を解いて確認しよう

1 共有名義の不動産につき、抵当権設定の登記がされている場合、共有 者の持分のみの更正の登記の申請書には、抵当権の登記名義人の承諾 書を添付することを要する。〔2-19-5〕 　×

2 土地の所有権の登記名義人をＡの単有名義からＡ及びＢの共有名義と する更正の登記が申請された場合において、当該土地にＣを登記名義 人とする地上権の設定の登記がされているときは、登記官は、職権で 当該地上権の登記を抹消しなければならない。〔27-18-ア〕 　○

×肢のヒトコト解説

1 持分のみの更正では、全体の抵当権者は利害関係人になりません。

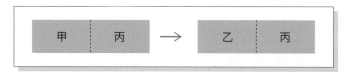

```
甲 | 丙  →  乙 | 丙
```

　実体は甲丙共有の状態から、乙丙共有と変わっています。登記簿を見てみまし ょう。

順位番号	登記の目的	受付年月日	権利者その他の事項	
1	所有権保存	（略）	所有者	（住所省略）　甲
2	所有権移転	（略）	原因　　　年月日売買 所有者　　（住所省略）　乙	

　１番から間違っています。そして２番も間違っています。

　現在の所有者が乙丙で、登記簿上が乙であれば更正登記ができそうです。では、 次のような更正登記をしたらどうなるでしょう。

順位番号	登記の目的	受付年月日	権利者その他の事項		
1	所有権保存	（略）	所有者	（住所省略）	甲
2	所有権移転	（略）	原因　　年月日売買 所有者　（住所省略）　乙		
付記1号	2番所有権更正	（略）	原因　　　錯誤 共有者（住所省略）持分2分の1　乙 　　（住所省略）　　2分の1　丙		

　この更正登記はＮＧです。これをやると**現状は正しくなりますが、過程がおか
しくなります。**あたかも甲から乙丙に移転があったかのように見えるのです。

　結局は1番も間違っているので、1番も直す必要があります。それが下の登記
簿です。

順位番号	登記の目的	受付年月日	権利者その他の事項		
1	所有権保存	（略）	所有者　（住所省略）　甲		
付記1号	1番所有権更正	（略）	原因　　錯誤 共有者　（住所省略）　持分2分の1　甲 　　　　（住所省略）　　　2分の1　丙		
2	所有権移転	（略）	原因　　年月日売買 所有者　（住所省略）　乙		
付記1号	2番所有権更正	（略）	原因　　錯誤 目的　　甲持分全部移転 共有者　（住所省略）　持分2分の1　乙		

　このように1番も2番も直す必要があります。論点の1つ目は**2つ直さなけれ
ばいけない**ということです。

　2つ目は直す順番です。まず**2番を直して、次に1番を直す。**この順番で行う
必要があります。

> 現に効力を有しているところしか、登記はいじれない。

　現状の登記簿で効力を有している部分は2番です。そのため、どうやっても2
番から修正するしかないのです。

　2番を修正して、2番に移ったのが持分2分の1だという公示にします。これにより、1番に名義が戻るから、これでやっと1番が直せるようになるのです。

問題を解いて確認しよう

1　AからBに対する売買、さらにBからCに対する売買を登記原因とする所有権の移転の登記がそれぞれされた後、Bの所有権の取得に係る登記原因に誤りがあることが判明した場合には、Bの所有権の更正の登記の申請をすることができる。〔22-13-ア〕	×

ヒトコト解説

1　現に効力がある登記はC名義なので、いきなりB名義をいじることはできません。

◆ 更正登記と抹消登記の判断　登記原因の更正の可否 ◆

更正登記できる	できない
①「売買」を原因とする所有権移転登記の原因を「贈与」に更正する登記申請（昭33.4.28民甲786号） ②登記原因を「遺贈」とする所有権移転の登記の登記原因を「相続」とする更正の登記を申請すること（昭41.6.24民甲1792号）	①「信託」を原因として委託者甲から受託者乙名義に所有権移転登記が経由されている不動産につき、錯誤を原因として「信託」を「売買」と、「受託者」を「所有者」とする更正登記申請（登記研究483-157） ②AからBに対する「代物弁済」や「贈与」を原因とする所有権移転の登記について、その登記原因を「共有物分割」とする更正の登記を申請すること

　登記原因を間違えた場合、更正登記ができるかをまとめた表です。

　原則として、登記原因を間違えた場合には更正登記が可能です。そのため、更正登記ができない2つの例を覚えてしまいましょう。

①「信託」→「売買」にする更正登記　×

　信託登記を学ぶとわかるのですが、

　信託を行うと、形式上所有権移転が起きますが、実質は預けている状態です。

　一方、売買契約は、形式も実質も所有権移転です。

やっている行為があまりにも違いすぎるため、信託から売買にする更正登記を認めていないものと考えましょう。

②単有状態で、「贈与」→「共有物分割」にする更正登記　×

現在　A　→　B　へ贈与を原因で登記されていました。この原因を「共有物分割」と更正することはできるでしょうか。

これが認められれば、下記のような登記になります。

1	所有権保存	A
2	所有権移転	原因　贈与 B
付記1号	2番所有権更正	原因　共有物分割

つまり、A→Bへ「共有状態だったのが、共有物分割しました」という登記になります。

これは、オカシイです。**単独所有の状態から、共有物分割が認められないので、**上記のような更正登記が認められていないのです。

問題を解いて確認しよう

1　「遺贈」を登記原因とするAへの所有権移転の登記をした不動産について、当該登記原因を「相続」とする所有権更正の登記を申請することはできない。〔オリジナル〕　　×

2　信託を原因として、委託者Aから受託者B名義に所有権移転登記がされている場合に、錯誤を原因として登記原因を売買とする更正の登記の申請をすることができる。〔6-23-ウ〕　　×

3　AからBに対する贈与を原因とする所有権の移転の登記について、その登記原因を共有物分割とする更正の登記を申請することができる。〔17-20-イ〕　　×

ヒトコト解説

1 原因の更正は、原則認められています。

2 信託からの更正は認められていません。

3 単独所有状態なので、「共有物分割」への更正が認められていません。

第5章 所有権抹消

抹消登記は、誰が申請するのかという点と、どういった順番で抹消登記をするのかがポイントです。
そして、所有権保存登記を抹消する場面の登記は特に出題実績が高いところなので要注意です。

　所有権を抹消する場面は2つあります。1つは所有権の**移転が効力を失った場合**で、もう1つは登記が**間違っていて同一性が全くない場合**です。

　移転が効力を失うというのは、例えば物件を売って名義を移したのだけど、その売買契約を解除したような場合です。この解除によって、移転の効力が無くなるため、抹消登記をすることになります。

順位番号	登記の目的	受付年月日	権利者その他の事項
1	所有権保存	（略）	所有者　（住所省略）　甲野一郎
2	所有権移転	（略）	原因　　令和○年○月○日売買 所有者　（住所省略）　乙野二郎
3	2番所有権抹消	（略）	原因　　錯誤

　上記のように登記した後で、「乙野二郎は、この物件を買ったわけではなかったのに、この物件に登記してしまった」ことが発覚しました。

　実体が甲野一郎、登記名義が乙野二郎ということで名義の同一性が全くもってありません。したがってなすべき登記は更正ではなく、抹消となります。

　登記簿を見ると、3番で抹消するよと宣言して、初めて2番に下線が引かれています。**もしこの3番が無く、いきなり2番だけ下線が引かれていたら、2番がいつ消えたのかが分からなくなります。**そこで、3番で2番の登記を抹消しますよと宣言して、受付年月日を登記します。それによって2番がいつ消されたのかが分かるのです。

　ここで、3番の登記を作った後に登記識別情報は通知されるでしょうか。

　3番の登記をした結果、新たな登記名義人は3番に現れていません。確かに名義自体は1番の甲野一郎に戻りますが、3番は「所有者　住所　誰々」という登記にはなりません。そのため、**登記識別情報は通知されない**のです（甲野一郎は1番でもらった登記識別情報をこれからも使うことになります）。

　では、この3番の登記を作る申請書を見ていきましょう。

実際に書いてみましょう！

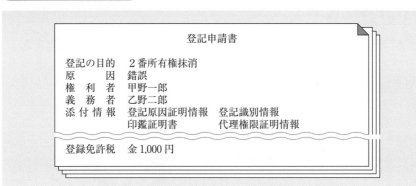

登記申請書

登記の目的　　2番所有権抹消
原　　　因　　錯誤
権　利　者　　甲野一郎
義　務　者　　乙野二郎
添 付 情 報　　登記原因証明情報　　登記識別情報
　　　　　　　　印鑑証明書　　　　　　代理権限証明情報

登録免許税　　金 1,000 円

　目的は2番所有権抹消。**順位番号を書かないのは移転や保存ぐらいで、それ以外の登記では順位番号を書きます。**

　原因は間違った場合と、移転が効力を失った場合で違います。間違った場合だったら「錯誤」と記載します。一方、移転が効力を失った場合は、その移転の効力が無くなった理由を書いていきます。「年月日解除」や「年月日合意解除」「年月日取消」というように、法律行為が無くなった原因と日付を入れるのです。

　ここで合意解除ができるか、できないかについての先例がありますので覚えておいてください。

売買による所有権移転登記がされた後に、売主が死亡し、その**相続人**甲と買主乙との間でその売買契約が**合意解除**された場合には、甲及び乙は、その所有権移転の登記の抹消を申請することができる。

合意解除の合意をするのは売主・買主です。その売主・買主が死んでいるのであれば、その相続人たちが合意をすればいいのです。

強制競売による所有権移転の登記につき、前所有者及び現所有者である競落人は、**合意解除**を登記原因として、その抹消を申請することができない。

競売をすると、抵当権が全部消えるとか、今いる人を追い出すとか、いろんな人に影響を与えます。そのいろんな影響を与えた結果を「私人同士で合意解除して無かったことにする」これは認めてはいけないでしょう。**余りにも他人に対する影響が大きいので**、競売については合意解除を認めていません。

👆**Point**

抹消登記の申請構造

原則　共同申請

例外　所有権保存登記の抹消　→　単独申請

申請人を見てください。権利者・義務者の共同申請、これが基本です。権利者は名義を回復する甲野一郎で、義務者は名義を失う乙野二郎です。

共同申請が原則なのですが、例外があります。次の登記を見てください。

順位番号	登記の目的	受付年月日	権利者その他の事項
1	所有権保存	（略）	所有者（住所省略）　　　　　　A

保存登記をしたのですが、この保存登記が間違っていたという場合です。

共同申請構造の考えからすると、義務者は名義を失うＡだと分かるのですが、問題は権利者です。**名義を回復する人が誰もいないのです。**そのため**「所有権保存登記を抹消する」**登記は単独申請となります。

添付情報についてはルール通りということで構いません。

ただ、ルール通りでは判断できない場合があります。それが「所有権保存登記の抹消」です。

第２編　所有権に関する登記　◆　第５章　所有権抹消

登記申請書

登記の目的　　１番所有権抹消
原　　　因　　錯誤
申　請　人　　Ａ
添 付 情 報　　登記原因証明情報　　　　登記識別情報
　　　　　　　印鑑証明書　　　　　　　代理権限証明情報

登記識別情報と印鑑証明書が必要なのです。

登記識別情報と印鑑証明書は共同申請で要求されるものです。この保存登記を抹消する登記は登記名義人Ａからの単独申請です。単独申請なのですが、登記識別情報と印鑑証明書が必要なのです。いろいろな理由付けがありますが、次の理屈で覚えてください。

名義人からの単独申請
→　名義人が来ていることを登記識別情報と印鑑証明書で確認する。

所有権保存登記の抹消は登記名義人からしかできません。登記名義人以外の者が抹消するのを認めるわけにはいきません。**登記名義人が来ていることを確認するために、登記名義人しか持ち得ない登記識別情報と印鑑証明書でダブルチェックをする**ということなのです。

登録免許税は不動産1個1,000円です。不動産1個1,000円ですから、2個の不動産を1枚の申請書で抹消する場合は2,000円となります。

　抹消登記の論点の1つに登記上の利害関係人があります。登記上の利害関係人は「変更・更正・抹消・抹消回復・所有権に関する仮登記の本登記」で必要ですので、利害関係人がいれば、その人の承諾書が必要になります。
　では誰が利害関係人になるかを考えていきましょう。

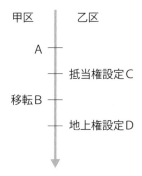

　「移転B」の部分の抹消登記をして、A名義に戻す登記をするとします。この場合「移転B」を抹消すると、そこに付けた権利は吹き飛びます。
　更正登記の利害関係人のところで「更正登記は一部抹消だから、その上に乗っている権利も消されますよ」という説明をしました。
　抹消登記は、一部どころかB名義のすべてを抹消するので、**B名義に乗っている権利は一緒に吹き飛ばされるのです。**

　では、Bが付けた権利はどれでしょう。
　Bが付けた権利はDの地上権だけです。抵当権はBが付けたものではありません。
　そのため、B名義の抹消によって一緒に吹き飛ぶのはDの地上権のみです。そして、**Dが知らない間に抹消するわけにはいかないので、Dの承諾書を抹消登記の際に添付する必要があります。**

甲区	1	所有権保存	A
乙区	1	抵当権設定	B

このA・B名義を2つとも消したい場合、2つの方法があります。

パターン①　　1件目「乙区1番　抵当権抹消」申請
　　　　　　　　　2件目「甲区1番　所有権抹消」申請

この場合は、申請が2回になります。

パターン②　　1件目「甲区1番　所有権抹消」申請
　　　　　　　→　乙区1番は、職権で抹消する

　甲区1番をダイレクトに抹消申請する。このときAが付けた抵当権は吹き飛ばされることになり、職権で抹消されるため、Bの承諾書を付けるというのがパターン②の方法です。

　試験的にパターン①と②でどちらがいいかというと、パターン②です。**申請件数は少なければ少ないほどいいので、申請件数が少ないパターンを選んで解答すべき**です。

甲区	1	所有権保存	A
	2	所有権移転	B
	3	所有権移転	C

　A名義に戻したいという場合、どういう登記申請が必要でしょうか。

パターン①	1件目「甲区3番　抹消」申請
	2件目「甲区2番　抹消」申請

パターン②	1件目「甲区2番　抹消」申請
	→ 甲区3番を、職権で抹消する

　この2つを考えるかもしれませんが、**パターン②はできません。登記は現に効力があるところしか修正できない。現に生きている名義しか修正できないからです**。現に生きている名義は甲区の3番なので、甲区3番しか修正できないのです。**現に生きている名義はどこなのかを意識する**ようにしてください。

問題を解いて確認しよう

1	AからBへの売買を登記原因とする所有権の移転の登記がされた後にAが死亡した場合において、Aの相続人とBとの間でその売買契約を解除する旨の合意をしたときは、Aの相続人とBは、合意解除を登記原因として、当該所有権の移転の登記の抹消を申請することができる。〔26-18-エ〕	○
2	「強制競売による売却」を登記原因としてAからBへ所有権移転の登記がされている場合、A及びBは、「合意解除」を登記原因とする当該所有権移転の登記の抹消を申請することができる。〔2-16-1改題〕	×
3	A名義の所有権の保存の登記がされた後、Bを抵当権者とする抵当権の設定の登記がされている場合には、Aは、抵当権の登記を抹消した上でなければ所有権の保存の登記の抹消を申請することができない。〔7-21-オ〕	×
4	AからBに対する売買、さらにBからCに対する売買を登記原因とする所有権の移転の登記がそれぞれされた後、Bの所有権の取得に係る登記原因に誤りがあることが判明した場合には、Bの所有権の更正の登記の申請をすることができる。〔22-13-ア〕	×
5	所有権保存登記の抹消の申請書には、当該保存登記の後に通知された登記識別情報を記載した書面を添付することを要しない。〔14-24-ア（3-23-3）〕	×

╭─────────── ✕肢のヒトコト解説 ───────────╮

2 強制競売という公権力による行為を、当事者の合意で覆すことは許されません。

3 所有権保存登記の抹消申請のみ（Bの承諾書を添付する）をすることも可能です。

4 Bの登記は現に効力を有していないので、Bの登記を更正することはできません。

5 名義人が来ていることを確認するため、登記識別情報と印鑑証明書の添付が要求されます。

╰────────────────────────────────────╯

 ## 2周目はここまで押さえよう

→ 表題部　‥
　1　所有権保存A
→ 2　1番抹消
　→　登記記録は閉鎖される（原則）

　通常、抹消登記をすれば、名義は前の人に戻るのですが、所有権保存登記を抹消した場合は前の名義人はいません。

　また、所有権保存が間違っていたということは、表題部所有者も間違っていたことになります。そのため、**所有権保存登記を抹消した場合は、登記簿は閉鎖する**のが原則です。

　ただ、所有権保存が74条1項1号後段で表題部の相続人名義でされていた場合は話は変わります。この場合で、所有権保存登記を抹消した場合には、所有権保存登記をした人が所有者でなかったことになりますが、表題部所有者まで所有権を否定されることにはなりません。

　この場合は、**登記記録は閉鎖せず、表題部所有者の表示を回復する**ことになります。

　（この理屈は、74条2項保存登記が抹消された場合も同じです。）

☑ 1	表題部に記録されている所有者の証明書によりその者から所有権を取得したことを証する者の申請によりされた所有権保存の登記を、錯誤により抹消した場合には、その登記記録を閉鎖することなく、表題部の所有者の記録を回復する。〔4-17-2（27-21-オ）〕	○
2	Aが表題部所有者として記録されている建物について、Aの相続人Bを登記名義人とする所有権の保存の登記がされた場合において、その後に錯誤を登記原因として所有権の保存の登記が抹消されたときは、登記官は、当該建物の登記記録を閉鎖しなければならない。〔令3-20-イ〕	×

これで到達！ 合格ゾーン

□ 競売による売却を原因としてAからBへの所有権の移転の登記がされている場合には、BはAに対し当該所有権の移転の登記について競落無効を原因とする抹消登記手続をする旨の記載のあるAとBとの和解調書の正本を添付して、Aが、単独で当該所有権の移転の登記の抹消の申請をすることができる(昭37.10.26民甲3099号)。〔令3-20-ア〕

★競売という公的行為を当事者の意思で覆すことはできません。ただ、この事例は和解調書という裁判所が関与した書類があり、信用性が高いため抹消を認めました。

□ AからB、BからCへと順次所有権の移転の登記がされている甲土地について、いずれの登記原因も無効である場合、まず、BC間の所有権移転登記の抹消を申請し、次いで、AB間の所有権移転登記の抹消を申請することを要する（昭51.10.15民三5415号)。〔27-20-オ〕

★いきなりB名義の抹消をすることはできません。現に効力がある登記はC名義なので、ここから順々に抹消する必要があります（巻き戻し抹消と言われる手法です)。

所有権の移転の登記の後にされた仮差押えの債権者だけでなく、債権者代位により当該所有権の移転の登記を申請した債権者も、当該所有権の移転の登記を抹消する登記の申請について、登記上の利害関係を有する第三者に該当する（昭30.12.20民甲2693号、大決大9.10.13）。〔令2-14-エ〕

★代位登記で作った登記を抹消する場合には、代位者の承諾が必要という先例です。作った人のOKがいると覚えておきましょう（更正登記でも同じような先例がありました）。

第6章 買戻し

> この買戻特約は、威力が強すぎるため、要件を厳格に
> しています。その要件の暗記と修正した部分を理解し
> ましょう。
> また、買戻権行使の場面では、①誰が権利行使をして、
> ②どういった登記が要るのかを押さえることを心がけ
> ましょう。

第1節 買戻特約

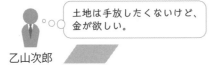

土地は手放したくないけど、
金が欲しい。

乙山次郎　　　　　　　　　　　　　　　　　甲山太郎（買主）

　乙山次郎は土地を持っています。ただ、お金に困ったため、持っている土地を
売ることを考えましたが、この不動産も気に入っているのです。

売却するけど、将来買い戻させてくれないか。

その条件でいいですよ。

乙山次郎　　　　　　　　　　　　　　　　　甲山太郎（買主）

　この場合、上記のように「とりあえず売って2,000万円欲しい。ただ後々にお
金が入る予定があるから、その時に買い戻させてくれ」という申込みができます。

売買契約　＋　買戻特約

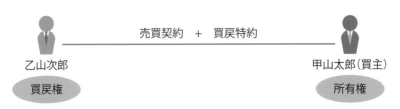

乙山次郎　　　　　　　　　　　　　　　　　甲山太郎（買主）

買戻権　　　　　　　　　　　　　　　　　　所有権

これに応じて相手が承諾すれば、売買契約と買戻特約の2つ契約が成立することになります。それにより、甲山は所有権を取得し、乙山は将来買い戻せる権利、買戻権を取得します。このときの登記記録は、下記のようになります。

順位番号	登記の目的	受付年月日	権利者その他の事項	
2	所有権移転	（略）	原因 所有者	令和6年4月5日売買 （住所省略）　乙山次郎
3	所有権移転	令和6年5月25日第2900号	原因 所有者	令和6年5月25日売買 （住所省略）　甲山太郎
付記1号	買戻特約	令和6年5月25日第2900号	原因 売買代金 契約費用 期間 買戻権者	令和6年5月25日特約 金2,000万円 金100万円 令和6年5月25日から10年間 （住所省略）　乙山次郎

3番で甲山太郎に所有権が移転し、付記1号で乙山次郎が買い戻せる状態にあることが公示されます。

付記1号の中身を細かく見ていくと「売買代金　契約費用」というのがあります。この売買代金というのはもらったお金、契約費用というのは売買にかかった経費（印紙代等）です。

買い戻す時は、この**売買代金だけでなく、契約費用の両方を払う必要**があります。つまり、ここに載っている数字は、買い戻すために必要な費用だと思ってください。

次に「期間」というのがあります。これはいつまで買い戻せるかという期間のことで、最長で10年です。決めなくても構いません（決めない場合は5年内に買い戻す必要があります）。

最後に、登記簿には買戻権者として住所が入って名前が載ります。だから、買戻権者に対しても、**買戻権の登記識別情報が出る**ことになります。

このように、買戻権ということ自体が登記されます。登記されるのは、もちろん将来買い戻せることを公示したいというのもあるのですが、実はそれ以上に、**非常に危険な状態であることを知らせたい**からなのです。

2	所有権移転	所有者	乙山次郎
3	所有権移転	所有者	甲山太郎
付記1号	買戻特約	買戻権者	乙山次郎

「この後権利を付けたり買ったりしても、全部吹き飛ばすぞ」
「この物件に抵当権を付けたとしても、抵当権を吹き飛ばした状態で買い戻すよ」

この買戻特約というのは爆弾、この後何かやっても**全部吹っ飛ばす爆弾**だと思ってください。こういった爆弾があることは、登記簿に載せて警告すべきなので、買戻特約を登記することにしています。

では、この登記簿を作る申請書を見ていきましょう。

申請書を見る前に、現在の登記簿の順位番号3番と付記1号の受付番号を見てください。全く同じになっています。

こういうのを**同時申請**といいます。

3番を作る申請書と付記1号を作る申請書の2枚を作る必要があり、そして、この2枚は同時に出すことが要求されています。

そして、**同時申請の場合、この2枚は同時に審査する**ことになります。

	登記申請書
登記の目的	所有権移転
原　　　因	令和6年5月25日売買
権　利　者	甲山太郎
義　務　者	乙山次郎
添付情報	登記原因証明情報
	登記識別情報
	印鑑証明書
	住所証明情報
	代理権限証明情報
課税価格	金1,000万円
登録免許税	金20万円

	登記申請書
登記の目的	買戻特約
原　　　因	令和6年5月25日特約
売買代金	金2,000万円
契約費用	金100万円
期　　間	令和○年○月○日から
	○年間
権　利　者	乙山次郎
義　務　者	甲山太郎
添付情報	登記原因証明情報
	代理権限証明情報
登録免許税	金1,000円

左側の申請書は、単純な所有権移転の申請書、右側の申請書が今回のメインテーマの申請書です。

　目的は「買戻特約」と記載します（「買戻権設定」ではありません）。

　次に登記事項の3つを見ましょう。

　まず、売買代金についてですが、ここには、基本的には払った金額を書きます。

　「3,000万円で買いたいのだけど、代金を一度に払えないから、3回に分けて払いたい」という内容にしています。こういった場合を、分割払いと呼びます。

売買代金	支払済代金	金1,000万円
	総代金	金3,000万円

　登記簿上にはトータルの金額を入れた上で、現実に払った金額を併記するようになっています。後に分割払いの2回目が来たら「支払済代金　2,000万円」と変更登記をします。

　では、ここまでの記載方法をまとめましょう。

事例	記載方法
（原則）買主が現実に支払った額を記載	「売買代金　金何円」
分割支払の場合	「売買代金 　支払済代金　金何円 　総代金　　　金何円」
当事者の別段の合意で定めた金額を返済する場合	「合意金額　金何円」

図表の一番下について補足します。

買戻しのときに支払う金額については、売買代金（売買の時に払った金銭）に限らず「売買で1,000万円払ったけど、○○万円払えば買い戻していいよ」と合意することもできます。

この場合、**登記簿には「合意金額　○○円」と記載されます。**

事例	記載方法
（原則）買主が現実に支払った額を記載	契約費用　金何円
契約費用を返還不要とした場合	契約費用　返還不要
契約費用がない場合	契約費用　なし

次は契約費用の表現です。2つほどイレギュラーパターンがあります。

1つは、契約費用はあるけど払わなくていいよという場合です。この場合は、「契約費用　返還不要」と書きます。

もう1つは、そもそも契約費用なんてものが無いという場合です。その場合は、「契約費用　なし」と書きます。

事例	記載方法
10年を超える買戻期間を定めた場合	10年に引き直して記載できる。
買戻期間を定めなかった場合	記載不要

買戻期間は、10年が上限となっています。もし、35年と決めていた場合には、10年と引き直して申請することになります。

そして、**買戻期間を決めなかった場合は書く必要がありません。**

先ほどの契約費用と比較してみてください。契約費用は必ず書くことが要求されていますが、買戻期間は記載すること自体が不要になります（期間を決めなかった場合には、5年となりますが、それを記載する必要はありません）。

このように登記事項には**「必ず書きなさい」**というパターンと**「特約がある場合だけ書きなさい」**というパターンの2つがあるのです。

```
                    登記申請書
  登記の目的   買戻特約
  原    因   令和6年5月25日特約
  売買代金    金2,000万円
  契約費用    金100万円
  期    間   令和○年○月○日から
            ○年間
  権 利 者   乙山次郎
  義 務 者   甲山太郎
  添付情報    登記原因証明情報
            代理権限証明情報
```

　申請書に戻ります。申請構造は権利者・義務者の共同申請になります。権利者は買戻権という権利を持つ乙山次郎、義務者は買戻権という負担を受ける甲山太郎となります。

　共同申請ですが添付情報が今までと何か違っています（やけに少なくありませんか）。**登記識別情報と印鑑証明書が無い**のです。

　この理由は、同時申請という点にあります。同時申請をした場合、2枚の申請は同時に審査されます。つまり、**2番まで登記された登記簿の状態で、所有権移転と、買戻特約の登記の2つの登記を同時に審査をする**のです。

　今、甲山太郎の名義は入っていますか？

　登記審査の際には、買戻特約の義務者である甲山太郎の名義が入っていません。つまり**彼は登記識別情報を持っていない**のです。

　また、2番までしか登記されていない状態では、**甲山太郎は所有権登記名義人ではない**ので、印鑑証明書も要らないことになります。

　このように同時申請であるため、添付書類が今までと比べて格段に減ることになるのです。

付記登記で実行される登記
→　金1,000円になり「やすい」

買戻特約は付記登記で登記されています。

実は付記登記でされるものは、1,000円になりやすいのです。

この公式、応用がききますので覚えておきましょう（実行後の登記簿を想像することによって、税金が予測できるようになります）。

問題を解いて確認しよう

1	教授：次に、AとBの間で、買戻期間を15年と定めた場合、申請情報の内容とする買戻期間はどのようになりますか。 学生：買戻期間は10年を超えることができないので、買戻期間の定めのないものとして登記を申請します。〔オリジナル〕	×

ヒトコト解説

1 　10年以上が無効になるので、10年として登記をします。

これで到達！ 合格ゾーン

☐ 買戻しの特約において、売買代金のほか、これに対する利息を併せて返還すべき旨を定めた場合は、売買代金及び利息の額を合算した金額を売買代金として、買戻しの特約の登記を申請することはできない（昭35.8.1民甲1934号参照）。
〔元-18-4（17-15-ウ）〕

★買戻しの特約における売買代金とは、現実に買主が支払った売買代金を指すため、支払っていない金額を組み込んで記載することはできません。

☐ 買戻しの期間を「売買代金の支払期間が、10年を超えるときは売買契約締結の日の翌日から起算して10年間、5年内のときは売買契約締結の日の翌日から起算して5年間、5年間を超え10年に満たないときは売買代金支払の完了まで」とする買戻しの特約の登記は、申請することができない（昭34.1.27民甲126号）。〔17-15-エ〕

★登記できない理由は、「何を言っているのか分からない」ためです（この事例に限らず、分かりづらく公示に適さない内容は登記させない傾向があります）。

```
A ─────────────────────▶ B
        ○  売買＋買戻特約
        ×  贈与＋買戻特約
        ×  譲渡担保＋買戻特約
```

「AがBに売り払うけど、買戻しさせてくれ」これはOKです。

「贈与するけど、買戻しさせてくれ」 贈与するのに買い戻すって日本語として変ですよね。

「AがBに譲渡担保するけど、買戻しさせてくれ」これも日本語がおかしいです。

 覚えましょう

買戻特約の登記をする場合の要件
①不動産の**売買契約**による買戻特約であること（民579）

ここから、買戻特約の要件が分かります。「売買契約」の必要がある、ということです。

```
地上権A ─────────────────▶ B
        ○  売買＋買戻特約
```

「地上権を売るけど、買戻しさせてくれ」これはありです。

不動産の売買であればいいので、所有権以外の権利でも、不動産の権利であれば買戻しはできます。

 覚えましょう

買戻特約の登記をする場合の要件
②所有権等の移転等の登記の申請と**同時**にする場合であること

買戻特約は危険な爆弾です。**こんな危険な爆弾は同時にセットする場合しか認めません。**

所有権移転の時点で登記をしないで、後になって買戻特約を登記することは、周りに大迷惑をかけるので禁止しています。

順位番号	登記の目的	受付年月日	権利者その他の事項
2	所有権移転	（略）	原因　　令和6年4月5日売買 所有者　（住所省略）　　　　A
3	所有権移転仮登記	（略）	原因　　令和6年5月25日売買 権利者　（住所省略）　　　　B
	余白	余白	余白

この同時申請という要件、仮登記だと話は変わります。

3番で入れた移転登記が仮登記だった場合、このタイミングでは買戻特約の付記登記を入れても、入れなくてもいいのです。

では、次の登記簿を見てください。

順位番号	登記の目的	受付年月日	権利者その他の事項
2	所有権移転	（略）	原因　　令和6年4月5日売買 所有者　（住所省略）　　　　A
3	所有権移転仮登記	（略）	原因　　令和6年5月25日売買 権利者　（住所省略）　　　　B
	所有権移転	（略）	原因　　令和6年5月25日売買 所有者　（住所省略）　　　　B
付記1号	買戻特約	（略）	（登記事項一部省略） 買戻権者　（住所省略）　　　A

仮登記が本登記になるタイミング、穴埋めをするタイミングになったら、この危険な爆弾をセットする必要があります。

結局は対抗力が無い時点では、同時にセットする必要は無いが、対抗力が備わるようになったら、同時セットの必要があると思ってください。

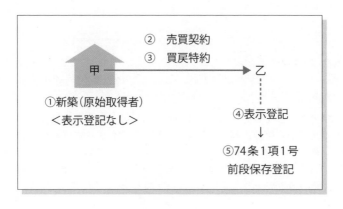

甲が家を建て乙に売りました。まだ表題登記がありません。この場合、乙名義にする最短の方法は、「乙名義で表題登記を作り、乙名義で保存登記をする」でした。

乙がやる登記は保存登記で、移転登記ではありません。

ですが、**保存登記と同時に、買戻特約を付けることはできます**。売買契約と同時に特約をしているので、買戻特約の要件はクリアしているからです。

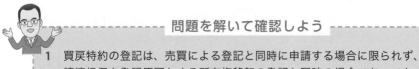

問題を解いて確認しよう

1	買戻特約の登記は、売買による登記と同時に申請する場合に限られず、譲渡担保を登記原因とする所有権移転の登記と同時の場合であっても申請することができる。〔オリジナル〕	×
2	既登記の永小作権を売買により取得した場合のその永小作権を目的として、永小作権移転の登記と同時にする買戻特約の登記をすることはできない。〔10-15-イ改題〕	×
3	買戻特約が売買契約と同時にされている場合は、売買による所有権移転登記をした後でも、買戻特約の登記を申請することができる。〔13-15-ウ〕	×
4	AがBの新築建物を買戻しの特約付きで買い受け、Aを表題部所有者とする当該建物の表題登記がされた場合には、Aの所有権の保存の登記の申請と同時に、Bのための買戻しの特約の登記の申請をすることができる。〔17-15-イ〕	○
5	買戻しの特約の仮登記の申請は、所有権移転の仮登記の申請と同時にすることを要しない。〔元-18-5（17-15-ア、24-22-イ）〕	○

6 所有権の移転の仮登記に付記してされた買戻しの特約の仮登記に基づき買戻しの特約の本登記を申請するときは、当該所有権の移転の仮登記に基づく本登記の申請と同時にしなければならない。〔19-24-イ〕	○
7 乙建物の所有権を目的として、売買代金を分割して支払う旨の定めがある売買契約が締結され、当該契約に買戻しの代金につき別段の合意のない買戻しの特約が付された場合において、当該買戻しの特約の登記を申請するときは、買主が現実に支払った金額及び売買の総代金を、当該登記の申請情報の内容としなければならない。〔29-21-イ改題〕	○

──────────〔 ×肢のヒトコト解説 〕──────────

1 売買契約とセットで買戻特約は認められますが、譲渡担保契約とセットで買戻特約は認められません。

2 永小作権であっても売買契約があれば、買戻特約をつけることができます。

3 同時申請が要求されていますから、あとから登記を申請することはできません。

これで到達！　　　合格ゾーン

買戻しの特約を付した売買契約において、所有権の移転の日の特約が定められていた場合には、所有権の移転の登記の登記原因の日付とは異なる登記原因の日付で、買戻しの特約の登記の申請をすることができる。〔22-15-ア〕

★たとえば、4月1日に売買契約（「代金完済時に所有権移転する」という特約が付いている）と買戻特約をし、5月1日に代金を完済した場合、「所有権移転の原因日付は、5月1日」「買戻し特約の原因日付は、4月1日」と日付が異なりますが、契約自体は同時に行っているため有効と扱われます。

第2節 買戻権の行使

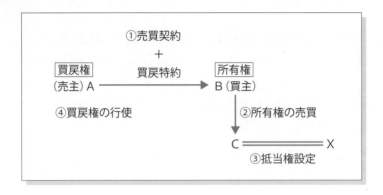

　AがBに売り、買い戻す約束をしています。これによりAは買戻権を持ち、B
は所有権を持ちます。この後BはCに不動産を売却し、買ったCは抵当権を設定
しています。

　この状態になって、Aが2,000万円を払うから買戻しさせてくれと買戻権の行
使をしてきました。では、この買戻権の行使は誰に対してするのでしょう。

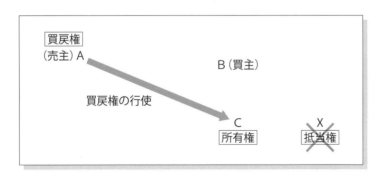

　所有権を取り返すため、買戻しの意思表示は今の所有者に対して行います。上
記の例でいえば、Cに2,000万円を払って所有権を返してもらうことになります。
これによって、CからAへと所有権が戻り、移転が起きます。

　そして、あと2つ物権変動が起きています。

　買戻権を使ったのだから、**買戻特約が無くなる**、これが2つ目の物権変動です。

　そして買戻権を行使したら綺麗な状態にして戻すのですよね。全部吹き飛ばし

て元に戻すわけですから、**抵当権も消えます**。これが３つ目の物権変動です。

　このように起きた物権変動のなすべき登記は、所有権の移転、買戻特約の抹消、抵当権の抹消の３つになります。

　ただ、**登記の申請行為は、所有権の移転と抵当権の抹消だけで構いません**。買戻権を使った場合は「買戻権は使って無くなったんだね」と登記官が判断して、買戻権の抹消を職権でやってくれるからです。

　この論法でいけば、抵当権が無くなったことも登記官に分かるじゃないかと思われるところです。

　確かに登記官にも抵当権が無くなったということは分かりますが、**他人の登記名義を勝手に消すわけにはいかない**ので、抵当権者と共同して申請することにしています。

　では申請書を２枚、見ていきましょう。

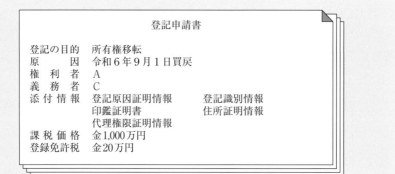

　ここでは原因だけ気を付ければ大丈夫でしょう。

　移転登記で原因が相続・合併ではないので共同申請です。共同申請なので添付情報は基本形の５セットになります。ただ、農地だった場合には**農地法の許可が必要**です。

　これは覚えてください。買戻権を行使すれば農業従事者が変わりますが、買戻権の行使は単独行為です。それなのに農地法の許可書が必要なのです。
売買をし直すという感覚で処理をしているようです。

次の申請書を見ましょう。

登記申請書

登記の目的　１番抵当権抹消
原　　　因　令和６年９月１日買戻権行使による所有権移転
権　利　者　A
義　務　者　X
添付書類　登記原因証明情報　　登記識別情報
　　　　　代理権限証明情報
登録免許税　金1,000円

　権利者は抵当権の負担が無くなる現在の所有者のA、義務者は抵当権の名義を失うXとなります。添付情報はルール通りです。

　ちなみに、この抹消の義務者は抵当権者なので印鑑証明書は要りません。

　登録免許税ですが、所有権であれ、所有権以外であれ、抹消登記であれば1,000円と考えておけば大丈夫です。

　では、次に、買戻権行使の論点を見ていきます。

8 /28 ── 買戻権行使

9 / 1 ── 買戻期間満了

9 / 5 ── 許可書到達

　買戻期間が９月１日まででした。そこで、その前の８月28日に買戻権を行使し、農地法の許可が９月５日に届いたのです。

　この場合、**登記申請は可能です。**

　買戻期間は、「その日までに、買戻権を使いなさい」という規制であって、そこまでに所有権の移転登記までやれとは要求していないのです。

　今回の買戻権行使は、期間満了の前にやっていますから問題ありません。

　ただ、**物権変動の日付（登記原因日付）は９月５日**であることには注意してく

ださい。

1 所有権について買戻特約の登記がされている場合において、買戻権者　×
　 がその権利を行使したときは、所有権移転登記の抹消の申請をするこ
　 とができる。〔13-15-ア〕

2 所有権移転の登記と同時に買戻特約の登記がされた後、さらに所有権　○
　 移転の登記がされている場合において、「買戻」を登記原因として所有
　 権移転の登記を申請するときは、現在の所有権登記名義人を登記義務
　 者としなければならない。〔オリジナル〕

3 AがBに対し買戻特約付きで土地を売却して所有権移転登記及び買戻　○
　 特約の登記をした後、BがCに対し当該土地を転売して所有権移転登
　 記をした場合、Aの買戻権の行使による所有名義回復のための登記の
　 登記義務者はCである。〔13-15-エ〕

4 農地の買戻しにつき、その意思表示が約定買戻期間内にされた場合に　○
　 は、農地法第3条の許可が約定買戻期間経過後にされたときでも、同
　 許可書を添付して買戻しによる所有権移転登記の申請をすることがで
　 きる。〔11-19-ア（19-24-エ）〕

5 買戻しの意思表示は買戻期間内にされたが、農地法所定の許可が買戻期　○
　 間の経過後に到達した場合における買戻権の行使による所有権の移転の
　 登記の原因日付は、農地法所定の許可が到達した日である。
　 　　　　　　　　　　　　　　　　　　　　　　　　〔20-15-エ改題〕

------ ×肢のヒトコト解説 ------

1 所有権抹消登記ではなく、所有権移転登記で名義を戻します。

第3節 移転・変更

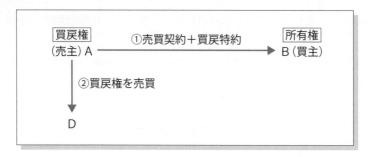

Aは買戻権を持っていますが、この買戻権を売ることもできるのです。例えば、AがDに買戻権を売った場合、どのような登記簿になるかが下に載っています。

順位番号	登記の目的	受付年月日	権利者その他の事項	
1	所有権保存	（略）	所有者 （住所省略）	A
2	所有権移転	（略）	原因 令和6年6月1日売買 所有者 （住所省略）	B
付記1号	買戻特約	（略）	（登記事項一部省略） 買戻権者 （住所省略）	A
付記1号の 付記1号	2番付記1号 買戻権移転	（略）	原因 令和6年7月1日売買 買戻権者 （住所省略）	D

買戻権は売却すると、付記で登記が入るのです。付記1号で買戻権が入っているので、その付記1号に付記して登記が入ります。

付記登記で入るということは、登録免許税は1,000円になりますね。

```
                      登記申請書

   登記の目的    2番付記1号買戻権移転
   原    因    令和6年7月1日売買
   権 利 者    D
   義 務 者    A
   添 付 書 類    登記原因証明情報      登記識別情報
                 印鑑証明書          代理権限証明情報
   登録免許税    金1,000円
```

印鑑証明書を添付するのがポイントです。

義務者は買戻権を失うＡ、そのＡは所有者ではありません。ただ、将来的には所有者になれる可能性があった人なのです。

将来的な所有者になれる人が義務者になった場合も、印鑑証明書が必要になります。

住所証明情報の添付は不要です。固定資産税を支払う所有者が変わる登記（所有権移転・所有権保存・一定の所有権更正）ではないためです。

◆ 買戻権の変更登記・更正登記の可否 ◆

○＝申請可　×＝不可

変更・更正態様		変更登記	更正登記
売買代金	増額（原則）	×	○
	分割払いの時の総代金までの増額	○	○
	減額	○	○
買戻期間	伸長（民580Ⅱ）	×	○
	短縮	○	○

これは、買戻特約の登記の後、変更登記、更正登記ができるのかという図になっています。

まず、変更登記の部分から見ていきます。

売買代金の増額の変更は基本できません。**もらったお金が後から増えることはないからです。**

ただ、分割払いの場合は話は別です。**特約後に分割払いの残りを払うことによって、支払済みの金額が増えることがある**ので、変更登記を認めています。

次に、買戻期間です。買戻期間というのは、結局、爆弾が爆発するまでの期間ですよね。

爆弾の爆発時期が延びるのと短くなるのとでは、どちらの権利関係の方が不安定になりますか。**これは長くなる方が権利関係は不安定になりますよね**。だから、買戻期間を伸ばすことはできず、短くすることはできるとなっています。

一方、図表の右側の更正登記の方を見てください。

売買代金が、1,000万円から、4,500万円に変わりました。

変更登記

売買代金を1,000万円として登記していたのですが、すみません。本当は4,500万円でした。

更正登記

後から内容が変わるのが変更登記、「間違っちゃったので直したい」が更正登記です。

不動産登記では「変更はダメだけど」「間違えたのはしょうがない」と言うニュアンスで更正登記を認めることが結構あります。

すると悪巧みを考えませんか。変更登記で通らないんだったら、更正登記で申請すればいいじゃないかって。

もちろんそれはできると思いますが、司法書士としてそれをやってしまえば、懲戒処分等を受けることはまず間違いないでしょう……。

問題を解いて確認しよう

1　所有権の登記名義人及び買戻権の登記名義人が共同して申請する、土地の買主である当該所有権の登記名義人が一括で支払った売買代金の総額を増額する旨の買戻権の変更の登記はすることができない。　〔30-12-イ改題〕　　○

2　売買代金が分割払いであり、買戻権の内容として、買主が現実に支払った額と総売買代金の額が併せて登記されている場合、その後、総売買代金の額に達するまで支払額を増額するための変更の登記を申請することができる。〔オリジナル〕　　○

3　買戻しの特約の登記に買主が支払った代金として登記された1,000万円を1,500万円とする更正の登記は、申請することができない。　〔17-15-オ〕　　×

4　買戻期間を3年間として買戻特約の登記がされた場合、買戻期間を5年間とする更正の登記を申請することはできない。〔オリジナル〕　　×

5　所有権移転の登記に付記された買戻特約の登記の買戻期間を短縮する変更の登記を申請する場合、買戻権者の登記識別情報を提供しなければならない。〔オリジナル〕　　○

第4節 抹消

順位番号	登記の目的	受付年月日・受付番号	権利者その他の事項
2	所有権移転	平成26年3月3日 第300号	原因　平成26年2月2日相続 所有者　（住所省略）　　　　　　　　　A
3	所有権移転	平成26年9月3日 第17903号	原因　平成26年9月3日売買 所有者　（住所省略）　　　　　　　　　B
付記1号	買戻特約	平成26年9月3日 第17903号	原因　平成26年9月3日買戻特約 売買代金　金5,000万円 契約費用　金150万円 期間　平成26年9月3日から10年間 買戻権者（住所省略）　　　　　　　　A

　買戻権の登記には、「いつまで買い戻せるか」という期間が登記される場合があります。そして、その期間が過ぎれば買い戻すことができなくなるため、買戻権は消滅します。

　この場合、買戻権の抹消登記を申請することになります。

　登記簿を見れば、消滅したことが分かるので、登記官の方が職権でやってくれると思うところですが、

すべての登記簿を、いつも見ているわけではないよ。

登記官

登記官に気づかせるために、抹消登記の「申請」が必要になるのです。

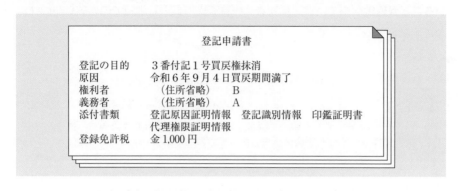

登記申請書

登記の目的	３番付記１号買戻権抹消
原因	令和６年９月４日買戻期間満了
権利者	（住所省略）　　Ｂ
義務者	（住所省略）　　Ａ
添付書類	登記原因証明情報　登記識別情報　印鑑証明書 代理権限証明情報
登録免許税	金1,000円

目的は、３番抹消ではなく、３番付記１号で特定します。３番抹消では、３番と３番付記１号のすべてが抹消されてしまうためです。

登記原因日付は、**買戻期間の満了日の翌日を記載する**ことになります。令和６年９月３日のうちは、買い戻せたけど、**令和６年９月４日になった瞬間、買戻権は消滅した**と考えてください。

そして、添付書類で注目するのは印鑑証明書です。今回の義務者は所有権の買戻権者のＡで、**将来所有者になる可能性のあった方が義務者になるので、印鑑証明書が要求されます。**

買戻特約

買主による単独での抹消申請〇

10年経過

買戻期間の満了による抹消登記は、原則として共同申請です。

ただ、この抹消登記、単独で申請できる場合があります。
それは、**買戻しの特約がされた売買契約の日から10年を経過したとき**です。

買戻期間は10年が上限で、延長することができません。つまり、「買戻しの特

約がされた売買契約の日から10年を経過している」場合は、**買戻権が消滅して**
いることが確実なので、登記権利者（売買契約の買主）単独での当該登記の抹消
を可能にしているのです。

問題を解いて確認しよう

| 1 | 売主Aと買主Bとの間で、売買契約と同時にした買戻特約の登記について、買戻期間満了を登記原因として抹消を共同申請で行う場合、申請書にはAの印鑑証明書を添付しなければならない。〔12-27-オ改題〕 | ○ |

◆ 買戻権の抹消登記の申請を要する場合 ◆

		買戻権の登記の抹消の手続
①	買戻権自体の無効、買戻し特約のみについて取消し・解除がなされた場合	申請
②	買戻期間経過による場合	申請
③	買戻特約の付記登記がされている所有権移転の登記につき、錯誤又は解除を原因としてこれを抹消する場合	申請
④	買戻権を行使した場合	職権（規174条）

　上記には、買戻権の抹消登記が必要になる場合と、それが「申請する」のか
「職権で行ってくれる」のかがまとまっています。

　②④はすでに説明しているので、ここでは③について詳しく説明します。

次の登記簿を見てください。

順位番号	登記の目的	受付年月日	権利者その他の事項		
2	所有権移転	（略）	原因 所有者	年月日売買 （住所省略）	A
3	所有権移転	（略）	原因 所有者	年月日売買 （住所省略）	B
付記1号	買戻特約	（略）	原因 売買代金 契約費用 買戻権者	年月日特約 金2,000万円 金100万円 （住所省略）	A

　3番をすべて消そうと考えました。3番を消そうとする場合、3番だけでなく

付記1号も併せて消えることになります。

この場合、登記申請は何件必要でしょうか。

| パターン① | 1件目「甲区3番付記1号　抹消」申請 |
| | 2件目「甲区3番　抹消」申請 |

| パターン② | 1件目「甲区3番　抹消」申請 |
| | →　甲区3番付記1号を、職権で抹消する |

このパターン②は**できません**。**これは不動産登記の体系でいうと例外です**。

3番と付記1号は両方とも現に効力を持っているにもかかわらず、3番抹消登記をいきなり申請することができないのです。これは体系の中の例外になるので、覚えてしまってください。

問題を解いて確認しよう

1	所有権移転の登記と同時に買戻期間の定めのある買戻特約の登記がされ、買戻期間内に買戻権が行使されなかったときは、「買戻期間満了」を登記原因として買戻権の登記の抹消を申請することができる。〔オリジナル〕	○
2	買戻しの特約の付記登記がされている所有権の移転の登記が解除を原因として抹消された場合、当該買戻しの特約の登記は、登記官の職権により抹消される。〔21-16-5（19-24-オ）〕	×
3	買戻権の行使による所有名義回復のための登記の申請は、買戻特約の登記の抹消と同時にしなければならない。〔13-15-オ〕	×
4	売主Aと買主Bとの間で、売買契約と同時にした買戻特約の登記について、買戻期間満了を登記原因として抹消を申請する場合、申請書にはAの印鑑証明書を添付しなければならない。〔12-27-オ〕	○

×肢のヒトコト解説

2　申請が必要です。

3　職権で行ってくれます。

共有者Ａ及びＢの各共有持分について買戻権者を同じくする（Ｘとする）買戻しの特約の登記が各別にされているときは、これらの登記の抹消は、当該抹消の登記原因及びその日付が同一であっても、一の申請情報によって申請することはできない（登研570-174）。〔19-24-ア〕

> ★２つの買戻権があり、その抹消登記はそれぞれ、「権利者Ａ　義務者Ｘ」「権利者Ｂ　義務者Ｘ」となり、申請人が異なるため、一の申請情報によって申請することはできません。

買戻期間満了による買戻しの特約の登記の抹消登記を申請する場合において、その申請書にその買戻権を目的とする差押えの登記に係る差押債権者の承諾書の添付を要する。〔58-23-2（29-21-エ）〕

> ★買戻権を差押えることが可能です（差押は財産権全般に可能です）。差し押さえた後に、買戻権が抹消されれば、差押えも職権抹消されるため、利害関係人と扱われます。

買戻しの特約に関する登記がされている場合において契約の日から10年を経過したときは　登記権利者（売買契約の買主）は単独で当該登記の抹消を申請することができる（69の2）。

> ★実体法上その期間が延長されている余地がないため、迅速に抹消できるように近年改正で作られた規定です。登記義務者の所在不明は要件ではないため、登記義務者の住民票や戸籍等に関する調査をする必要はありません。

不登法第69条の2の規定により登記権利者が単独で買戻しの特約に関する登記の抹消を申請する場合には、登記原因を「不動産登記法第69条の2の規定による抹消」とし、申請情報には登記原因証明情報を提供することを要しない（令7Ⅲ①）。

> ★契約から10年経っていることは、登記記録を見れば分かります。そのため、「不動産登記法第69条の2の規定による抹消」という登記原因は登記記録から分かるため、登記原因証明情報は不要とされています。

第**3**編 抵当権に関する登記

　ここから権利が変わり、抵当権の登記に入ります。抵当権の権利が発生した場合、変更した場合、移転した場合、消滅した場合の登記を見ていきます。

　権利が変わっても基本的な考え方は変わりませんが、ただ**所有権より重要度が下がるため手続が緩い点もあります**。そういった点に注意してみていきましょう。

~抵当権設定の登記は原因の中身で考えましょう~

第1章 抵当権設定

　こちらの章は記述式ももちろんですが、それ以上に「この事例の場合、設定登記できますか」という択一問題が繰り返し出題されています。事例で理解・暗記をしていってください。

第1節 目的物

　抵当権の対象になるのは、不動産の所有権と永小作権、地上権です。
　目的物に関する論点を見ましょう。

土地の所有者はAですが、BがCと抵当権設定契約をしています。他人物抵当権設定をしています。

このような**他人物抵当権設定は、「Aから不動産を買うこと」を条件にしていれば**可能です。

ただし、物権変動が起こるのは所有権を取得した時です。つまり前記の例でいえば、**5月1日になります。**

順位番号	登記の目的	受付年月日	権利者その他の事項
3	所有権移転	（略）	原因　　令和5年5月17日売買 所有者　（住所省略）　　　　　B
4	差押	（略）	原因　　令和5年8月24日東京地方裁判所担保不動産競売開始決定 債権者　（住所省略）株式会社甲

4番で差押えの登記が入れば、Bには処分権が無くなります。この状態で、Bは抵当権を設定し、登記をすることができるのでしょうか。

結論からいえばできます。ただ、**競売の手続の中では、その抵当権は無視され、抵当権は存在しないものとして配当手続は行われます。**

だったら初めから無効でいいじゃないかと思いたくなりますよね。

これは、**差押えが取り下げられる可能性を考えている**のです。競売手続を始めても最後までいかず、途中で取り下げられることがあります。

このような差押えの取下げがあった場合、設定した抵当権は完全無欠な抵当権になります。このような取下げがあることを狙って抵当権設定し、登記をしておくことを認めているのです。

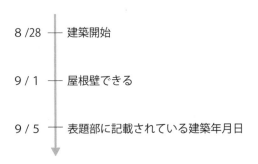

不動産であれば抵当権の設定ができます。では、建築している建物は、いつ動産から不動産になるのでしょう。

それは雨風が防げる状態、屋根壁ができた時点です。**屋根壁ができた時点で不動産になりますので、そこから抵当権の設定ができるようになります。**

表題部に記録された建築年月日前の日付で設定された抵当権であっても、抵当権設定登記をすることができる。

建築中の建物の屋根壁ができあがって、表題部に記録されている建築年月日を迎えます。建築年月日は登記簿に掲載されるのですが、その日付は屋根壁ができあがった日ではなく、もうちょっと後になります。そのため、**登記簿上の建築年月日より前に不動産となっていても、抵当権は設定できる場合があります。**

1	A
2	一部移転　1/4 B
3	一部移転　1/4 B

×	A持分一部設定
○	B持分一部（順位2番で登記した持分）設定

権利の一部に設定できるかという論点があります。

例えば、現在Aさんは持分4分の2の権利を持っていますが、この持分4分の2のうち、4分の1だけに抵当権を設定することはできません。

一方、Bは持分4分の2を持っていますが、そのうちの4分の1だけに抵当権を設定することはできます。

「順位番号で特定できるのなら、権利の一部に設定してもいい」と考えましょう。

問題を解いて確認しよう

1　所有権保存登記のされた建物について、その登記記録の表題部に記録された建築年月日より前の日をもって締結された抵当権設定契約を原因とする抵当権設定登記を申請することができる。　　〔15-12-2（2-25-3）〕　　○

2　担保不動産競売開始決定による差押えの登記がされている不動産についての抵当権設定の登記の申請はすることができない。〔8-24-5〕　　×

3　債務者が将来特定の土地を取得することを前提として当該土地を目的とする抵当権設定契約を締結した場合において、債務者がその後当該土地を取得したときは、当該抵当権設定契約の日を登記原因の日付とする抵当権設定登記を申請することができる。〔15-12-4〕　　×

4　甲不動産はA・B及びCの共有（持分は各3分の1）に属し、その旨の登記がされている。AがCから持分を譲り受けてその移転登記がされた場合、Aの債権者Dは、当該持分のみについて抵当権を設定し、Aと共同でその登記の申請をすることができる。〔9-27-ウ〕　　○

5　同一名義人が数回に分けて各別の登記により持分を取得している場合、各持分についての抵当権設定の登記の申請は、することができる。　　〔2-25-5〕　　○

───(×肢のヒトコト解説)───

2　差押登記がされていても、抵当権設定をすることができ、登記も可能です（取下げを狙っているという話です）。

3　原因日付が誤っています。所有権を取得した日が原因日付になります。

2周目はここまで押さえよう

（この部分は、会社法を学習してからの方がスムーズに学べます。）

契約　×

会社 ———————— 銀行
（清算結了）

抵当権設定契約　○

会社 ———————— 銀行
（清算中）

清算結了した会社が契約することができるでしょうか。
清算結了すれば、会社は消滅しているので、契約ができるはずありません。

では、その前提である解散状態ではどうでしょう。
　解散状態であれば、会社はまだ存在し、「清算の範囲内」で権利能力が認められます。そして、抵当権設定契約をすることは清算の範囲内と扱われています（清算中でも、社債の発行ができる、という知識と連動しています）。

　そのため、解散中の会社が抵当権設定契約をして、その登記申請をすることが認められているのです。

☑ 1	清算中の会社を設定者とする抵当権設定登記の申請は、抵当権設定契約日が解散決議日の前後のいずれかを問わずすることができる。〔5-21-3（2-25-1）〕	○
2	清算中の会社は、自己の所有する不動産を目的とする第三者の債務のための抵当権設定契約を原因として、抵当権の設定の登記を申請することはできない。〔21-25-オ〕	×

☐ 附属建物は、主である建物に従属するものであるから、附属建物のみを目的として、独立して抵当権設定登記を申請することはできない。〔8-16-エ〕

☐ 附属建物につき、建物の分割の登記（54Ⅰ①）をして別個独立の登記をした後であれば、抵当権設定の登記を申請することができる。〔15-12-1〕

★主たる建物に附属した小屋・勉強部屋・作業部屋・物置・便所などが附属建物の典型例です。これは単体の不動産ではないので、ここに抵当権設定の登記はできません。ただ、分割の登記をして、それぞれ別の不動産にすれば（元）附属建物に設定登記をすることが可能です。

令和5.10.1 金銭消費貸借契約
債権額　1,000万円
弁済期　令和6.9.30
利息　年8％（年365日日割計算）
損害金　年15％（年365日日割計算）

株式会社豊崎銀行 ——— 甲野一郎
（渋谷支店）　　　貸金債権

→

令和5.10.1 抵当権設定契約

株式会社豊崎銀行 ——— 甲野一郎
（渋谷支店）　　貸金債権
　　　　　抵当権

豊崎銀行と甲野一郎で金銭消費貸借契約をしたようです。

この金銭消費貸借契約によって貸金債権が発生します。その後に、豊崎銀行と甲野一郎が抵当権設定契約をしました。

それによって豊崎銀行は、その不動産に対し抵当権という物権を持ちます。ここで抵当権が発生するという物権変動が起きるので、登記申請をすることになります。

では、どのような登記簿になるのでしょうか。

権利部（乙区） （所有権以外の権利に関する事項）			
順位番号	登記の目的	受付年月日・受付番号	権利者その他の事項
1	抵当権設定	（略）	原因　令和5年10月1日金銭消費貸借同日設定 債権額　金1,000万円 利　息　年8％（年365日日割計算） 損害金　年15％（年365日日割計算） 債務者　（住所省略）甲野一郎 抵当権者　（住所省略）株式会社豊崎銀行 　　　　　　　（取扱店　渋谷支店）

原因に注目してください。

原因のところには、契約という文字を入れないのが通例でした。では、これにあえて「契約」という文字を入れたらどうなるのでしょう。

「年月日金銭消費貸借契約同日設定契約」ですよね。

つまり「債権の契約」と「物権の契約」の2つを書いているのです。

抵当権においては、債権というのが重要な要素になっています。

例えば、**附従性「債権無ければ抵当権無し」や、随伴性「債権動けば、抵当権動く」という性質があるため、その債権は一体何かという特定をしなければいけない**のです。

登記簿に「債権額・利息・損害金・債務者」と記載されていますが、これがまさに債権の内容の公示です。

ちなみに、この利息というのは正確には利率のことで、損害金というのは、遅延損害金の利率になります。

この2つには、それぞれ年365日日割計算という文字が入っています。これは必ず入れてください。**これを入れていれば、閏年の時に若干金額が増えます。**逆にこれを入れないと、閏年だろうがなんだろうが、利息は8％、遅延損害金は15％しか取れないことになるのです。

その後、抵当権者を書いていくと登記簿に銀行名が載ります（登記名義ができますので、登記識別情報が出ます）。

ここに取扱店と入っていますが、これを入れておくと、抵当権の実行があったときの処理が楽になります。

LEC東京リーガルマインド　令和7年版 根本正次のリアル実況中継
司法書士 合格ゾーンテキスト 4 不動産登記法 I

　例えば、この物件を他の抵当権者が実行した場合に取扱店が入っていなければ、本店に連絡がいきます。本店としてみれば、これはどこの物件だろうと悩むのですよ。そこで**取扱店を入れておけば、この辺りがスムーズにいく**のです。

　ただ、銀行によって取扱店を入れる銀行と入れない銀行があります。そのため、契約書を実際に確認して、入れるのかどうかを判断してください。

　最後になりますが、債権の内容と登記事項を見比べてください。実は金銭消費貸借契約の内容が全部は登記簿に載っていないのです。

　弁済期は登記簿に載っていません。弁済期を掲載すれば、いつ抵当権が実行されるかが分かってしまいます。昔は登記事項でしたが、今はプライバシーの配慮から登記事項から外しました。

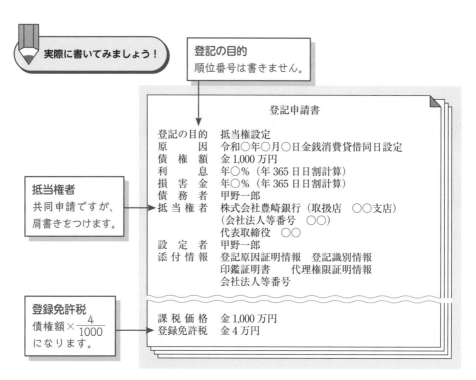

実際に書いてみましょう！

登記の目的
順位番号は書きません。

抵当権者
共同申請ですが、
肩書きをつけます。

登録免許税
債権額 × $\dfrac{4}{1000}$
になります。

登記申請書

登 記 の 目 的	抵当権設定
原　　　因	令和○年○月○日金銭消費貸借同日設定
債　権　額	金 1,000 万円
利　　　息	年○％（年 365 日日割計算）
損　害　金	年○％（年 365 日日割計算）
債　務　者	甲野一郎
抵 当 権 者	株式会社豊崎銀行（取扱店　○○支店）
	（会社法人等番号　○○）
	代表取締役　○○
設　定　者	甲野一郎
添 付 情 報	登記原因証明情報　登記識別情報
	印鑑証明書　　　代理権限証明情報
	会社法人等番号
課 税 価 格	金 1,000 万円
登録免許税	金 4 万円

　この登記簿を作る申請書を見ましょう。

　目的は抵当権設定と書きます。登記されて初めて順位番号が分かりますので、ここで「1番抵当権設定」と入れることはできません。

登記事項は「原因・債権額・利息・損害金・債務者」と書いていってください。
その後、抵当権者・設定者という記載になっています。

抵当権設定登記は共同申請です。ただ、表現が権利者・義務者ではなく、**抵当権者・設定者と書く**のです。

添付情報はルール通りに処理すればいいでしょう。

登録免許税ですが、課税価格は不動産の値段ではなく、被担保債権額です。

抵当権の登記をすることによって得られるメリットは優先弁済権です。例えば、貸した金額は1,000万円、不動産の値段が5億円の場合でも、優先弁済権は1,000万円ですよね。

得られるメリットは優先弁済権なので、課税価格は優先弁済権の量である被担保債権になります。そして税率は1000分の4です。

申請書については、これぐらいにして、抵当権設定の論点をつぶしていきましょう。

 覚えましょう

> 抵当権設定契約は、債権発生契約である債権契約の従たる契約なので、抵当権を設定するには、被担保債権が存在している必要がある。
> ただし、特定さえしていれば、将来発生する債権を被担保債権とすることもでき、抵当権の成立における附従性は緩和されている。

将来債権という論点です。

将来債権というのは「**今はまだ債権がないのですが、将来発生する可能性がある**」という状態です。附従性「債権無ければ抵当無し」を貫けば、将来債権のために、抵当権は設定できないはずです（債権が無いのですから）。

登記実務は、ここを厳密に捉えることはせずに、債権が生まれる可能性があれば、抵当権の設定を認めるようにしています。**成立時点では附従性をあまり強く見ないよう緩和している**のです。

ここでは、将来債権の具体例を2つ、見ましょう。

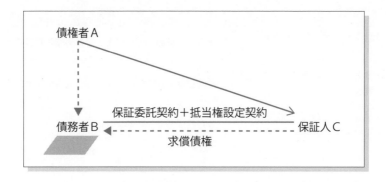

　AがBにお金を貸して、Cが保証人になっています。通常BとCで保証委託契約という契約をしていることが多いです。これは保証人になってくれというお願いの契約です。

　保証人になった後に、保証人CがAに払えば、CはBに対し求償権を持ちますよね。この求償権、金額が大きいからBが持っている不動産で担保したいと考えるでしょう。

　しかし、求償権が発生した段階で、担保権の設定に応じてくれるでしょうか。

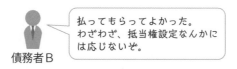

　Bが抵当権設定契約には応じない可能性が高いでしょう。

　そこで先例は「**保証の委託契約をした時点で、将来求償権が生まれる可能性がある。だからこの時点で抵当権の設定契約をしていい**」としたのです。

ちなみにこの場合は、以下のような原因になります。

事例	「原因」
① 保証人の求償債権のみを担保する場合	「年月日保証委託契約による求償債権年月日設定」
② 保証人の保証料債権のみを担保する場合	「年月日保証委託契約による保証料債権年月日設定」
③ 保証人の求償債権・保証料債権ともに担保する場合	「年月日保証委託契約年月日設定」

　保証料というのは「保証人になってくれたお礼」です。求償債権のみを担保するのか、保証料のみ担保するのか、両方担保するのかで記載方法が変わります。

　両方担保するときは、契約名だけを記載すればいいのですが、どちらかだけ担保する場合は、その債権を特定する必要があります。

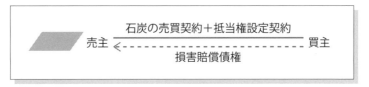

　石炭の売買契約をしているようです。石炭を15トン買ったということは、売買代金は相当な額になりますよね。もし払えなければ、損害賠償債権が発生しますが、これもすごい金額になるでしょう。

　この損害賠償債権が発生したタイミングで抵当権設定をしてくれといっても、債務不履行をした方は、まず応じないでしょう。

　そこで**「売買契約の時点で、損害賠償債権が生まれる可能性がある」という理屈で、売買契約の時点で抵当権を設定することを認めている**のです。

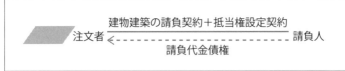

　自分の土地に建物を建ててほしいという請負契約をしているようです。ここで、

請負代金債権は建物が完成すれば権利行使ができます。

そのため、請負代金債権を担保するには、建物が完成した後に注文者と抵当権設定契約するという方法があるでしょう。

ただ、建物が完成したあとに抵当権設定契約を要求しても

注文者

> 作ってもらってよかった。わざわざ抵当権設定契約に応じる必要はないな・・

このように「作ってもらえば、こちらのもんだ」とばかりに、注文者が抵当権設定契約には応じない可能性があります。

そこで先例は「**請負契約をした時点で、請負代金債権が生まれる可能性がある。だからこの時点で抵当権の設定契約をしていい**」としたのです。

ちなみにこの場合は、以下のような原因になります。

「原　因」「年月日請負契約代金債権年月日設定」

問題を解いて確認しよう

1	保証委託契約において、委託を受けた保証人が将来取得する求償債権その他一切の債権を抵当権によって担保するという定めがある場合、登記原因及びその日付を「年月日保証委託契約による求償債権同日設定」とする抵当権設定の登記を申請することができる。〔オリジナル〕	×
2	工事の請負契約を締結した場合には、当該請負契約に基づく請負代金債権を担保するため、請負契約締結と同時に、工事依頼者所有の不動産を目的とする抵当権設定契約を締結し、当該抵当権の設定登記を申請することができる。〔15-12-3（30-12-エ）〕	○

×肢のヒトコト解説

1 登記原因及びその日付は「年月日保証委託契約同日設定」となります。

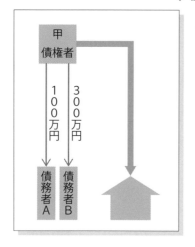

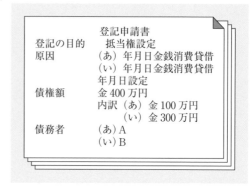

登記申請書
登記の目的　　抵当権設定
原因　　　　（あ）年月日金銭消費貸借
　　　　　　（い）年月日金銭消費貸借
　　　　　　年月日設定
債権額　　　金 400 万円
　　　　　　内訳（あ）金 100 万円
　　　　　　　　（い）金 300 万円
債務者　　　（あ）A
　　　　　　（い）B

　甲がAに100万円、Bに300万円を貸し、これらを一括担保するために、抵当権を設定することにしました。

　申請書の原因のところを見てください。

　債権が2つあるのでそれを書き分けます。（あ）と（い）というように振り分けて、それぞれの債権の発生原因を書き分けます。

　また、債権額も金額が違うので書き分けます。

　債務者からは、同じだったらまとめて構いません。違っていれば、それぞれ（あ）A（い）Bと書き分けます。

　このように**複数の債権があった場合、まとめて一個の抵当権で担保できます。**

　ただ、**1つだけできない例があります。**

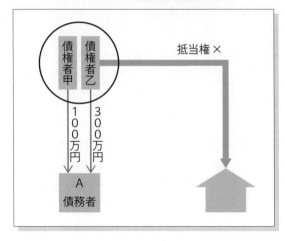

◆ 許されない複数債権担保 ◆

　甲がAにお金を貸し、乙がAにお金を貸し、それをまとめて1つの抵当権で担保する、つまり、**債権者が複数いる場合は一括担保ができません**。

　これは附従性のためです。

　抵当権はトータル400万円を担保しています。

　甲が持っている債権は100万円なのに、400万円の抵当権を持っている状態になっています。これは**「債権無ければ、抵当無し」という附従性に反する状態になっている**ので、債権者が複数の場合は、まとめて一括で担保することができないのです。

　附従性に反するという理屈で押さえてください（後で学ぶ根抵当権では変わってきます）。

　ちなみに、この事案では一括担保の登記はできませんが、打つ手はあります。

　甲とAで1つの抵当権、乙とAで1つの抵当権をそれぞれ設定して、登記申請するときに「同時申請でお願いします」と申請するのです。

　すると、**登記簿に1番（あ）甲、1番（い）乙と同順位の登記が2つ並ぶことになる**のです。これで彼らがやりたかったことが実現できます。

原因　年月日債務弁済契約年月日設定　×

次はこんな原因ありですか？　という話です。

上のような「年月日債務弁済契約年月日設定」という原因は、許されません。
話としては、

①金銭消費貸借契約（この時点では抵当権設定契約をしていない）
②債務不履行
③お互いで協議をして、**「これからは1か月3万円ずつ払うよ」**と支払方法を
　決める（これを債務弁済契約といいます）
④この契約の時に**「この際だから抵当権を設定させてもらうよ」**と抵当権設定
　契約をした

という場面の話です。この場合は、「年月日債務弁済契約年月日設定」と書けず、
「年月日金銭消費貸借年月日設定」と書きます。

👆 **Point**

「年月日○○契約」

→　債権を発生させる原因を記載する

債務弁済契約は債権を発生させる契約ではありません（支払方法を決めた約束
に過ぎません）。債権を発生させたのは、もともとの金銭消費貸借契約、借金契
約です。だからこの事例では「年月日金銭消費貸借年月日設定」と書くべきなの
です。

これと比較してよく出てくる原因が、もう1つあります。

原因　年月日債務承認契約年月日設定　○

借金契約をする、一部払う、一部債務不履行する、利息を計算する、払う、遅
延損害金を計算する……と、いろんなことやっていた結果、現在の借金は一体い

くらなのだろうと、お互いが分からなくなってしまったのです。

　そこで、お互いに話し合いました。

もう訳分からないからさ、
金額 2,000 万円にしない？

うん。俺も分からない。2,000 万円でいいよ。

　上記のようなものが、債務承認契約です。**ある意味、更改契約です。**

　更改契約と考えれば、旧債務の消滅、新債務の発生ということになるので、債権を発生させている契約だと分かりますよね。だから、これを原因に設定ができるのです。

登記申請書

登 記 の 目 的	抵当権設定
原　　　　　因	年月日金銭消費貸借年月日設定
債　権　額	米貨金１万ドル
担保限度額	金 100 万円
抵 当 権 者	・・・・・・・・・・
設　定　者	・・・・・・・・・・

　外貨でお金を貸したという場合です（米ドルで貸しています）。

　この場合、債権額米貨金１万ドルと書くのですが、これだけでは足りません。

　これだと、１番抵当権がいくら**「日本円で」**優先弁済を受けるのか、他の人に**分かりません。**

　そこで、担保限度額を書きます。これは、最大日本円でこれだけ取るよ、という上限のことをいいます。

　そして、この**担保限度額というのは、為替レートに従う必要がありません。**つまり、お互いで任意に決めた金額で構わないとしているのです。

　為替レートに従ったほうがいいのではないかと思うところですが、この為替レートって、いつの為替レートを後順位者は知りたいのでしょうか。設定時の為替レートではなく、抵当権実行時の為替レートですよね。

ただ、**設定段階でいつ実行するか分かりませんし、その実行時の為替レートだってわかりません。**

そのため、この数字はお互いで任意に決めた数字でよい、現実の為替レートに従う必要はないとしているのです。

問題を解いて確認しよう

1	複数の債権者の債権を担保する1個の抵当権を設定することができる。〔8-15-イ改題〕	×
2	金銭消費貸借契約上の債務について、債務の弁済方法を変更するとともに、当該債務を担保するために、新たに抵当権を設定する旨の契約が締結された場合、「年月日債務弁済契約年月日設定」を登記原因及びその日付として、抵当権設定の登記を申請することができる。〔オリジナル〕	×
3	既発生の債務につき当事者間で債務承認契約をした場合において、その内容が、残存債務を確定させ、新たに遅延損害金の約定をする準消費貸借契約であるときは、「年月日債務承認契約年月日設定」を登記原因として、抵当権設定の登記を申請することができる。〔オリジナル〕	○
4	外国通貨で債権額を指定した債権を担保する抵当権の設定の登記を申請するときは、外国通貨で表示した債権額のほか、本邦通貨で表示した担保限度額を申請情報として提供しなければならない。〔19-18-イ（令4-14-イ）〕	○
5	債権額を外国の通貨をもって表示する場合に、日本の通貨をもって表示する担保限度額は、抵当権設定契約日の為替相場によらず、当事者間で自由に定めた邦貨換算額をもって登記の申請をすることができる。〔5-21-4〕	○

×肢のヒトコト解説

1 債権者が別々の場合に1個の抵当権設定をすることは、付従性に反するので認められません。

2 債権発生の行為ではないので、「債務弁済契約」を原因にすることはできません。

□ 債権額の一部を被担保債権とする抵当権の設定の登記を申請することができる（昭30.4.8民甲683号）。そして、金400万円のうち金200万円について抵当権を設定した場合の登記の登記原因は、「年月日金銭消費貸借金400万円のうち金200万円年月日設定」と記載する（同先例）。〔28-22-ウ〕

★400万の融資したところ200万の回収が確実である場合、登録免許税を抑えるため上記のような申請をします。一部を担保していることを原因の欄で公示します。

□ 元本債権のほか、一定期間に発生する将来の利息債権をも併せた額を債権額として、抵当権の設定の登記を申請することができる（昭36.3.25民甲676号）。そして、この場合、債権額として元本額と利息債権額の合計額とその内訳を申請情報の内容とすることを要する。なお、この場合、「債権額金○円　内訳元本金○円　利息金○円（年月日から年月日までの分）」と記載することを要する。〔28-22-エ〕

★利息・遅延損害金は元本にしかかかりません。そのため、債権額はトータルを書くだけでなく、いくらが元本で、いくらが利息なのかの内訳を記載します。

> 権利能力なき社団を、「債務者」として記載する　　○

続いては、債務者に絡む論点を見ていきます。

権利能力なき社団、これを所有者の名義にすることはできませんでした。そのため、「悪いけど、うちらの代わりに所有者になってくれない？　名義だけでいいから」とこのように頼む（委任契約をする）のでしたね。

では、債務者を頼むことができるでしょうか。

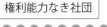

代表者

自分が借金していると公示するのはイヤだな。

代表者さん、うちの代わりに、債務者として名前を載せてくれないか、大丈夫、迷惑かけないからさ。

まず、代表者はこの求めに応じないでしょう。

そこで、ここは理屈を曲げて、債務者を権利能力なき社団名義にすることを認めました。

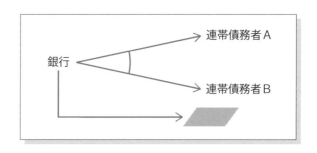

銀行がAとBに連帯債務の関係でお金を貸します。その上で抵当権設定契約をしました。

連帯債務者	何市何町何番地	A
	何市何町何番地	B

この場合、上記のように記載して、連帯債務だということを明示することにしています。

◆ 必要的記載事項　任意的記載事項 ◆

必要的記載事項	任意的記載事項
① 登記の目的（令3⑤）	① 利息に関する定め
② 登記原因及びその日付（令3⑥）	② 損害金に関する定め
③ 債権額（令別表55イ）	③ 債権に付された条件
④ 債務者の氏名又は名称、及び住所（令別表55イ）	④ 民法370条但書の定め
	⑤ 抵当証券発行の定め等
⑤ 抵当権者	⑥ 権利消滅の定め（令3⑪ニ）

　必要的記載事項、任意的記載事項とあります。

　必要的記載事項というのは、その名の通り必ず記載しなければいけない事項のことをいいます。

　一方、任意的記載事項というのは、「**特約があれば書く**」「**特約が無ければ書かなくてよい**」**という内容のこと**をいいます。

　例えば利息です。利息は、特約がある場合だけしか取れませんでした。そのため、登記においても、特約がある時だけ利息を記載し、特約がなければ書かないことになっています。

　他にも損害金も任意的記載事項です。損害金率を決めなくても法定利息で損害賠償ができますが、特約で決めていたら、その率で損害賠償が可能です。そのため、損害金率を決めている場合は、任意的記載事項とされています。

◆ 「利息」の記載の可否 ◆

引き直し	登記原因証明情報に利息制限法超過の定めが記載されているが、申請書に制限内に引き直して記載した場合（昭29.7.13民甲1459号）	○
不明確な利息の定め	「年何％とする。ただし、契約に違反したときは年何％とする。」（昭44.8.16民三705号）	×
	「年何％とする。将来の金融情勢に応じて債権者において利率を適宜変更することができる。」（昭31.3.14民甲509号）	×
無利息の定め	「利息　無利息」（登研470-98 参照）（注）	○

（注）もっとも、無利息の定めの登記は、民事債権の場合には、その旨の登記がなくても第三者に対抗することができるので、その実益はあまりなく、法定利息が発生する商事債権の場合（商513Ⅰ）にその実益があるとされている。

上記では、どういった利息の記載が許されるかをまとめました。

　例えば、「利息100％」という契約書があった場合、このままでは登記はできません。利息制限法に違反しているためです。

　ただ、それを利息制限法で許される範囲にパーセンテージを直せば、登記することが可能です（**無効ではなく、書きなおせばOKと思ってください**）。

　また、記載内容がよくわからないもの、利率が読み切れないものは登記することができません。上記の図の「不明確な利息の定め」の例では、**第三者が「結局、何パーセントなのか」が分からないため**、登記することを認められていません。

　そして、利息の定めをあえて「無利息にする」という登記も認められています。民法のルールの範囲内であれば、利息を取るという約束をしない限り利息は取れないので、このような定めの実益はありません。

　ただ、**商人同士（企業同士と思ってください）の金銭消費貸借の場合には、当然に利息が取れる**ルールになっています。こういった**商人同士の金銭消費貸借の場合には、「本当は利息がとれるけど、取りません」という登記をする実益があ**ります。

問題を解いて確認しよう

1	登記原因証明情報である金銭消費貸借抵当権設定契約証書に記載されている利息の定めが利息制限法の制限利率を超える場合でも、申請書に制限利率内の利息を記載して登記の申請をすることができる。〔5-21-1〕	○
2	Aを所有権の登記名義人とする建物について、Aが債権者Bとの間で抵当権を設定する契約を締結した場合には、利息の定めとして「年1.5％。ただし、将来の金融情勢に応じ債権者において利率を適宜変更できるものとする」旨を申請情報の内容とする抵当権の設定の登記を申請することができる。〔29-12-イ〕	×
3	被担保債権の利息を無利息とする旨の約定をした場合には、利息に関する定めを無利息として抵当権設定の登記の申請をすることができる。〔オリジナル〕	○

┌─────── ×肢のヒトコト解説 ───────┐
2　不明確な利息の定めなので、登記ができません。
└─────────────────────────────┘

 2周目はここまで押さえよう

金銭消費貸借契約

＋抵当権設定契約　　　　　債権の一部弁済　　　　　登記申請

　1,000万円の金銭消費貸借契約と同時に抵当権設定契約をしました。ただ、事情があって登記申請を1週間後にしていたようです。

　その登記申請までの間に400万円の弁済がありました。

　この場合、物権変動を忠実に登記するのであれば、

　1,000万円で設定登記をして、その後、600万円に変更登記するはずですが、

　先例はいきなり、600万円で設定登記することを認めています（ただ、設定時の契約書では1,000万円と書いてあるので、600万円に変わったことの立証は必要です）。

　権利の発生については、過程の公示を厳密に要求しないことが多いです（所有権保存登記でも、その傾向がありました）。

　現状を早く公示したいという要請があるのでしょう。

　上記の理屈は、債権額だけでなく、利率の変更があった場合でも同じになります。

☑ 1 抵当権が設定され、その登記をしないうちにその被担保債 　×
　　権の一部が弁済された場合、当該抵当権設定・金銭消費貸
　　借契約書と一部弁済証書を登記原因証明情報として提供し
　　て、現存する債権額についての抵当権の設定の登記を申請
　　することはできない。〔21-14-ウ〕

　 2 AとBは、平成23年6月10日、金銭消費貸借契約を締結 　○
　　するとともに、A所有の不動産に、抵当権者をB、債務者を
　　A、債権額金1,000万円、利息年5パーセントとする抵当
　　権を設定する契約を締結したが、当該抵当権の設定の登記を
　　申請する前の同月15日、利息を年3パーセントに変更する
　　契約をした。この場合における当該抵当権の設定の登記原因
　　は、平成23年6月10日金銭消費貸借同日設定である。
　　　　　　　　　　　　　　　　　　　　　　　　〔23-18-ウ〕

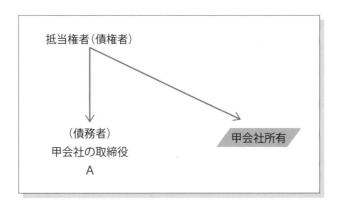

　抵当権設定契約の際に問題として出てくるのが、利益相反です。

　取締役Aがお金を借りて、会社の財産に抵当権を設定する場合、この抵当権を
設定する行為が利益相反となります。そのため、この抵当権の設定契約をするに
は、取締役会の決議でOKをもらわないとできない、その承認の議事録がないと
登記申請は通りません。

では、なぜこれが利益相反なのでしょうか。

そもそも利益相反の規制は、**取締役が得をして会社が損をするという状態を防ぎたい**というところから始まっています。

会社と取締役が契約をすると、こういう事態になります。ただ、会社と取締役が契約していなくても、取締役がプラス、会社がマイナスになる事態は生じます。

例えば、今回の事例の抵当権設定です。抵当権設定自体は、抵当権者と会社で行います。ですが、それによって取締役が得をして、会社が損をします。

取締役は、お金が借りられる利益を受け、会社は抵当の負担を受けるという不利益を受けています。

このように、契約自体は取締役と会社ではなく、抵当権者と会社でしているけど、結果的には取締役が得をして、会社が損をする事態になっているため、利益相反と扱って、会社側の承認が無ければ、登記は通さないとしています。

では、どんな場合が利益相反になるのかを説明しましょう。

債務者が取締役　　設定者が会社
→　利益相反に当たる

抵当権を設定することによって、債務者が得をして設定者が損をしています。そのため、債務者が取締役、設定者が会社になる場合は、取締役が得をして、会社が損をするので利益相反になるのです。

甲会社の取締役Aが代表取締役という状態だとします。この状態で、今から出す事例1つ1つについて、利益相反になるかどうかを見ていきましょう。

債務者	甲会社	設定者　A	→	利益相反　×

会社の借金のために取締役の個人財産に抵当権を設定しています。これは利益相反じゃないですね。むしろ会社が得をしています。

債務者　　甲会社・Ａ　　設定者　甲会社　　→　利益相反　○

債務者のところに取締役がいて、設定者のところに会社がいれば、もうそれで利益相反です。

債務者　　甲会社・Ａ　　設定者　甲会社・Ａ→　利益相反　○

債務者のところに取締役がいて、設定者のところに会社がいますから、これも利益相反です。**債務者の一部に取締役がいて、設定者の一部に会社がいれば、利益相反**だと思ってください。

ちょっと面倒なお話があります。次の図を見てください。

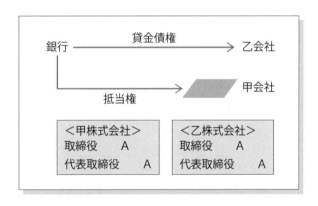

債務者と設定者が共に会社の場合です。
この場合については、下記のように処理してください。

　債務者・設定者が会社
　→　債務者を代表取締役に変える

会社の利益は代表取締役の利益と評価した判例があります。会社が儲かった＝社長自身が儲かったという感覚なのです（中小企業などはそうなんですよね）。

債務者の乙会社が得をするっていうのは、乙会社の代表取締役であるＡが得をするってことなのです。だからここの乙会社のところは、乙会社の代表取締役Ａの名前に書き替えてほしいのです。

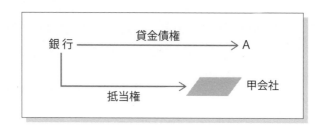

甲会社の視点で上記の図を捉えましょう。

今回だれの債務を担保していますか？

Ａという、自分の会社の取締役の債務を担保しています。結局、甲会社にとってみれば、自分の会社の役員の債務のために、自分の不動産に抵当権を設定するという事態になっています。そのため、前記の設定は利益相反に該当します。

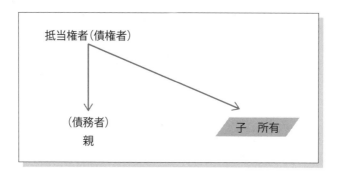

次は親子の利益相反を見ましょう。

前記の状態は、利益相反になっているため、特別代理人を選んで、その特別代理人に契約をさせる必要があります。

債務者が親　　設定者が子供
→　利益相反に当たる

　会社の場合と基準の作りは似ています。では、1つ1つの事例で判断しましょう。

債務者　親	設定者　親・子　→　利益相反　○

　債務者のところに親がいて、設定者の一部に子供がいますから、これは利益相反となります。

債務者　会社（代表取締役　親）　設定者　子　　→　利益相反　×

　悩ましいのはこれです。
　債務者が会社で設定者が子供だから関係ないだろうと思うところですが、この会社の代表取締役がこの子供の親なのです。
　先ほどのように、会社の利益は代表取締役の利益だといって置き替え作業をすれば、利益相反になってもおかしくありません。ただ、これは利益相反に該当しません。

　親子の利益相反は外形標準説という立場をとっています。簡単にいえば、**はたから見て「ぱっと見て決める。実情までは見ない」という立場なのです。**
　債務者が会社でその代表取締役が親だとしても、代表取締役である親が利益を受けるというような実情までは考えません。したがって利益相反だという処理はしないのです。

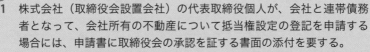

問題を解いて確認しよう

1. 株式会社（取締役会設置会社）の代表取締役個人が、会社と連帯債務者となって、会社所有の不動産について抵当権設定の登記を申請する場合には、申請書に取締役会の承認を証する書面の添付を要する。〔元-29-1（25-14-イ）〕　○

2. 甲株式会社及び乙株式会社（いずれも取締役会設置会社）の代表取締役が同一人であり、甲株式会社の丙銀行に対する債務を担保するため、乙株式会社所有の不動産に抵当権を設定する場合には、乙株式会社の取締役会の承認のあったことを証する書面を添付しなければならない。〔16-24-5（22-26-エ）〕　○

3. 親権者Aとその親権に服する子Bの共有不動産について、他人であるCの債務を担保するため、親権者Aが本人及びBの代理人として抵当権設定契約をし、その設定の登記の申請をした場合には、その申請は、却下される。〔4-18-5〕　×

4. 甲株式会社の債務を担保するため、甲株式会社の代表取締役であるAの親権に服する子の不動産に抵当権を設定した場合において、当該抵当権の設定の登記を申請するときは、特別代理人によって当該抵当権が設定されたことを証する情報の提供を要する。〔18-22-ウ〕　×

×肢のヒトコト解説

3. 他人の債務であるため、利益相反にはあたりません。

4. 債務者は会社、設定者が子供なので利益相反にあたりません（また、会社を代表取締役と置き換えることはしません）。

これで到達！　　合格ゾーン

☐ 第三者の債務について親権者が自ら連帯保証人となっている場合に、親権者と未成年の子との共有不動産について抵当権を設定する行為は、民法826条の利益相反行為に該当するとされている（最判昭43.10.8）。〔11-16-イ〕

> ★連帯保証人になるというのは、事実上債務者になるのと同じです。そのため、上記の行為を実質面でみれば、親が債務者で子が設定者となっていると評価されます。

☐ 親権者が、その親権に服する未成年の子に対し、親権者を債務者とする抵当権設定の登記がされている親権者所有の不動産を贈与し、その登記を申請する行為は利益相反取引に該当しない。〔16-24-2、20-14-エ〕

> ★親から子へ負担付贈与をすることは利益相反に該当します。ただ、上の事例は、子自身が債務を負うことにはならない（物上保証人は債務を負わない）ため、負担付贈与になりません。

第2節　共同抵当権

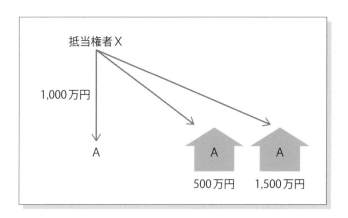

　上記のように債権が1つ、抵当権が2つある状態を共同抵当権といいます。上記の図では設定されている不動産は、両方とも債務者のA所有です。

この場合、負担の割付けがされます。各不動産の価額に応じて1：3で割付け、結果250：750で割付けがされます。

　だから、同時配当する場合は250万円と750万円で配当されます。また、異時配当された場合は、その負担部分について後順位者は代位ができるのです。

　このように、共同抵当権だということは、いろいろなところに影響を与えます。

　だったら、共同抵当権の場合は**共同抵当権であることを登記簿に載せるべきで**しょう。

順位番号	登記の目的	受付年月日	権利者その他の事項
1	抵当権設定	（略）	原因　　　　令和5年10月1日金銭消費 　　　　　　貸借同日設定 （登記事項一部省略） 共同担保　目録（あ）第1234号

　共同抵当権の場合、登記事項が1つ増えます。それが最後の行、共同担保目録というところです。

　本当は、ここにどの物件が共同抵当の対象かを全部書きたいのです。ただ、**これを全部書くと登記簿が読みづらくなってしまいます。**

　そこで、**どの物件が対象になっているかは、登記簿とは別のデータでまとめる**ことにしました。登記簿には、そのデータの番号だけを書くことにしたのです。

　この別データのことを共同担保目録といいます。

　この共同担保目録を下記に記載しました。

共同担保目録				
記号及び番号	（あ）第1234号	調製	（省略）	
番号	担保の目的たる権利の表示	順位番号	予備	
1	港区六本木三丁目3番地 家屋番号3番の2の建物	1	余白	
2	港区六本木三丁目3番地 家屋番号3番3の建物	1	余白	

　どこの物件が抵当権の対象かということが、この登記簿の物件も含めすべて記載されます。

　これにより、登記簿を見た人は、その記載された全部の物件の登記簿をとって、

所有者が誰かを見て、値段を調べて、負担割付をすることができます。

　では、この共同抵当権がどんな申請になるのかを見ましょう。

　まずは同時設定の場合です。

　同時設定とは、2つともまとめて設定する、一気に2つの不動産に抵当権を設定することを指します。

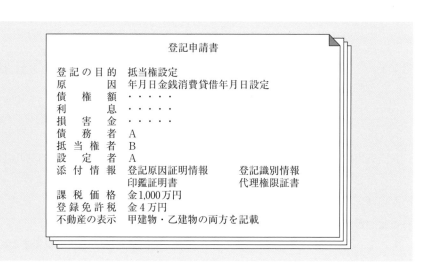

登記申請書

```
登 記 の 目 的　抵当権設定
原　　　　　因　年月日金銭消費貸借年月日設定
債　権　　額　・・・・・
利　　　　息　・・・・・
損　害　　金　・・・・・
債　務　　者　A
抵 当 権　者　B
設　定　　者　A
添 付 情　報　登記原因証明情報　　　　登記識別情報
　　　　　　　印鑑証明書　　　　　　代理権限証書
課 税 価　格　金1,000万円
登 録 免 許 税　金4万円
不動産の表示　甲建物・乙建物の両方を記載
```

　表面上変わったところはほとんどありません。

　例えば、共同抵当権といっても、**目的のところに「共同」という文字を入れるわけではありません**。

　また、登録免許税を見てください。物件が2つあっても1000分の4です。

　例えば、被担保債権額が1,000万円で不動産の価値が5億円だった場合でも、優先弁済額は1,000万円しかもらえません。物件の値段によって優先弁済額は変わらないのです。

　そのため、物件の数が2つ3つと増えようが、得られる利益の上限は変わらないので、債権額×1000分の4を1回しか課税しないのです。

　ちなみに、登記識別情報の内容に注意が必要です。2つの物件を対象にしていますので、2つの物件の登記識別情報が必要になります。

　また、2つの物件を対象にしていますので、不動産の表示は2つの物件を書く

ことにも注意しましょう。

一括申請の要件が載っています。2つ以上の登記を1枚の申請書で行う場合の要件です。

これが共同抵当権となると要件が緩くなります。

共同抵当権だったら、まず1枚で申請できると思ってください。

1枚の契約で設定契約を行っているものなので、登記の場面でも1枚で申請できるようにするため、一括申請しやすいように要件を緩くしています。

管轄の同一と目的の同一、ここが揃えば1枚でやっていいよとしているのです（さすがに、物件が東京都と沖縄県というように場所が離れていて、管轄が違っていたら、1枚で両方ともやってくれとはいえないのですが、管轄が同じで目的が同じなら、1枚で申請できると思ってください）。

例えば、次の具体例を見てください。

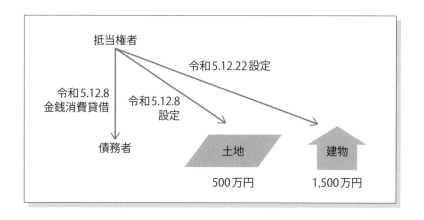

　土地と建物で設定の日付が違っています。ただ、土地も建物も両方とも抵当権設定という目的になるので、1枚で書くことができるのです。

　申請書は下記のようになります。

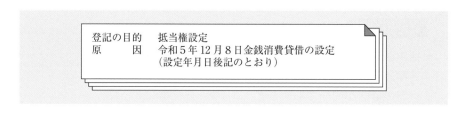

登記の目的　　抵当権設定
原　　　因　　令和5年12月8日金銭消費貸借の設定
　　　　　　　（設定年月日後記のとおり）

　このように、原因には金銭消費貸借だけを書き、設定の年月日を記載しません。

　設定年月日は、不動産の表示の部分に記載します（本試験で不動産の表示を書かせることはないので、原因の書き方だけ覚えてください）。

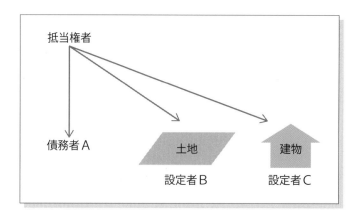

土地と建物で所有者が違うため、土地と建物で義務者が異なります。ただ、土地も建物も、目的に抵当権設定と書くという点は共通するので1枚で申請することができるのです。

問題を解いて確認しよう

1	同一の登記所の管轄内にある2個の不動産について別々の設定契約をもって設定された抵当権であっても、同一の債権を担保するためのものであれば、一つの申請情報で共同担保としての抵当権設定の登記の申請をすることができる。〔6-22-5〕	○
2	同一の債務を担保するため同一の登記所の管轄区域内にある所有者を異にする数個の不動産に抵当権を設定した場合には、これらの登記の申請は、一つの申請情報ですることができる。 〔61-23-1(18-19-ア、25-13-イ)〕	○

これで到達！ 合格ゾーン

☐ 甲・乙不動産について設定された共同根抵当権の全部譲渡の登記の申請は、その譲渡についての設定者の承諾が甲・乙不動産で異なる日付でされている場合であっても、一つの申請情報ですることができる。〔11-22-エ(20-21-エ)〕

☐ 共同担保である根抵当権の譲渡の登記は、各不動産についての登記原因の日付が異なるときでも、一の申請情報によって申請することができる。
〔元-30-3(10-21-ウ)〕

★共同抵当権に限らず、共同の担保権は、大抵一括申請ができます。目的が同じであれば、登記原因の日付が異なっていたとしてもそれが「設定」に限らず、「移転」等の場合も一括申請ができると処理しましょう。

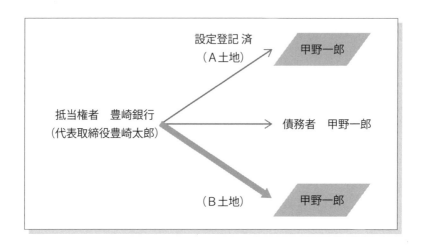

　豊崎銀行が甲野一郎のＡ土地にすでに抵当権を設定しています。その後Ａ土地の価値が下がったようで、Ｂ土地に対しても追加設定を要求しました。

　追加設定というのは、追加で貸付を受けているわけではありません。貸付はこれ以上増えていないのに、設定契約だけやっている場合です。

　設定者は、そんな契約に応じるのでしょうか。

　いろんな大人の事情があって、これからの付き合いを考えたら、追加設定してくれといわれたら断れないこともあります。

　追加設定というのは、追加融資を受けていないのに、抵当権の負担だけ増えてしまう場面なのです。

　ではどんな申請書になるかを見ましょう。

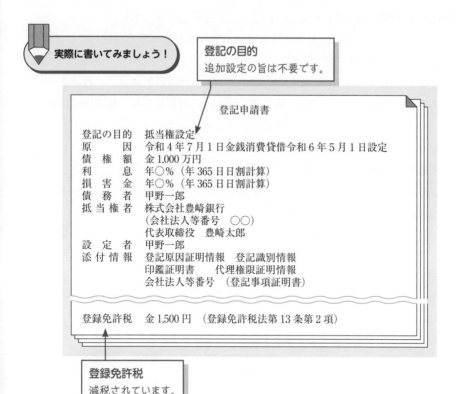

実際に書いてみましょう！

登記の目的
追加設定の旨は不要です。

登記申請書

登記の目的　　抵当権設定
原　　　因　　令和4年7月1日金銭消費貸借令和6年5月1日設定
債　権　額　　金1,000万円
利　　　息　　年○%（年365日割計算）
損　害　金　　年○%（年365日割計算）
債　務　者　　甲野一郎
抵当権者　　　株式会社豊崎銀行
　　　　　　　（会社法人等番号　○○）
　　　　　　　代表取締役　豊崎太郎
設　定　者　　甲野一郎
添付情報　　　登記原因証明情報　登記識別情報
　　　　　　　印鑑証明書　　代理権限証明情報
　　　　　　　会社法人等番号　（登記事項証明書）

登録免許税　　金1,500円　（登録免許税法第13条第2項）

登録免許税
減税されています。

　原因の冒頭の年月日金銭消費貸借というのは、もともとの貸付の日付を入れてください。新たな融資が無いため、もともとの貸付の日付を入れます。

　その後に年月日設定の部分ですが、これは追加で設定契約をした日付を記載します。

　登録免許税に注目してください。債権額の1000分の4ではなく、**1,500円の定額課税**になっています。

　最初の物件に抵当権を設定した時点で、優先弁済額に対する税金、1000分の4をすでに払っています。**物件が2個、3個と増えたとしても優先弁済量が増えるわけではありません。**

　だったら気持ち的には、次は0円でいいのではないかと思うところですが、さすがに0円にはしてくれず、1,500円でいいという軽減措置が取られています。

　ただ、この軽減措置を受けるには一度登記していることの立証が必要です。こ

れが添付情報欄にある「登記事項証明書」という部分です。

　具体的には、Ａ土地の登記簿を持っていって**「もうこっちで登記しています」ということを立証する**のです。

　この登記事項証明書を持っていけば、1,500円の軽減措置を受けられます。一方、**持っていかなかった場合は、軽減措置は受けられませんが、登記申請は通ります**。つまり、この登記事項証明書の添付は必須ではないということです。

　ちなみに、申請書に「登記事項証明書」と記載しなくてもよいとしている書籍もあります。この添付情報は登録免許税法が要求していて、不動産登記法が要求しているわけではないから、申請書に記載しなくてよいとしているのです（もちろん、記載しても減点にはならないでしょう）。

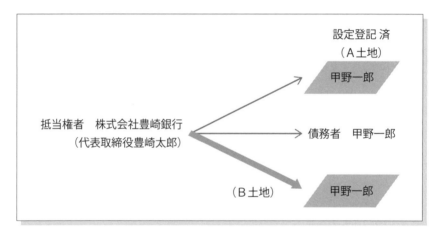

　Ａ土地にはすでに抵当権が設定されていて、次がＡ土地の登記簿の抜粋です。

順位番号	登記の目的	受付年月日	権利者その他の事項
1	抵当権設定	（略）	原因　　令和4年7月1日金銭消費貸借同日設定 債権額　金1,000万円 利息　　年8% 損害金　年15% 債務者　（住所省略）甲野一郎 抵当権者（住所省略）株式会社　豊崎銀行

　この後に、追加設定が入るまでにいくつか権利変動が生じたようです。

事実関係

①債権一部弁済（1,000万円→800万円）

②利息の引下げ契約（8%→5%）

③損害金の引下げ契約（15%→10%）

この①から③についてはまだ変更登記していません。

その状態でもう1つの物件、B土地について追加設定をすることにしたのです。

本来は、A土地についての変更処理をしてからにすべきですが、急いでいるので追加設定だけしてほしいということになったようです。

申請書を見てください。

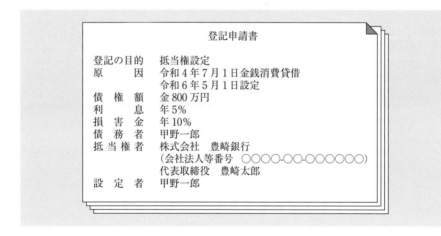

皆さんが登記官だと思って、この申請書と先ほどの登記簿を見比べてください。

権利内容が、申請書と登記簿で一致していません（債権額・利息・損害金が違っています）。

ここの論点は、**登記簿と申請書で権利内容が一致していないのに追加設定を認めていいのか**ということです（追加設定であれば1,500円で登記が可能です）。

抵当権の場合は、ある部分だけ一致していれば、細かいところはいいとしています。

・被担保債権 ＋ その発生年月日 ・抵当権者	登記簿と申請書の一致が必要
それ以外の事項 ・債権額・利息・損害金・債務者	登記簿と申請書が一致していなくてもよい

　登記原因の年月日金銭消費貸借の部分と、抵当権者の部分、ここが既存登記簿と一致していれば、ＯＫとしています。登記簿と申請書の完全一致は求めていないのです。

問題を解いて確認しよう

1	抵当権の設定の登記をした後、債務者の住所に変更があった場合において、当該抵当権の被担保債権と同一の債権の担保として他の不動産に設定した抵当権の設定の登記を申請するときは、その申請に先立って、債務者の住所についての変更の登記を申請しなければならない。〔18-23-ア〕	×
2	抵当権の追加設定の登記を申請する場合、既登記の抵当権の債権額と異なる債権額を申請情報の内容とすることができる。〔8-15-ウ改題〕	○

×肢のヒトコト解説

1　債務者の部分は、一致が要求されていません。

第2章　抵当権移転

抵当権移転登記は、どういった時に抵当権の移転が生じるのかを見抜くのがポイントです。
そして、所有権移転と同じように包括承継なのか、特定承継なのかを意識して学習しましょう。

順位番号	登記の目的	受付年月日	権利者その他の事項	
1	抵当権設定	（略）	原因 債権額 債務者 抵当権者	年月日金銭消費貸借同日設定 金1,000万円 （住所省略）甲 （住所省略）乙野太郎
付記1号	1番抵当権移転	（略）	原因 抵当権者	令和5年10月10日相続 （住所省略） 持分2分の1　乙野花子 （住所省略） 　　　2分の1　乙野一郎
2	抵当権設定	（略）	原因 債権額 債務者 抵当権者	年月日金銭消費貸借同日設定 金600万円 （住所省略）甲 （住所省略）西田夏子

　これは、1番抵当権者に相続が起きた事例の登記です。相続が発生すると、抵当権の移転が生じます。

　この移転登記はどのように入るのでしょうか。

　1番付記1号、つまり付記で入るのです。**もし主登記で入ってしまうと、順位番号が3番になってしまい、2番に負けてしまいます。**

　そこで、所有権以外の権利移転は付記で登記する、この事例でいうと、1番を維持したまま移転することにしているのです。

　では、この登記簿を作るための申請書を見ていきます。

```
                         登記申請書

  登記の目的    1番抵当権移転
  原    因    令和○年○月○日相続
  抵当権者    （被相続人　乙野太郎）
             持分2分の1　乙野花子
                  2分の1　乙野一郎
  添付情報    登記原因証明情報　代理権限証明情報


  課税価格    金1,000万円
  登録免許税    金1万円
```

　目的には順位番号を書きます。登記簿上には抵当権が2つあるため、何番かを書かないと、どちらを動かしたかがわかりません。

　原因は年月日相続と書きます。**移転登記で原因が相続なので、単独申請になります。**

　単独申請となるため、登記識別情報と印鑑証明書は要りません。また、所有権の移転ではないため、住所証明情報も要りません。

　また、単独申請ですから、登記原因証明情報は公的文書（戸籍謄本など）が必要になります。

　登録免許税を見てください。

　抵当権移転の原則の登録免許税は1000分の2です。ただ、**相続、合併は登記しなくても対抗できるというところから、1000分の1と安くしています。**

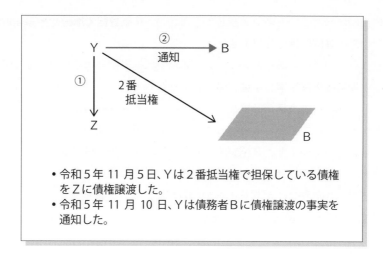

- 令和5年11月5日、Yは2番抵当権で担保している債権をZに債権譲渡した。
- 令和5年11月10日、Yは債務者Bに債権譲渡の事実を通知した。

抵当権には「債権が動けば、担保も動く」という随伴性があります。

この事例では、債権譲渡によって債権が移動したことによって、抵当権も移転しています。

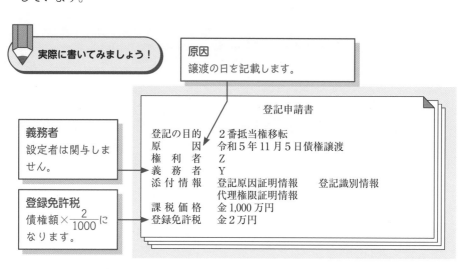

実際に書いてみましょう！

原因
譲渡の日を記載します。

義務者
設定者は関与しません。

登録免許税
債権額 $\times \dfrac{2}{1000}$ になります。

登記申請書

登 記 の 目 的	2番抵当権移転
原　　　　因	令和5年11月5日債権譲渡
権　利　者	Z
義　務　者	Y
添 付 情 報	登記原因証明情報　　登記識別情報 代理権限証明情報
課 税 価 格	金1,000万円
登 録 免 許 税	金2万円

原因は債権譲渡となりますが、日付に注意してください。11月10日ではありません。**債権の権利変動は5日に生じ、それが10日に対抗できるようになっているだけです**。債権の変動は5日に起きていますので、原因日付はその日になります。

共同申請になっているのを確認してください。**移転登記で原因が相続、合併ではないので、共同申請となります。**

権利者は抵当権の名義を取得するＺ、義務者は抵当権の利益が無くなるＹとなります。**抵当権の設定者Ｂは全く関与しません。**

もともと物権（抵当権だけでなく、地上権や永小作権も同じです）の処分自体が、設定者に無断でできるものなのです。だから設定者は全く関与しません。

添付情報を見ていくと、登記原因証明情報は必要、登記識別情報は共同申請だから必要、印鑑証明書は義務者が抵当権者なので不要です。

そして登録免許税は、担保権の移転の登録免許税は、債権額×1000分の2になります（担保権の移転の税率の基本です。相続の場合は、1000分の1になります）。

順位番号	登記の目的	受付年月日	権利者その他の事項	
1	抵当権設定	（略）	原因 債権額 債務者 抵当権者	年月日金銭消費貸借同日設定 金1,000万円 （住所省略）Ａ （住所省略）Ｘ
付記1号	1番抵当権一部移転	（略）	原因 譲渡額 抵当権者	令和5年11月5日債権一部譲渡 金500万円 （住所省略）Ｙ

これは、債権を半分だけ売った場合の登記簿になっています。

債権を500万円だけ売れば、抵当権もその分だけ移ります。だからなすべき登記は、1番抵当権一部移転となり、譲渡人と譲受人で抵当権を準共有することになります。

そして、原因を見てください。年月日債権一部譲渡と書きます。

原因に「一部〇〇」
→　金額を書く

原因に一部と書いたら、具体的な金額を入れる必要があります。譲渡額という部分です。これによって、Ｘが500万円の債権、Ｙが500万円の債権を持つことが分かります。

　これにより、ＸＹの抵当権に対する持分が、Ｘ持分２分の１、Ｙ持分２分の１と分かります。そのため、**この１番付記１号には、持分を書きません。譲渡額で持分が分かるから、持分を別途書く必要は無いということです。**

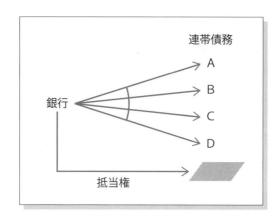

　銀行がＡＢＣＤを連帯債務者とし、一気に抵当権を設定しているという事案です。

　この銀行がＤに対する債権だけを全部売りました。

　Ｄの債権を全部売ったのであれば、抵当権も移りますよね。ただ、抵当権の全部が移っていいのでしょうか。銀行だってまだＡＢＣの債権を持っているため、銀行にも抵当権を残すべきです。そのため、**抵当権は一部移転という処理になります。**

　では、登記原因はどうなるでしょうか。

 覚えましょう

> 抵当権者甲が、連帯債務者ＡＢＣＤに対して有している債権のうち、Ｄに対する債権のみを乙に譲渡した場合には、「年月日債権譲渡（連帯債務者Ｄにかかる債権）」を登記原因とする抵当権の一部移転登記を申請することで足りる。

　Ｄへの債権を全部売っていますから、債権譲渡になります。ただ、括弧書き（連帯債務者Ｄにかかる債権）この記載が必須です。**これがないと、ＡＢＣＤへ**

の債権を全部売ったという公示になってしまうからです。

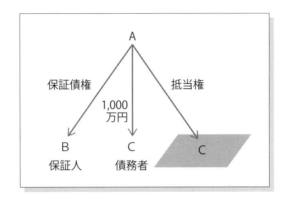

　この状況で、BがAに対して弁済をしました。第三者弁済をすれば、BはAが持っている担保権を行使することができます。これが弁済による代位というものです。

　ただ、理屈は下記の通りです。

「Bが第三者弁済をする→BがCに求償権を持つ→これを担保するために、AのCに対する被担保債権をBに移して抵当権も移転させる」

　結果として、抵当権はAからBに移ります。それが下の登記簿です。

順位番号	登記の目的	受付年月日	権利者その他の事項		
1	抵当権設定	（略）	原因 債権額 債務者 抵当権者	年月日金銭消費貸借同日設定 金1,000万円 （住所省略）C （住所省略）A	
付記1号	1番抵当権移転	（略）	原因 抵当権者	年月日代位弁済 （住所省略）B	

　原因を見てください。民法では弁済による代位と呼びましたが、不動産登記では代位弁済と書きます。

順位番号	登記の目的	受付年月日	権利者その他の事項	
1	抵当権設定	(略)	原因 債権額 債務者 抵当権者	年月日金銭消費貸借同日設定 金1,000万円 (住所省略) C (住所省略) A
付記1号	1番抵当権一部 移転	(略)	原因 弁済額 抵当権者	年月日一部代位弁済 金500万円 (住所省略) B

　この事例は、先ほどのBが全額の弁済をしたのではなく、半分の500万円だけ払った場合の登記簿になっています。

　半分だけ払ったのであれば、抵当権の移転も半分だけなので、原因は一部代位弁済となります。

　原因に一部と書くため、どれくらいかが登記事項となります。債権譲渡の時は「譲渡額」と記載しましたが、今回は「弁済額」と書いて公示することになります。

　これによって**共有割合が見て分かるので、持分を書く必要がなくなります。**

順位番号	登記の目的	受付年月日	権利者その他の事項	
1	抵当権設定	(略)	(登記事項省略) 抵当権者　(住所省略)　A	
付記1号	1番抵当権移転	(略)	(登記事項省略) 抵当権者　(住所省略)　B	
付記2号	1番抵当権移転	(略)	原因　　　真正な登記名義の回復 抵当権者　(住所省略)　A	

　B名義に移転登記をしているのですが、この登記が間違っていました。そのため、抹消登記をしようと思ったのですが、いろいろな理由でできなかったようです。

　ただAは自分名義に戻したかったので、移転登記で名義を戻すことにしました。それが真正な登記名義の回復というものです。

順位番号	登記の目的	受付年月日	権利者その他の事項
1	抵当権設定	（略）	（登記事項省略） 抵当権者　（住所省略）　A
付記1号	1番抵当権移転	（略）	原因　　　真正な登記名義の回復 抵当権者　（住所省略）　B

　1番でAと入っていますが、実はAで設定したというのがウソで、本当は設定したのがBだったのです。そこで名義を回復させるために、移転登記でAからBへ真正な登記名義の回復を原因として申請しようとしても、これはできません。

　真正な登記名義の回復を入れるということは、その前がウソだったことを意味します。つまり、この登記簿では1番がウソ、つまり、この抵当権の登記自体が無効だったのです。

　「無効な登記の流用は認めるべきではない」という観点から、真正な登記名義の回復による移転は認められていません。

順位番号	登記の目的	受付年月日	権利者その他の事項
1	抵当権設定	（略）	（登記事項省略） 抵当権者　（住所省略）　A
付記1号	1番抵当権移転	（略）	（登記事項省略） 抵当権者　（住所省略）　B
付記2号	1番抵当権移転	（略）	原因　　　真正な登記名義の回復 抵当権者　（住所省略）　A

　真正な登記名義の回復が認められる登記簿ですが、真正な登記名義の回復が入る前の付記1号のところがウソでした。

　つまり、**移転がウソだったというだけであって、1番の登記自体は真実だった**のです。だからこの場合、無効な登記を使い回しているということではないので、移転登記による名義回復が認められています。

問題を解いて確認しよう

1	連帯債務者Ａ、Ｂ及びＣに対する債権を被担保債権として抵当権が設定されている場合において、そのうちＡに対する債権のみが第三者に譲渡されたときは、抵当権の一部移転の登記を申請することができる。〔20-20-ウ〕	○
2	抵当権の被担保債権の一部を第三者が代位弁済し、抵当権一部移転の登記を申請する場合、当該第三者の持分を申請情報の内容としなければならない。〔オリジナル〕	×
3	Ａ名義の抵当権設定登記がされている不動産について、真正な登記名義の回復を原因として、Ｂ名義への抵当権移転の登記を申請することはできない。〔6-22-4〕	○

─(×肢のヒトコト解説)─

2 弁済額を登記するので、それで共有割合が分かります。よって、持分を登記する必要はないのです。

第3章 抵当権変更

抵当権の内容が変わった時の登記です。申請人は
権利者　抵当権者
義務者　設定者
になるのが基本です。
そして、これがたまに逆転する場面があるので
気を付けて読んでいってください。

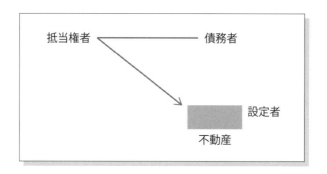

　今、上記の抵当権を変えようとしています。抵当権の矢印を持っているのは抵当権者、刺さっているのは設定者です。だから、この抵当権を変える場合、利害を持つのは抵当権者と矢印の刺さっている設定者になります。そのため、申請するのは抵当権者と設定者となるのです。

　ちなみに、どのような変更でも**債務者が申請人になることはない**と思ってください（1つだけ債務者が申請人になる事例がありますが、それ以外では申請人になりません）。

第1節　債権額

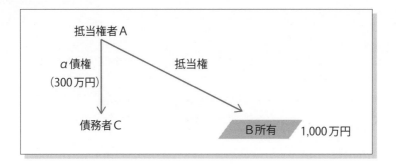

AはCに300万円貸していて、1,000万円の不動産に抵当権を付けています。Aは、この不動産にまだ700万円の余地があると思って、更にβ債権700万円をCに貸し付けたのです。

順位番号	登記の目的	受付年月日	権利者その他の事項	
1	抵当権設定	（略）	原因 債権額 債務者 抵当権者	年月日金銭消費貸借同日設定 金300万円 （住所省略）C （住所省略）A
付記1号	1番抵当権変更	（略）	原因 債権額	年月日変更 金1,000万円

ここで、上記のように1番抵当権の債権額を300万円から1,000万円に引き上げる変更登記はできません。

以下は重要な定義ですので、是非覚えてください。

抵当権は特定債権担保
→　この抵当権は、α債権専用の抵当権
→　他の債権には使えない

だから β 債権という形で、別個貸付をしたのであれば、β 債権専用の抵当権を設定して、新たに 2 番で設定登記を入れるべきなのです。

では、どんな時に債権額の増額ができるのでしょうか。

順位番号	登記の目的	受付年月日	権利者その他の事項	
1	抵当権設定	（略）	原因	年月日金銭消費貸借金1,000万円 のうち金500万円同日設定
			債権額	金500万円
			債務者	（住所省略）C
			抵当権者	（住所省略）A

原因のところに着目してください。

これは、貸したのは1,000万円ですが、そのうち500万円は払える見込みだったので、500万円だけ担保した登記です（この場合、優先弁済額は500万円なので登録免許税も500万円×1000分の4となります）。

その後、残り500万円がどうも払えそうに無いことが分かったので、債権額を500万円から1,000万円に増やすことにしたのです。

これは α 債権担保という特定債権担保は守っています。担保している債権は変わらず、その範囲を変えるだけなのです。

そのため、この事例では、債権額を増やすことが認められるのです。

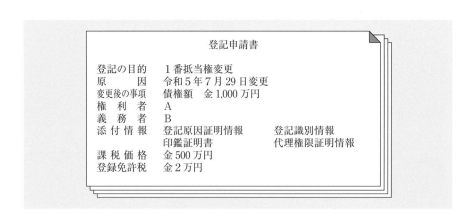

```
                        登記申請書
   登記の目的    1番抵当権変更
   原    因    令和5年7月29日変更
   変更後の事項    債権額　金1,000万円
   権  利  者    A
   義  務  者    B
   添 付 情 報    登記原因証明情報        登記識別情報
                印鑑証明書              代理権限証明情報
   課 税 価 格    金500万円
   登録免許税    金2万円
```

原因は年月日変更となっていて、変更契約をしたことを表現しています（勝手

に変更はできず、設定者との契約が必要です）。

　変更登記のときは、ここがこう変わったよと、変更後の事項に書いていくことが必要です。債権額がこう変わったよと、トータルの金額を書いてください（「○○円増えたよ」ではなくて、結局トータルでいくらになったよということを書くのです）。

　権利者・義務者ですが、**権利者は優先弁済額が増え利益を受けるＡ、不利益を受けるのは抵当権の負担が増えるＢです**（債務者は絶対関与しませんからね）。

　添付情報はルール通りです。
　登記識別情報は共同申請だから要る（Ｂのものが必要）。
　印鑑証明書は義務者が所有権登記名義人だから要る。
　住所証明情報は要りません（所有権の移転保存等ではないからです）。

　登録免許税を見てください。本来、変更登記は不動産１個1,000円ですが、このケースは1,000円ではまずいです。

　もし、これが1,000円で済むのであれば、初めの設定登記では１万円にしておいて、後で999万円分を増やすという変更登記をされるでしょう。

　そこで、今回のような**優先弁済額が増えている事例では、その増額分の1000分の４を課税する**ことにしているのです。

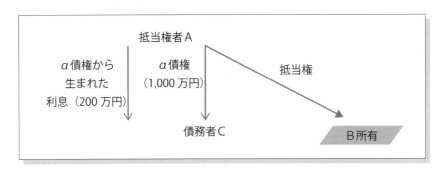

　利息を元本化するということができます。
　上記の図の状態で、200万円を元本にすることによって、元本を1,200万円にするのです（これにより、翌年からの利息の金額が増えます）。
　これも特定債権担保の概念を崩していません。

前記の抵当権はα債権専用ですが、利息もα債権から生まれています。そのため、**αから生じた利息を前記の抵当権で担保することは問題ない**のです。

では、この場合の申請書を見ましょう。

登記申請書

登記の目的	1番抵当権変更
原　　因	令和5年8月1日
	令和3年7月1日から令和5年6月30日までの利息の元本組入
変更後の事項	債権額　金1,200万円
権　利　者	A
義　務　者	B
添　付　情　報	登記原因証明情報　　　登記識別情報
	印鑑証明書　　　　　　代理権限証明情報
課　税　価　格	金200万円
登　録　免　許　税	金8,000円

原因の冒頭に令和5年8月1日とありますが、ここが原因日付です。その後に載っている「令和3年7月1日から令和5年6月30日まで」というのは、利息を特定するための日付です。いつの利息を組入れたのかを特定するために記載する部分です。

これ以外の表現は、先ほどの被担保債権の一部に抵当権を設定している場合とほぼ変わらないので、説明は割愛します。

これで到達！　合格ゾーン

☐ 金銭消費貸借予約契約に基づく将来の債権を担保するための抵当権の設定の登記がされている場合、当該金銭消費貸借予約契約を変更して貸付金を増額したときは、被担保債権に同一性があるものとして、債権額を増額する抵当権の変更の登記を申請することができる（昭42.11.7民甲3142号）。〔令2-21-イ〕

★「1,000万貸す」という予約をしたところ、「やっぱり2,000万貸す」と約束内容を変えた場合も債権額を変更できます。まだ決まっていない金額は後でも変えられると考えればいいでしょう。

　抵当権の債権額が増える事例では、登記上の利害関係人が登場する場合があります。しかも、この**債権額増額の変更は任意的承諾です。**そのため、**承諾があれば付記登記、無くても主登記で登記ができます。**

　では誰が利害関係人となるのでしょうか。事例で説明します。

（こちらは、登記簿に入った順番を分かりやすくなるように、順番を縦に並べて表現しています。）

甲区		乙区	
２番　所有権移転	甲		
		１番　　抵当権設定 付記１号　　転抵当	A C
３番　仮登記	乙		
		２番　　地上権設定	B
４番　差押	丙		
		３番　　抵当権設定 付記１号　　転抵当	D E

　この状態で競売になった場合、誰がどういう順番で配当を受けるでしょうか。

　例えば、Aの抵当権の被担保債権が1,000万円であれば、Aに1,000万円配当されます。ただし、転抵当権者Cがいるので、その1,000万円を先にCが取っていき、もし余りがあればAに配当されます。

　ACが配当を受けた後に残りがあれば、「差し押さえた丙」「３番抵当権者D」「３番の転抵当権者E」が配当を受けられる可能性があります。

1番抵当権の債権額を増額する

→ 配当が減る　ＤＥ丙と

　　負担が増える　乙が利害関係人になる

この状態で、1番抵当権者Aが債権額を増やそうとしています。

1番の取り分が増えれば、その残りしかもらえないＤＥ丙の配当は減ります。

Aの債権額が増えたら、自分たちの配当が減るじゃないか！！！

Aの債権額が増えたら、自分の取り分が増えるぞ！

これらの者の承諾無く、債権額の増額登記を1番に付記登記で入れるわけにはいきません。

このように、**後順位担保権者、これに付けた転抵当権者、差押えをした人、これらの者は利害関係人になります。**

あともう1人利害関係人になる者がいます。それが**甲区の3番仮登記名義人の乙**です。

まず、この仮登記名義人乙は、仮登記を入れた後の権利は本登記で消せますが、仮登記の前に入れたものは消せません。1番抵当権は仮登記の前に入っているから消せないのです。

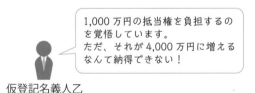

1,000万円の抵当権を負担するのを覚悟しています。
ただ、それが4,000万円に増えるなんて納得できない！

仮登記名義人乙

　仮登記の名義人は、1番抵当権を引受けるつもりで仮登記を入れています。つまり「本登記をしても1,000万円の抵当権が付いてくるのだね」ということを分かって仮登記を入れているのです。それなのに、この抵当権の金額が1,000万円から4,000万円まで増えたら、仮登記名義人は怒りますね。

　そのため、抵当権の債権額を増やすときは、甲区の仮登記名義人も利害関係人となるのです。

態様	原因	申請人		税
		権利者	義務者	
増額変更契約	年月日変更	抵当権者	設定者	増加分 × 4/1000
利息の元本組入	年月日「年月日から年月日までの利息の元本組入」			
減額変更契約	年月日変更	設定者	抵当権者	1,000円
一部弁済	年月日一部弁済			

　上2段はすでに触れているところなので、下2段を説明します。

　これは減額するケースなのですが、今までとは申請人が変わってきます。減額することによって、土地に対する抵当権の負担が軽くなるため、**設定者が権利者になり、義務者は抵当権者となる**のです。

　これによって添付情報がだいぶ変わりますよね。登記識別情報が必要になる方が変わるし、印鑑証明書が不要になります。

　また、登録免許税も増額の場合とは異なります。

　変更登記の登録免許税は原則1,000円で、減額変更はその原則通り1,000円で構いません。増額変更の場合は優先弁済額が増えるので、増加分×1000分の4を取られますが、減額変更は優先弁済額が増えるわけではないので、原則通り1,000円でいいのです。

乙区1番の抵当権について、利息の組入れの登記を申請している。

〔26-22改題〕

甲区
1番　所有権移転　平成10年1月7日受付第888号
　　　共有者　持分2分の1　X
　　　　　　　　　2分の1　Y
2番　Y持分全部移転　平成26年1月6日受付第777号
　　　所有者　持分2分の1　X
乙区
1番　X持分抵当権設定　平成12年1月5日受付第555号
　　　債権額　金500万円
　　　利息　年8％　債務者　X
　　　抵当権者　Z
2番　地上権設定　平成25年1月7日受付第999号
　　　地上権者　W

1	「利息の組入れの登記」は、Xが単独で申請することができる。	×
2	「利息の組入れの登記」は、被担保債権の額を申請情報の内容とすることを要しない。	×
3	「利息の組入れの登記」は、延滞した利息の額を申請情報の内容とすることを要しない。	○
4	「利息の組入れの登記」は、添付情報として、Xの印鑑に関する証明書を提供することを要しない。	×
5	「利息の組入れの登記」は、添付情報として、Wが承諾したことを証する情報を提供することを要しない。	○

──── ×肢のヒトコト解説 ────

1　抵当権者との共同申請です。

2　被担保債権額がトータルいくらになったかを記載します。

4　義務者が所有者になるので、印鑑証明書は必要です。

2周目はここまで押さえよう

登記申請書

目　　　的　　１番抵当権変更
原　　　因　　年月日元本弁済
変更後の事項　債権額　金○円（年月日分から年月日分までの利息）

　元本と利息がある状態で一部の支払いをした場合は、債権額の変更登記をすることになりますが、今回は元本だけを弁済した場合の申請書です。

　この場合、元本を弁済した旨を申請書に表現し、利息債権だけになっていることを明記します。ここから先、利息・遅延損害金が発生しないため、それを公示するためです。

✓（その①）

　　乙区　　１番　　　　　A持分抵当権設定
　　　　　　　　　　　　　債務者　C
　　　　　　　　　　　　　抵当権者　D

1　Dの債権の元本のみが弁済された場合、「平成年月日元本弁済」を登記原因として、変更後の事項を債権額金○○円（平成年月分から平成年月分までの利息）とする１番抵当権変更登記を申請することができる。〔11-21-ア〕　　　　○

（その②）

2　弁済の充当に関する当事者間の合意により抵当権の被担保債権の元本が全額弁済され、利息のみが残っている場合は、変更後の事項を「債権額金○○円（年月分から年月分までの利息）」として、一部弁済を登記原因とする抵当権の変更の登記を申請することができる。〔令2-21-ア〕　　　　×

利息について変更登記はいろいろあります。ただ、出題があるのは、利息の特別登記というものです。民法の条文を見てください。

民法第375条（抵当権の被担保債権の範囲）
1 　抵当権者は、利息その他の定期金を請求する権利を有するときは、その満期となった最後の2年分についてのみ、その抵当権を行使することができる。ただし、それ以前の定期金についても、満期後に特別の登記をしたときは、その登記の時からその抵当権を行使することを妨げない。

抵当権で優先弁済を受けられる利息の範囲は2年までです。これは「1番が独占せずに、2番と3番のために残してあげなさい」という趣旨です。

ただ、登記をすれば2年分以上の利息についても、優先弁済を受けることができます。次の登記簿を見てください。

順位番号	登記の目的	受付年月日	権利者その他の事項	
1	抵当権設定	（略）	原因 債権額 債務者 抵当権者	令和○年○月○日金銭消費貸借 同日設定 金○円 （住所省略）　　　A （住所省略）　　　B
付記1号	1番抵当権の利息の特別登記	（略）	原因 延滞利息	令和3年8月27日から令和5年 8月26日までの利息延滞 金50万円
2	抵当権設定	（略）	（登記事項一部省略） 抵当権者	（住所省略）　　　C

本来、利息は2年分しか取れないのですが、この**付記1号の登記があると、2年分プラス50万円分、利息の優先弁済が受けられます**。この付記1号は、「プラス50万円の優先弁済を受けるぞ」という公示になっています。

ただ、この登記は勝手にできるわけではなく、既存の2番抵当権者のOKが必要です。

「1番抵当権は、2年分の利息だけ優先弁済を受けるはずだ」と期待しているのですから、CのOKがなければ、主登記でしかできません（任意的承諾の登記

です）。

登記申請書

登記の目的	1番抵当権の利息の特別登記（付記）
原　　　　因	令和3年8月27日から令和5年8月26日 までの利息延滞
延滞利息	金50万円
権　利　者	B
義　務　者	A
添付情報	登記原因証明情報　　登記識別情報 印鑑証明書　　　　　代理権限証明情報 登記上の利害関係を有する第三者の承諾証明 情報
課税価格	金50万円
登録免許税	金2,000円

　目的は、1番抵当権変更ではありません。**1番抵当権変更と書くのは、古い情報を消して、新しい情報を書く場合です。この利息の特別登記は、どこの情報も消せないため、この登記の目的は、1番抵当権変更とは書かない**のです。

　次に原因を見てください。この登記をするには契約を結ぶ必要はありません。**利息を払っていない事実が生じただけで、登記義務が発生する**のです。

　権利者・義務者の分配は、利益を受ける抵当権者が権利者で、そして、負担が増える設定者が義務者になります。

　添付情報は、今までの基本ルール通りで添付すれば大丈夫です。ただ、利害関係人の承諾書には注意をしましょう（任意的承諾なので添付すれば付記登記、添付しなくても主登記で登記されます）。

　登録免許税は、変更登記の場合は基本1,000円ですが、優先弁済額が増える場合は、増える分の1000分の4です。今回、優先弁済額が増えますので、1000分の4が必要になります。

次は債務者の変更です。登記簿を見てください。

順位番号	登記の目的	受付年月日	権利者その他の事項
1	抵当権設定	（略）	原因　　令和○年○月○日金銭消費貸借同日設定 債権額　金○円 債務者　（住所省略）　A 抵当権者（住所省略）　B
付記1号	1番抵当権変更	（略）	原因　　令和○年○月○日免責的債務引受 債務者　（住所省略）　C

　債務者が今までAでしたが、債務を完全にCに押し付ける免責的債務引受がありました。その結果、付記1号で、債務者がAからCへと変わったことが公示されています。この登記簿を作る申請書を見ましょう。

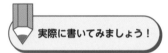
実際に書いてみましょう！

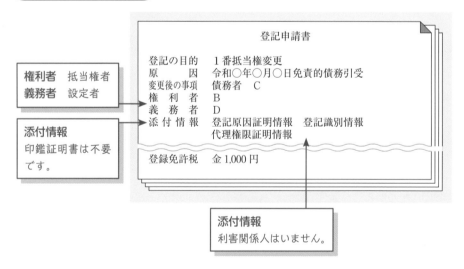

権利者 抵当権者
義務者 設定者

添付情報
印鑑証明書は不要です。

登記申請書

登記の目的　　1番抵当権変更
原　　　因　　令和○年○月○日免責的債務引受
変更後の事項　債務者　C
権　利　者　　B
義　務　者　　D
添付情報　　　登記原因証明情報　登記識別情報
　　　　　　　代理権限証明情報

登録免許税　　金1,000円

添付情報
利害関係人はいません。

登記原因は、債務引受とざっくり書くのではなく、「免責的債務引受」と記載します（もう1つの債務引受との違いを明確にするためです）。

また、登記原因の日付は、下記のようになります。

☝Point

債権者と引受人との契約による免責的債務引受の場合

→　債権者から債務者への通知の到達日

債務者と引受人との契約による免責的債務引受の場合

→　債権者の承諾の日

今の例でいえば、BとCで契約する場合はBからAに通知する必要があります（Aの履行の準備を無駄にしないためです）。

また、ACで契約をする場合は、Bの承諾が必要です（BのOKがなければ、支払う人を勝手には変えられません）。

こういった**民法の要件をクリアした時期が、物権変動の時期になります。**

債務者変更登記の絶対の法則
権利者　　　抵当権者
義務者　　　設定者　しかし、印鑑証明書　×
利害関係人　なし

権利者・義務者の欄を見てください。**必ず権利者は抵当権者、義務者は設定者**です（債務者ではなく設定者です）。

例えば「今の債務者の方の資力が強く、新しい債務者の方の資力が弱い」のであれば、抵当権者が不利になるでしょう。そんな場合でも、権利者が抵当権者で義務者は設定者です。

資力が強いか弱いかなんて、申請書・添付情報しか見ることができない登記官には分かりませんから、一律、権利者＝抵当権者、義務者＝設定者にしたのです。

そして、**義務者は設定者ですが、印鑑証明書は不要**になっています。これは、**払う人が変わるだけ、これ以上負担が増えるわけではないからです**（ここは、根抵当権との比較をすると分かってくるので、学習初期段階では飲み込んでください）。

そして、利害関係人は現れないことを説明します。例えば1番抵当権の債務者の資力が弱くなるとします。2番抵当権者として見れば「1番が実行されやすくなってしまうじゃないか」というように、不利になることだってあると思います。ただ、**そういった事情は、分からないので**、利害関係人は一律いないとしているのです。

では、次の登記簿にいきましょう。

順位番号	登記の目的	受付年月日	権利者その他の事項
1	抵当権設定	（略）	原因　　　令和○年○月○日金銭消費貸借同日設定 債権額　　金○円 債務者　　（住所省略）　A 抵当権者　（住所省略）　B
付記1号	1番抵当権変更	（略）	原因　　　　令和○年○月○日併存的債務引受 連帯債務者　（住所省略）　C

付記1号の原因を見てください。併存的債務引受、つまり、Aだけが債務を負うのではなく、Cも負いますよという公示になっています。

併存的債務引受した場合は、Aが債務者として残るのはもちろんのこと、Cも入って連帯債務関係になります。**連帯債務関係になることが、登記簿にも載るようになっています。**

この登記簿を作る申請書を見ましょう。

登記申請書

登記の目的	1番抵当権変更
原　　　因	令和○年○月○日併存的債務引受
追加する事項	連帯債務者　C
権　利　者	B
義　務　者	D
添 付 情 報	登記原因証明情報　登記識別情報 代理権限証明情報
登録免許税	金 1,000 円

変更後の事項ではなく「追加する事項」と書きます。今あるところに突っ込むので「変わったところ」ではなく、「突っ込んだ部分」の方が日本語的に綺麗なため、ここは追加する事項と書いています。

権利者・義務者は先ほどいったとおり、権利者＝抵当権者、義務者＝設定者で印鑑証明書は不要となります。

登録免許税は、優先弁済額が増えているわけではないから1,000円となります。

問題を解いて確認しよう

1　A名義の第1順位の抵当権及びB名義の第2順位の抵当権の設定登記がされているときは、Bの承諾書を申請書に添付しなければ、免責的債務引受によるAの抵当権の債務者の変更の登記を申請することはできない。〔6-22-3（19-18-エ）〕　×

2　不動産の所有権を目的とする抵当権の設定の登記がされている場合において、書面を提出する方法により、債務者を変更する抵当権の変更の登記を申請するときは、抵当権設定者の印鑑に関する証明書の添付を要しない。〔18-23-イ改題〕　○

×肢のヒトコト解説

1　債務者が変わっても、優先弁済量は変わらないので、後順位担保権者の承諾は要求されません。

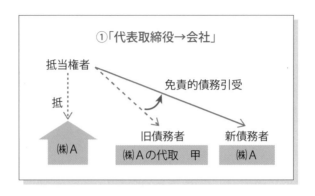

　この**債務引受には、利益相反の論点が出てきます**。例えば上記の図は、代表取締役がお金を借りて、会社不動産に抵当権の設定を受けている状態から、この役員の債務を会社が免責的債務引受をしています。これにより、代表取締役甲が債務者から外れて、会社がその債務を負うことになります。

　この債務引受をすると、代表取締役甲と会社、どっちがプラスを受けて、どっちがマイナスになるでしょう。

　これは、**代表取締役甲がプラスになり、会社がマイナスを受けることになります**。そのため、この事例は利益相反になるため、会社の承認決議が必要になり、その議事録が添付書類になります。

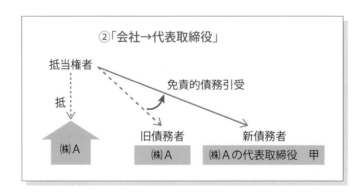

　今度は、会社が債務者だったのを、代表取締役がその債務を引き受けるという事例です。つまり、会社の借金を代表取締役が引き受けています。

　これは会社がプラスで、取締役がマイナスになる状態になっていますので、こ

の事例は利益相反にはなりません。

問題を解いて確認しよう

1 株式会社（取締役会設置会社）の債務を担保するため、会社所有の不動産について抵当権設定の登記を経た後、債務者をその代表取締役個人に変更する抵当権変更の登記を申請する場合には、取締役会の承認を証する書面の添付を要しない。〔元-29-4（18-22-イ）〕　　○

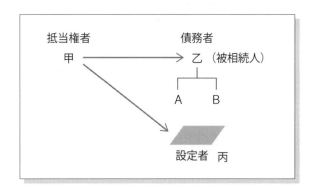

甲から乙に債権があり、これを担保するために丙の不動産に抵当権を設定した状態から、乙が死亡し相続人がAとBになりました。

ここで債務者をAだけにすることにしたのですが、一般的なやり方が次の登記簿です。

順位番号	登記の目的	受付年月日	権利者その他の事項	
1	抵当権設定	（略）	原因 債権額 <u>債務者</u> 抵当権者	年月日金銭消費貸借年月日設定 金2,000万円 （住所省略）　乙 （住所省略）　甲
付記１号	１番抵当権変更	（略）	原因 <u>債務者</u>	年月日相続 <u>（住所省略）　A</u> <u>（住所省略）　B</u>
付記２号	１番抵当権変更	（略）	原因 債務者	年月日Bの債務引受 （住所省略）　A

まずは、相続を原因として付記1号でAB名義として、その後に付記2号の変更登記で債務者をAだけにします。

　このように2回の登記申請をして、債務者をAだけにします。2件目の原因に気を付けてください。「免責的債務引受」と書かずに、「Bの債務引受」と書くことになっています。

　債務者をAだけにするには、もう1つ方法があります。「債務者をAにする」という内容の**遺産分割協議です**（債権者の承諾は必要です）。

　遺産分割には、遡及効があるので、初めからAだけが債務者だったことになります。そのため、登記簿もいきなりA名義にできるのです。

順位番号	登記の目的	受付年月日	権利者その他の事項
1	抵当権設定	（略）	原因　　　年月日金銭消費貸借年月日設定 債権額　　金2,000万円 <u>債務者</u>　　（住所省略）　<u>乙</u> 抵当権者　（住所省略）　甲
付記1号	1番抵当権変更	（略）	原因　　　年月日相続 債務者　　（住所省略）　A

この登記簿を作る申請書を見ましょう。

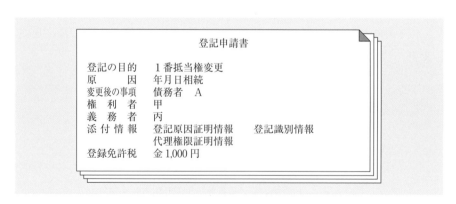

```
　　　　　　　　　　　　　登記申請書

　登記の目的　　1番抵当権変更
　原　　　因　　年月日相続
　変更後の事項　債務者　A
　権　利　者　　甲
　義　務　者　　丙
　添 付 情 報　　登記原因証明情報　　　登記識別情報
　　　　　　　　　代理権限証明情報
　登録免許税　　金1,000円
```

権利者義務者の共同申請になっていることに気を付けてください。

移転登記で原因が相続または合併であれば単独申請です。この事例の登記申請

は移転でなく、変更登記です。そのため、原則通り共同申請で行います。

原因が相続でも、移転登記か変更登記かで結論が違うので注意してください。

問題を解いて確認しよう

| 1 | 債務者が死亡し、共同相続人の一人が遺産分割によって抵当権付債務を引き受けた場合には、共同相続人全員を債務者とする変更の登記をした上で、債務引受けによる変更の登記を申請しなければならない。〔12-18-5〕 | × |

ヒトコト解説

1 遺産分割には遡及効があるので、共同相続登記をしないまま、いきなり債務者を一人にできます。

順位番号	登記の目的	受付年月日	権利者その他の事項
1	抵当権設定	（略）	原因　　年月日金銭消費貸借年月日設定 債権額　金2,000万円 債務者　草加市青柳二丁目2番2号　乙 抵当権者　（住所省略）　甲
付記1号	1番抵当権変更	（略）	原因　　　　令和5年7月1日住所移転 債務者の住所　草加市青柳四丁目4番4号

債務者の乙が引っ越しをして住所が変わったようです。住所が変わった場合も、登記申請が必要になります。

目的は1番抵当権変更となります。

住所が変わったということで、1番抵当権登記名義人住所変更と書きたくなるところです（ちなみに、この場合は単独申請です）。ただ、「**1番抵当権登記名義人住所変更**」は、抵当権者の住所が変わった場合の表現です。

今回は債務者の住所が変わっているので、1番抵当権登記名義人住所変更ではなく、**債務者の情報が変わったという1番抵当権変更**という扱いをします。

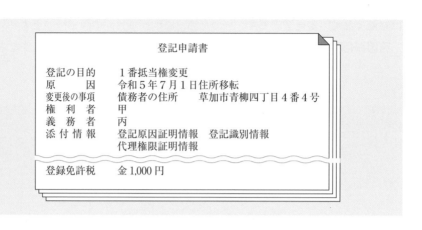

原因を覚えてください。引っ越しは「住所移転」と書きます。

変更後の事項には、債務者の住所が変わったことを明記していきます。

登録免許税は、優先弁済額が増えるわけではないので1,000円です。

　住所の変更は、上記のように引っ越しによって生じることもありますし、**行政が勝手に変えることがあります**。次の図を見てください。

```
草加市青柳町六丁目3346番地
         ↓
草加市青柳町六丁目34番2号
```

　人口が多くなり、古い住所の書き方だと細かく特定できなくなってきた場合、もっと細かく住所を記載するために、住所の表記の仕方を変えることができます。これが住居表示実施です。

　行政がこういうことをした場合、登記申請は必要です。ただ、登録免許税は課されません。**役所が勝手に住所を変えたのに税金をとられるのはおかしい**ですよね。

　　ex.「甲村」全体が「乙村」に合併された場合
　　ex.「甲村」「乙町」「丙町」を合併して、新たに「D市」を設置した場合

　市町村合併等によって、市など地方公共団体の名前が変わっています。こういうのを、行政区画の変更と呼びます。

　この行政区画変更が行われても**登記申請は不要**です。**市の名前が変わったとか
いうのは、みんな知っているから、書かなくても分かるだろうという理由**です。
ただ、次のような場合は別です。

「草加市一丁目1番1号」→「田中市一丁目1番5号」

　**市の名前が変わったことは見て分かりますが、地番までどう変わったかは分か
りません。**そのため、**登記申請が必要**になります（もちろん、登録免許税は課さ
れません）。

　ここまでまとめると、以下のようになります。

住居表示実施	→	登記申請が必要
行政区画のみの変更	→	登記申請は不要
行政区画の変更＋地番まで変更		
	→	登記申請が必要

2周目はここまで押さえよう

登記申請書

登 記 の 目 的	1番抵当権変更
追 加 事 項	取扱店 Ｄ支店
申 　 請 　 人	本店省略 株式会社Ｃ銀行
	（会社法人等番号　1234-56-789012）
	代表取締役 何某
添 付 書 類	登記原因証明情報　会社法人等番号
	代理権限証明情報
登録免許税	金1,000円

　上記は、抵当権設定登記の時点では、取扱支店を登記していなかったので
すが、その後、銀行側の事情で取扱支店を登記することになった場合の申請
書です。

この登記は、名前が変わったことに近いことから、名変登記に準じて抵当権の登記名義人が申請人となって、**単独で申請する**ことになっています。

　また、**登記原因（及び日付）が申請情報の内容になっていません**。登記原因として、「本社から指示があったから」などがあるはずなのですが、法律行為ではないため、登記原因を記載しないものと思われます。

　ただ、この登記では、**登記原因証明情報を提供する必要があります**。上記のように申請書には記載しませんが、登記原因はあるので、それを立証することになっています。

✓ 1	抵当権の登記に記録された抵当権者の取扱店の変更の登記は、登記名義人の表示の変更の登記に準ずるものとして、抵当権者（抵当権の登記名義人）が申請人となって、単独で申請する。〔22-22-エ改題〕	〇
2	Ａ銀行を登記名義人とする抵当権の登記にＡ銀行の取扱店としてＢ支店を表示する抵当権の変更の登記を申請するときに、Ｂ支店を取扱店と指定した年月日を申請情報の内容とすることを要する。〔令4-14-オ〕	×
3	抵当権の登記に記録されている取扱店が変更された場合において、その旨の抵当権変更の登記を申請するときは、登記原因証明情報を提供することを要しない。〔オリジナル〕	×

第4節　共有持分上の抵当権の、効力の範囲の変更

「A持分にだけ付けていた抵当権を、所有権全部に広げる」

「所有権全体についていた抵当権を、A持分だけにする」

この節はこういった抵当権の設定されている範囲が変わる登記を見ていきます。

(1) 及ぼす変更

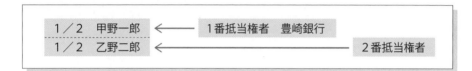

　甲野一郎、乙野二郎共有の不動産について、豊崎銀行が甲野一郎の持分だけに抵当権を付けていました。

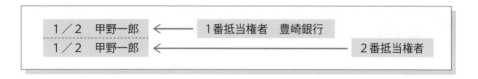

　その後、甲野一郎が乙野二郎の持分を取得しました。ただ、1番抵当権の対象は今までと変わりません。

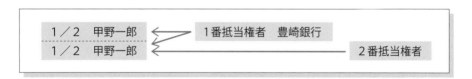

　豊崎銀行が「持分を取得したのであれば、そこにも追加設定させてくれ」と甲野一郎に話を持ちかけたころ、甲野一郎はそれに応じました。

　これにより、甲野一郎の持分だけの抵当権から、所有権全部への抵当権へと、抵当権の範囲が広がります。次の登記簿を見てください。

順位番号	登記の目的	受付年月日	権利者その他の事項
1	甲野一郎持分抵当権設定	（略）	原因　　令和○年○月○日金銭消費貸借同日設定 債権額　金○円 利息　　年○％ 債務者　（住所省略）　甲野一郎 抵当権者　（本店省略）　株式会社豊崎銀行
付記1号	1番抵当権の効力を所有権全部に及ぼす変更	（略）	原因　　令和○年○月○日金銭消費貸借令和○年○月○日設定
2	抵当権設定	（略）	（略）

　1番の目的が甲野一郎持分抵当権設定でしたが、それが付記1号で所有権全部の抵当権にチェンジしたことになります。

　ちなみに、単に設定登記をすることも可能です。ただ**設定登記をした場合、順位番号は3番になってしまい、順位番号が落ちてしまう**のです。一方、及ぼす変更をすれば、**1番を維持したまま、変更することができます。**

　ではこの登記簿を作るための申請書を見てみましょう。

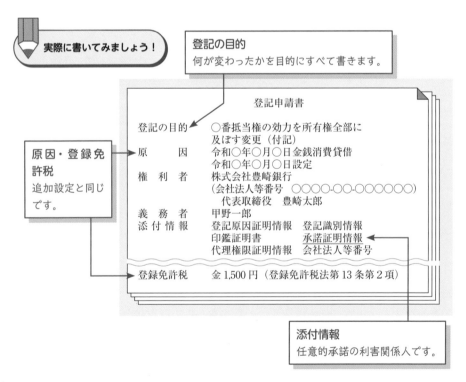

実際に書いてみましょう！

登記の目的
何が変わったかを目的にすべて書きます。

登記申請書

登記の目的　○番抵当権の効力を所有権全部に
　　　　　　及ぼす変更（付記）
原　　因　　令和○年○月○日金銭消費貸借
　　　　　　令和○年○月○日設定
権　利　者　株式会社豊崎銀行
　　　　　　（会社法人等番号　○○○○-○○-○○○○○○）
　　　　　　　代表取締役　豊崎太郎
義　務　者　甲野一郎
添付情報　　登記原因証明情報　登記識別情報
　　　　　　印鑑証明書　　　　承諾証明情報
　　　　　　代理権限証明情報　会社法人等番号

登録免許税　金1,500円（登録免許税法第13条第2項）

原因・登録免許税
追加設定と同じです。

添付情報
任意的承諾の利害関係人です。

申請書の目的を見てください。これで何がどう変わったかが分かります。そのため、**変更登記なのに、変更後の事項は書きません。**

次に、原因を見てください。追加設定をしているので、追加設定の表現になります。１行目は最初の貸付の日付を入れ、２行目は今回の設定日を記載することになります。

申請人の分配は、追加設定と考えれば権利者は抵当権者、義務者は設定者というのが分かると思います。

添付情報は基本ルール通りですが、承諾書が必要な場合があります。この**承諾書は任意的承諾なので承諾があれば付記登記、無ければ主登記で登記する**ことになります。

今回の登記では、２番の抵当権者が利害関係人になります。

今までの１番抵当権は甲野一郎の持分だけに設定し、乙野二郎の持分には設定していなかった状態から、乙野二郎持分にまで「１番で」割り込んできます。**１番で割り込んでくれば、今までの２番抵当権者の配当が減ってしまいます。**こういった配当が減るという不利益が生じるので、後順位者が利害関係人になるのです。

この及ぼす変更登記の登録免許税は、1,000円ではなく、1,500円になります。**追加設定登記となるので、登録免許税法13条２項の適用を受ける**のです。

--- 問題を解いて確認しよう ---

1	A及びBが共有する不動産のA持分にCを抵当権者とする抵当権の設定の登記がされている場合において、B持分に同一の債権を担保する抵当権の効力を生じさせるためには、BとCとの間で抵当権を設定する契約を締結し、A持分の抵当権の効力をB持分に及ぼす変更の登記を申請しなければならない。〔23-18-エ〕	×

--- ヒトコト解説 ---

1　共有持分を持っている者がAとBとで異なるので、及ぼす変更登記をすることはできません。

(2) 及ぼさない変更

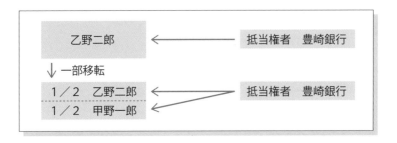

　乙野二郎の不動産に対して、豊崎銀行が抵当権を設定しています。

　この状態で持分移転があり、乙野二郎・甲野一郎の共有になりました。豊崎銀行の抵当権は、両方の持分に付いたままです。

　その後、豊崎銀行が甲野一郎持分の抵当権を放棄したのです。

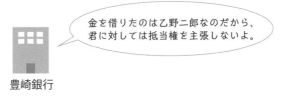

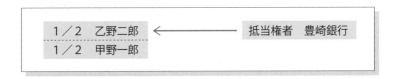

　これにより、豊崎銀行の抵当権は、所有権全体に及んでいたものから、乙野二郎の持分だけになります。登記簿を見てください。

順位番号	登記の目的	受付年月日	権利者その他の事項
1	抵当権設定	（略）	原因　　　令和○年○月○日金銭消費貸借同日設定 債権額　　金○円 利息　　　年○％ 債務者　　（住所省略）　乙野二郎 抵当権者　（本店省略）　　株式会社豊崎銀行
付記1号	1番抵当権転抵当	（略）	（略）
付記2号	1番抵当権を乙野二郎持分の抵当権とする変更	（略）	原因　　　令和○年○月○日甲野一郎持分の放棄

　付記2号により、抵当権の範囲が縮減したことが分かります。この登記簿を作るための申請書を見ましょう。

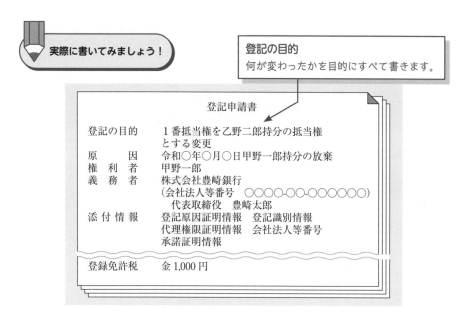

実際に書いてみましょう！

登記の目的
何が変わったかを目的にすべて書きます。

登記申請書

登記の目的	1番抵当権を乙野二郎持分の抵当権とする変更
原　　因	令和○年○月○日甲野一郎持分の放棄
権　利　者	甲野一郎
義　務　者	株式会社豊崎銀行 （会社法人等番号　○○○○-○○-○○○○○○） 　代表取締役　豊崎太郎
添 付 情 報	登記原因証明情報　登記識別情報 代理権限証明情報　会社法人等番号 承諾証明情報
登録免許税	金1,000円

　目的を見ることによって、**何がどう変わったかが分かりますので、変更後の事項を書く必要はありません**。

　原因は、甲野一郎持分の放棄となります。放棄した持分を特定してください。

　権利者・義務者は要注意です。権利者は抵当権の負担が無くなる甲野一郎で、義務者は抵当権の範囲が狭まる抵当権者になります。

乙野二郎が権利者にも義務者にもなりません。彼は今まで抵当権の負担を受けているし、これからも変わりません。彼の立場は全く変わらないので、権利者にも義務者にもならないのです。

付記１号で入っている転抵当権者の承諾書が必要になります。その他の添付情報は、基本ルールの公式を当てはめていけば出てきます。

問題を解いて確認しよう

甲区	１番 所有権保存	A
	２番 所有権一部移転　持分３分の１	B
	３番 A持分一部移転　持分３分の１	C
	４番 A持分全部移転　持分３分の１	B
乙区	１番 抵当権設定　　　抵当権者	D

1 乙区１番の抵当権について、Cの持分上の抵当権を消滅させる旨の合意が成立した場合には、Cを登記権利者とし、B及びDを登記義務者として、抵当権変更の登記を申請することができる。〔16-17-ウ改題〕　×

ヒトコト解説

1 Bの立場は変わっていないので、Bは義務者にはなりません。

第5節 民法第376条の処分

（1）総説

民法376条の処分、いわゆる抵当権の処分というものです。

この抵当権の処分というのは抵当権の移転ではありません。この抵当権の処分の「抵当権」というのは、優先弁済権という意味です。

ここからは抵当権の効力の中の**優先弁済権だけを売る、担保を付ける**、そんな話をしていきます。

（2）抵当権のみの譲渡

抵当権の優先弁済権だけを売る、譲渡するというのが、この抵当権のみの譲渡という話です。

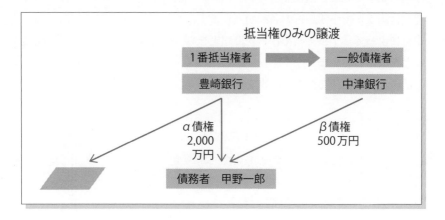

　1番抵当権者の豊崎銀行は、α債権を担保するために抵当権を付けています。この抵当権はα債権専用の抵当権です。このあと1番抵当権者が優先弁済権を中津銀行に譲渡する契約をしました。

　優先弁済権の譲渡があると、どのように配当がされるでしょうか。

　まず中津銀行が持っているβ債権に分配がされて、余りがあったら、豊崎銀行のα債権に分配が回ってきます。

　つまり、抵当権の譲渡により、α債権専用だった抵当権が、β債権にも使うことになるのです。

順位番号	登記の目的	受付年月日	権利者その他の事項	
1	抵当権設定	(略)	原因 債権額 利息 債務者 抵当権者	令和○年○月○日金銭消費貸借同日設定 金2,000万円 年○% (住所省略) 甲野一郎 (本店省略) 株式会社豊崎銀行
付記1号	1番抵当権譲渡 (又は放棄)	(略)	原因 債権額 利息 損害金 債務者 受益者	令和○年○月○日金銭消費貸借令和○年 ○月○日譲渡 (又は放棄) 金500万円 年○% 年○% (住所省略) 甲野一郎 (本店省略) 株式会社中津銀行

原因に載っている、債権額・利息・損害金・債務者は、β債権の内容です。そして、付記1号で中津銀行の名前が入ります。

　これによって、1番抵当権から先に配当をもらうのは中津銀行のβ債権だということを公示しています。

　では、この登記簿を作る申請書を見ましょう。

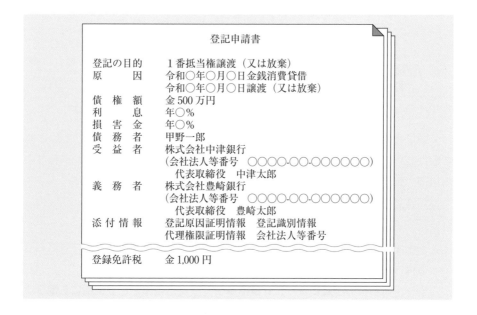

登記申請書

登記の目的	1番抵当権譲渡（又は放棄）
原　　　因	令和○年○月○日金銭消費貸借
	令和○年○月○日譲渡（又は放棄）
債　権　額	金500万円
利　　　息	年○％
損　害　金	年○％
債　務　者	甲野一郎
受　益　者	株式会社中津銀行
	（会社法人等番号　○○○○-○○-○○○○○○）
	代表取締役　中津太郎
義　務　者	株式会社豊崎銀行
	（会社法人等番号　○○○○-○○-○○○○○○）
	代表取締役　豊崎太郎
添付情報	登記原因証明情報　登記識別情報
	代理権限証明情報　会社法人等番号
登録免許税	金1,000円

　目的は○番抵当権譲渡で、○番抵当権移転ではありません。豊崎銀行は中津銀行に対して優先弁済権だけを譲っているだけで、**抵当権自体はいまだ豊崎銀行が持っているからです。**

　次に登記原因の1行目の「年月日金銭消費貸借」には、β債権の発生原因を記載します。そして、2行目の「年月日譲渡」には、譲渡した日付を記載します。その後の債権額・利息・損害金・債務者はβ債権の内容です。

　申請人の部分は、「権利者・義務者」とは記載せずに、「受益者・義務者」と書きます。そして、受益者はもらう方の中津銀行、義務者は譲る方の豊崎銀行になります。

　ここで、**設定者が全く関与しない**ことに注意をしてください。

　やっていることは抵当権の中身の売り買いです。**抵当権者が、自分の持ってい**

る権利を売っているのですから、設定者は全く関与しません。

　添付情報は、公式通りですが、「**利害関係人が絶対に出ない**」ことは強く意識
してください。

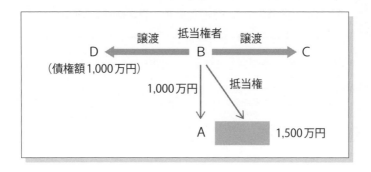

　Bが抵当権を持っていて、その優先弁済権をCに譲渡しています。その後、B
が更にDに優先弁済権を譲って登記しています。

　この場合、どのように配当がされるのでしょうか。

1	抵当権　B　1,000万円
付記1号	のみの譲渡　C
付記2号	のみの譲渡　D

　上記の登記の場合、付記1号のCが先にもらい、余りがあれば付記2号のDが
もらい、まだそれでも余りがあれば、Bに配当が回ってきます。つまり、付記の
順番通りに配当をもらうのです。

　では、付記2号を作る時に、Cは利害関係人になるでしょうか。

　付記2号が入っても、Cの配当額に影響は全く出ないので、Cは利害関係人に
はなりません。

　このように**抵当権の処分では利害関係人は出ない**のです。

　最後に登録免許税を見てください。付記登記で入るという観点から1,000円に
なります。

抵当権の処分の共通項
① 設定者は関与しない
② 利害関係人は絶対出てこない
③ 付記登記で入るから登録免許税は絶対1,000円

　この後も抵当権の処分を学習しますが、上記の3つはすべてに共通するので覚えておきましょう。

(3) 抵当権の順位の譲渡

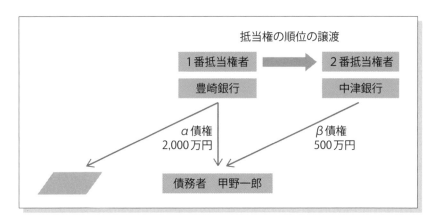

抵当権の順位の譲渡

1番抵当権者　➡　2番抵当権者
豊崎銀行　　　　　中津銀行

α債権
2,000万円

β債権
500万円

債務者　甲野一郎

　優先弁済権を譲っているという点は、先ほどの「のみの譲渡」と同じです。ただ**譲る相手が無担保債権者ではなく、2番抵当権者になっています**。このように**譲る相手が後順位担保権者の場合は「順位の譲渡」と呼ばれます**。

　この場合、1番抵当権の内容はどう変わるでしょうか。今までα債権専用だったのが、まずβ債権を担保して余りがあればα債権を担保するようになります。

　これを登記した状態が、次の登記簿です（まず付記1号を隠して読んでください）。

順位番号	登記の目的	受付年月日	権利者その他の事項	
1	抵当権設定	（略）	原因 債権額 利息 債務者 抵当権者	令和○年○月○日金銭消費貸借同日設定 金2,000万円 年○％ （住所省略）甲野一郎 （本店省略） 株式会社豊崎銀行
付記1号	1番抵当権の 2番抵当権へ の順位譲渡（又 は順位放棄）	（略）	原因	令和○年○月○日順位譲渡 （又は順位放棄）
2 （1付1）	抵当権設定	（略）	原因 債権額 利息 損害金 債務者 抵当権者	令和○年○月○日金銭消費貸借同日設定 金500万円 年○％ 年○％ （住所省略）甲野一郎 （本店省略） 株式会社中津銀行

　1番でα債権が公示されていて、2番でβ債権が公示されています。

　この状態で付記1号が入ります。これによって「1番は2番に順位譲渡をしているよ。だからまずは、この1番については中津銀行がもらっていくよ」ということが分かります。

　この付記1号には、β債権の内容を書く必要はありません。β債権の内容は2番を見れば分かるからです。

　そして、次に注目してほしいのが、順位番号2番の下です。ここに（**1付1**）と入っています。

順位番号	登記の目的	受付年月日	権利者その他の事項
2 （1付1）	抵当権設定	（略）	原因　令和○年○月○日金銭消費貸借同日設定

> この2番、ちょっと変わったよ、
> 詳しくは1番付記1号を見てね！

上記のようなサインをしているのが（1付1）という部分です。

　原因には、年月日金銭消費貸借云々は書きませんし、債権額、利息、損害金、債務者、これも書きません。β債権の公示はすでに2番でされているので、ここでもう1回β債権を公示する必要がないからです。

　添付情報ですが、ここも公式通りで、ここでも**利害関係人は絶対出てきません**。

1番	抵当権	B
付記1号	のみの譲渡	C
2番	抵当権	D

→

1番	抵当権	B
付記1号	のみの譲渡	C
付記2号	2番への順位譲渡	
2番	抵当権	D

　1番が2番に順位譲渡した場合、どのような順番で1番から配当をもらうのでしょうか。
　まずはCがもらい、次にDがもらい、余りがあればBに配当が回ります。
　ここで、付記2号を作る時、付記1号のCは利害関係人になるでしょうか。
　順位譲渡があってもなくても、Cの配当には影響が出ませんので、Cは利害関係人になりません。

順位譲渡に特有の論点をいくつか見ましょう。

事例	結論
１番抵当権と２番抵当権を有するＡが１番の抵当権について２番の抵当権に譲渡できるか？	可

１番と２番で債務者が違うような場合に「１番抵当権の債務者は優良な債務者なのでキチンと払ってもらえそうだから、優先弁済権は無くてもいけそうだ。一方、２番抵当権の債務者は払えなさそうなので競売になるな。だったら、１番の優先弁済権を２番に投入しておこう」といった場合を想定しています。

事例	結論
１番（あ）抵当権を１番（い）抵当権に順位譲渡ができるか	可
１番（あ）抵当権を１番（い）抵当権に順位放棄ができるか	不可

抵当権は同時に申請すれば、１番（あ）、１番（い）という形で同順位の登記をすることができます。

この場合、１番（あ）、１番（い）は案分比例で配当をもらいます。

ここで、案分比例で配当するのではなく、１番（い）から優先配当してほしいと思った場合は、順位譲渡をすることを認めています。

一方、同順位で順位放棄はできるでしょうか。

順位放棄をした場合は、案分比例でもらえることになります。同順位のまま配当しても案分比例です。そのため、**順位放棄をしてもしなくても案分比例で配当になるので、順位放棄をすることを認めていません。**

(4) 転抵当・債権質入れ

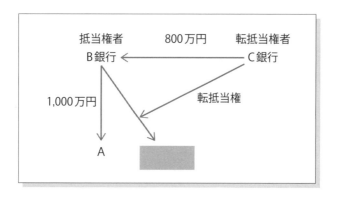

B銀行が抵当権を持っていて、B銀行がC銀行からお金を借りる際に、担保として自分の持っている抵当権を担保にしています。抵当権に抵当権を付ける、これを転抵当と呼びます。

順位番号	登記の目的	受付年月日	権利者その他の事項	
1	抵当権設定	（略）	原因 債権額 利息 債務者 抵当権者	令和○年○月○日金銭消費貸借同日設定 金1,000万円 年○% （住所省略）　A （本店省略） 株式会社B銀行
付記1号	1番抵当権転抵当	（略）	原因 債権額 利息 損害金 債務者 転抵当権者	令和○年○月○日金銭消費貸借同日設定 金800万円 年○% 年○% （本店省略）株式会社B銀行 （本店省略）株式会社C銀行

転抵当権は、抵当権に付記して登記され、ここにC銀行からB銀行に対する債権の内容が入ります。

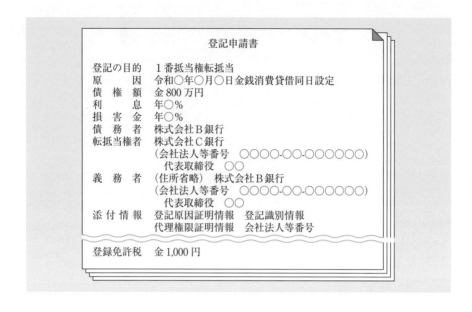

　目的は何番抵当権転抵当と書きます。転抵当「権設定」とまで書かないように
してください。

　原因からはＣ銀行のＢ銀行に対する債権の内容を公示するための情報を書いて
いきます。添付情報は公式通り（利害関係人は絶対出ない）ですし、登録免許税
は1,000円となります。

　ちなみに利害関係人が出ないということを、具体例で説明します。

1番	抵当権	B	1,000万円
2番	抵当権	D	1,000万円

　この不動産の値段は2,000万円としましょう。この場合、Ｂが1,000万円の配
当をもらい、次にＤが1,000万円の配当をもらうことになります。

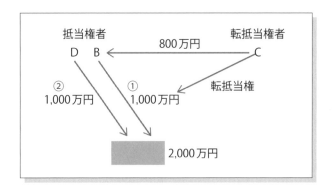

上記のように転抵当権を設定した場合の登記簿が、下の図です。

1番	抵当権　B	1,000万円
付記1号	転抵当権C	800万円
2番	抵当権　D	1,000万円

　ここでの配当は、「まず1番で1,000万円のうち800万円をCがもらい、余り200万円をBがもらう」「その後2番が1,000万円もらう」となります。
　1番付記1号で転抵当権の設定登記を入れるとき、2番抵当権者は利害関係人でしょうか。
　ここも転抵当権が入っても、入らなくても2番抵当権者の配当は変わらないので、2番抵当権者は利害関係人になりません。
　とにかく抵当権の処分は、全く他人に迷惑を掛けません。だから、利害関係人は絶対に現れないと思ってください。

　抵当権に、担保権を付ける方法は、転抵当権以外にもう1つあります。

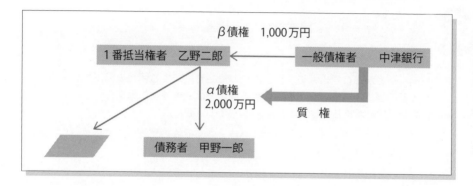

　1番抵当権者の乙野二郎が、中津銀行からお金を借りました。担保の付け方としては「抵当権にダイレクトに抵当権を付ける」こともできるのですが、α債権に質権を設定するということもできます。

　債権に質権を設定すれば**「従物は主物の処分に従う」という民法87条の規定がある**ので、抵当権という従たる権利にも質権の効力が及んでいきます。それが次の登記簿です。

順位番号	登記の目的	受付年月日	権利者その他の事項	
1	抵当権設定	（略）	原因 債権額 債務者 抵当権者	年月日金銭消費貸借年月日設定 金2,000万円 （住所省略）甲野一郎 （住所省略）乙野二郎
付記1号	1番抵当権の債権質入	（略）	原因 債権額 利息 損害金 債務者 質権者	年月日金銭消費貸借年月日設定 金1,000万円 年○% 年○% （住所省略）乙野二郎 （本店省略）株式会社中津銀行

　目的を除けば、ほぼ転抵当権と同じです。

　債権の質入れの登記は、ほぼ転抵当権と同じと思ってください。もし債権質入れの問題が出されてイメージがわからなければ、転抵当権と同じと考えて**「転抵当権だったら、どういう結論になるのかな」と推測すれば、大抵解決できます。**

〈その①〉

1 抵当権者がその抵当権につき、自らの第三者に対する債務の担保として転抵当権の設定の登記を申請する場合には、申請書に抵当権設定者の承諾書を添付しなければならない。〔7-16-3〕　　×

2 転抵当権の設定の登記を申請するには、後順位抵当権者の承諾書を添付しなければならない。〔8-15-オ改題〕　　×

〈その②〉

```
1番        抵当権設定  抵当権者  A
付記1号  1番抵当権の2番抵当権への順位譲渡
2番        抵当権設定  抵当権者  B
付記1号  2番抵当権転抵当  転抵当権者  C
3番        抵当権設定  抵当権者  D E
```

3 2番抵当権の債権質入れの登記を申請する場合には、申請書にCの承諾書を添付しなければならない。〔10-14-ア改題〕　　×

4 3番抵当権のD持分のみを目的とする転抵当権の設定登記を申請する場合には、申請書にEの承諾書を添付しなければならない。〔10-14-エ改題〕　　×

〈その③〉

5 債権額を金500万円とする抵当権の設定の登記がされている場合における、当該抵当権で担保されている債権が質入れされたときの債権の質入れの登記の登録免許税は、金1,000円である。〔30-27-イ改題〕　　○

------〔 ×肢のヒトコト解説 〕------

1 抵当権の処分は抵当権者の権限で可能です。設定者の承諾は不要です。

2~4 抵当権の処分では、利害関係人は生まれません。

□ Ａを登記名義人とする抵当権の設定の登記はされているが、Ｂの抵当権が未登記である状態で、ＡＢ間において順位譲渡契約が締結された場合、後日、Ｂの抵当権の設定の登記がされたときは、当該順位譲渡契約証書を登記原因を証する情報として提供して、抵当権の順位の譲渡の登記を申請することができる。

〔21-14-エ〕

★順位を譲渡する抵当権が既登記である限り、順位譲渡を受ける抵当権が未登記であっても、当該順位譲渡契約は有効です（昭36.12.23民甲3184号）。順位譲渡は優先弁済権を与える行為なので、与える方が登記により優先弁済権を持っていれば可能なのです。

~イレギュラーな手法を理解しましょう～

第4章　順位変更

いつもの登記と違う点が多く出てきます。
申請人と利害関係人の判断に、特に注意を払ってください。

　順位変更というのは、順位番号を変えるのではなく、優先弁済権の順番を変えることを意味します。

民法第374条（抵当権の順位の変更）
1　抵当権の順位は、各抵当権者の合意によって変更することができる。ただし、利害関係を有する者があるときは、その承諾を得なければならない。
2　前項の規定による順位の変更は、その登記をしなければ、その効力を生じない。

　「承諾を得なければならない」と民法に書いています。**この承諾は、登記を通すための承諾ではなく、合意の効力を発揮させるために必要なもの**です。そのため、この承諾は、原因日付に影響を与えることになります（登記原因の承諾証明情報です）。

順位番号	登記の目的	受付年月日	権利者その他の事項
1 (5)	抵当権設定	（略）	（登記事項一部省略） 抵当権者　　　（本店省略）株式会社茶畑銀行
付記1号	1番抵当権転抵当	（略）	（登記事項一部省略） 転抵当権者　　（本店省略）株式会社Ａ
2 (5)	抵当権設定	（略）	（登記事項一部省略） 抵当権者　　　（本店省略）株式会社洲本銀行
3	地上権設定	（略）	（登記事項一部省略） 地上権者　　　（本店省略）株式会社三崎商事
4 (5)	根抵当権設定	（略）	（登記事項一部省略） 根抵当権者　　（本店省略）株式会社荒井商会
5	1番、2番、4番順位変更	（略）	原因　　令和○年○月○日合意 第1　4番根抵当権 第2　2番抵当権 第3　1番抵当権

　この登記簿で、配当がもらえる権利は１番・２番・４番です。ここで、この三者が「配当を受ける順番を変えよう」と合意したのです。それが５番で登記されています。

　ポイントは、主登記で入ることです。

　本来変更登記であれば、１番付記２号、２番付記１号、４番付記１号というように入るはずです。ただ、**重大なことが付記登記では見づらいだろうということで、主登記ではっきり示す**ことにしたのです。

　この登記を作るための申請書を見てみましょう。

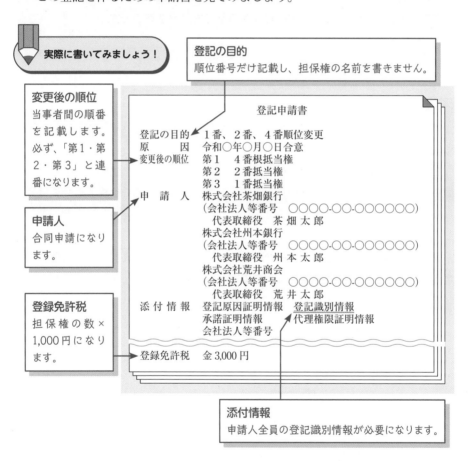

実際に書いてみましょう！

登記の目的
順位番号だけ記載し、担保権の名前を書きません。

変更後の順位
当事者間の順番を記載します。必ず、「第１・第２・第３」と連番になります。

申請人
合同申請になります。

登録免許税
担保権の数×1,000円になります。

```
　　　　　　　　　　　　　　　登記申請書

登記の目的　１番、２番、４番順位変更
原　　　因　令和○年○月○日合意
変更後の順位　第１　４番根抵当権
　　　　　　　第２　２番抵当権
　　　　　　　第３　１番抵当権
申　請　人　株式会社茶畑銀行
　　　　　　（会社法人等番号　○○○○-○○-○○○○○○）
　　　　　　　代表取締役　茶畑太郎
　　　　　　株式会社州本銀行
　　　　　　（会社法人等番号　○○○○-○○-○○○○○○）
　　　　　　　代表取締役　州本太郎
　　　　　　株式会社荒井商会
　　　　　　（会社法人等番号　○○○○-○○-○○○○○○）
　　　　　　　代表取締役　荒井太郎
添付情報　　登記原因証明情報　　登記識別情報
　　　　　　承諾証明情報　　　　代理権限証明情報
　　　　　　会社法人等番号

登録免許税　金3,000円
```

添付情報
申請人全員の登記識別情報が必要になります。

　目的の欄、順位番号だけを記載し、具体的な権利の名前を書きません。抵当権なのか、根抵当権なのかは登記簿を見れば分かるからです。

原因は「年月日合意」と書きますが、ここの日付には注意が必要です。この申請に必要な承諾は、**登記原因の承諾なので日付に影響を与えます。**そのため、合意の後に承諾があった場合は、承諾の日が原因日付となります。

　その後に変更後の順位と書きます。ここは3人いれば、第1・第2・第3と書きます。**第1・第2・第4ではありません。**

　例えば、2番抵当権者と4番根抵当権者の2人が順位変更した場合に、変更後の事項には「第1　4番根抵当権　第2　2番抵当権」と書きます。**合意した2人の間で、誰が初めにもらって次に誰がもらうかを公示するのです。**

　次に申請人ですが、**順位変更の登記は合同申請となります。**

　合同申請というのは、全員が権利者、全員が義務者という申請構造のことをいいました。

　「順位が上がる者を権利者、順位が下がる者を義務者とすべきじゃないか」と考えた方もいると思います。

　もし、競売をした結果、配当が4番も全部もらえて、2番も全部もらえて、1番も全部もらえたとします。これだと順位変更をやってもやらなくても結果は同じです。つまり、順位変更をして誰が得をしたかは、実際に配当してみないと分からないのです。

　配当してみないと利益か不利益かわからないので、とりあえず、全員を権利者、全員を義務者とする合同申請にしたのです。

　では、誰が登記申請をすることになるのかを説明します。

（変更前の順位）		（変更後の順位）
1番抵当権	A	A
2番抵当権	B	D
3番抵当権	C	C
4番抵当権	D	B

　上記のような順位変更をする場合、誰が合意をすればいいのでしょうか。次のように考えてください。

順位変更の申請人の決定方法
①担保権者を順番に書く
②変更後の順位を書く
③変更前・変更後の順位を矢印で結ぶ
④線が交わった者が申請人になる

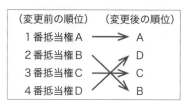

（変更前の順位）　　（変更後の順位）
1番抵当権A　　　　　　A
2番抵当権B　　　　　　D
3番抵当権C　　　　　　C
4番抵当権D　　　　　　B

　線が交わるのがBCDなので、BCDが申請人となります。Aは申請人とはなりません。

　上記の例で1番、2番、3番、4番と縦に並べて、その右側に4番、2番、3番、1番、と並び替えてみてください。すると4人の線が交わるので、申請人は4人全員となります。

　添付情報ですが、登記識別情報が必要になりますが、**全員が義務者なので、全員分の登記識別情報が必要**になります。

　また、先の事例では転抵当権者の承諾証明情報が必要になります。具体的に誰が利害関係人になるかを見ていきましょう。

原則	順位を変更しようとしている抵当権を目的としている権利を有する者が利害関係人となる。 ex. 転抵当権者
例外	上記原則に該当する場合でも、順位変更の結果、利益を受けることになることが明らかな者は、利害関係人に該当しない。 ex. 第三者の権利の目的となっている抵当権の順位が上昇するとき

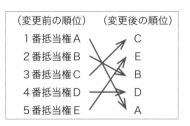

（変更前の順位）	（変更後の順位）
1番抵当権A	C
2番抵当権B	E
3番抵当権C	B
4番抵当権D	D
5番抵当権E	A

　上記のABCDE、それぞれに転抵当が付いていると思ってください。この場合、Aに付けた転抵当権者の立場はどうでしょうか。

トップで配当がもらえる者に、担保を付けていた状態
→　ビリで配当がもらえる者に担保を付けている状態

　これは、明らかに不利益を受けますよね。このAの転抵当権者は利害関係人になります。

　一方、Eに付けた転抵当権者はどうでしょう。

ビリで配当がもらえる者に、担保を付けていた状態
→　2番手に配当がもらえる者に担保を付けている状態

　この方は不利益にはなりませんね。このように順位が上昇する者に付けた転抵当権は利害関係人にはなりません。
　順位が上昇するなら利害関係にならないと覚えておいてください（順位が変わらないDに付けた転抵当権者については争いがあるので、ここは試験では出せないでしょう）。

　最後に登録免許税です。

　単純に言えば、**担保権の数×1,000円**です。**先の事例では3つの担保権をいじるため、3つの権利をいじる×1,000円で3,000円となります。**

　以上で順位変更登記の単純な書き方を終わりにしまして、順位変更についての

細かい論点をつぶしていきましょう。

権利の種類		順位変更の可否
①抵当権		○
②根抵当権	ⅰ　元本確定前	○
	ⅱ　元本確定後	○
③不動産質権		○
④用益権		×
⑤仮登記担保権・譲渡担保権		×

　どんな権利が順位変更できるのかが、まとまっています。

　順位変更は優先弁済権の順番を変える、配当の順番を変えるものです。だから担保権であればできます。

　よって、図表④番の地上権、永小作権などの用益権はできません。

　また、⑤番の仮登記担保、譲渡担保権、これらは担保権ですが、甲区に入っているのです。順位変更は乙区に登記されるため、甲区に登記されるこの２つの権利はできません。

覚えましょう

> 順位変更の要件
> ① 順位変更する担保権者全員の合意（民374条１項本文）
> ② 利害関係人の承諾（民374条１項但書）
> ③ 順位変更の登記（民374条２項）

　ここは、民法の条文を引いてください。

　②の承諾は登記を通すための承諾ではありません。合意の効力を出すための承諾です。

　③の順位変更の登記は、登記のニュアンスがいつもと違います。

　通常、登記といった場合は対抗するための要件です。順位変更の登記は効力を出すための要件です。つまり、いくら順位変更の合意をして承諾が取れても、登記をするまでは、順番は全く変わらないのです。

　登記を入れて初めて順番が変わります。このように、**登記して初めて権利変動**

が起きる、こういったものを「**登記が効力要件**」といいます。

　登記が効力要件の場合、仮登記ができるかが論点になります。

（一般論）　登記が効力要件となっている行為
→　仮登記は不可

　登記が効力要件になっている場合、その登記は本登記だけを指します。本登記をすれば効力が生じますが、仮登記をしても、順位変更の効力は出ません。そして、仮登記に対抗力はありません。
　結局、順位変更の登記を仮登記でやっても、**効力は出ない、対抗力は無いとなるため、登記する意味がないので**、仮登記を認めないことにしています。
　仮登記ができるかできないかは、後で触れる大きな論点です。ぜひ1つの基準として覚えておいてください。

 覚えましょう

順位変更のパターン
① 従前の順位を逆転させる変更
② 異順位を同順位とする変更
③ 同順位を異順位とする変更
④ 以上の3つが混合された順位変更

　頭を使う必要はありません。どんなパターンでもOKというくらいの理解で構いません。

順位番号	登記の目的	受付年月日	権利者その他の事項
5	1番、2番、4番順位変更	（略）	原因　令和○年○月○日合意 第1　4番根抵当権 第2　2番抵当権 第3　1番抵当権
6	2番、4番順位変更	（略）	原因　令和○年○月○日合意 第1　2番抵当権 第2　4番根抵当権

これは、1度やった順位変更の内容を変えた場合の登記記録です。

6番の目的を見てください。

> ○　2番、4番順位変更
> ×　5番順位変更変更

順位変更を変更する、というレベルでは変えることができず、変更する当事者で順位変更をやり直すことが必要です。

順位番号	登記の目的	受付年月日	権利者その他の事項
5	1番、2番、4番順位変更	（略）	原因　令和○年○月○日合意 第1　4番根抵当権 第2　2番抵当権 第3　1番抵当権
6	5番順位変更抹消	（略）	原因　錯誤

順位変更を間違えてやってしまった（例えば、不動産を間違えていた）場合の登記記録です。

この場合は、順位変更登記を抹消することになります。

☞ **Point**

順位変更登記を入れた後の登記

→　変更登記はNG（更正・抹消登記は○）

　申請人の部分を見てください。順位変更は、抹消する場面でも合同申請です。

　そのため、登記識別情報は、申請人全員のもの、具体的には、**１番、２番、４番の登記識別情報が必要となります。５番で通知される登記識別情報ではありません。**

　５番で順位変更の登記が入っていますが、**５番で登記識別情報は通知されません。**登記識別情報が出る要件は、「抵当権者　住所　誰々」「根抵当権者　住所　誰々」と「登記名義人が登場する登記」に限られます。５番の登記をしても、新しい登記名義人は生まれていないので、要件を満たしていません。

問題を解いて確認しよう

1	抵当権と地上権との間の順位の変更の登記の申請はすることができない。〔8-24-1〕	○
2	抵当権の順位の変更の登記の申請は、順位が上昇する抵当権者を登記権利者、順位が下降する抵当権者を登記義務者としてする。〔19-18-ア〕	×

3 Aを順位1番、Bを順位2番、Cを順位3番とする各抵当権設定登記がされていたのを、Aを第1、Cを第2、Bを第3に変更する順位変更の登記を申請するとき、Bの抵当権につきDの転抵当の登記がされている場合、当該順位変更の登記の申請は、Dをも申請人としてしなければならない。〔9-25-ウ（16-19-3）〕　×

4 抵当権の順位の変更の登記がされた後に、更に順位の変更をするときは、先にされた順位の変更の登記を更に変更する登記の申請をしなければならない。〔16-19-4〕　×

5 順位番号1番で甲抵当権、順位番号2番で乙抵当権、順位番号3番で丙抵当権の設定の登記がされている場合に、甲抵当権を第3順位、丙抵当権を第1順位とする順位の変更の登記は、甲抵当権及び丙抵当権の各登記名義人の申請によってすることができる。〔57-25-3（16-19-2）〕　×

──── ×肢のヒトコト解説 ────

2 合同申請なので、関係担保権者全員が共同して申請することになります。

3 Dは利害関係人になります。

4 順位変更を更に「変更」することはできません。

5 乙も申請人になります。

第5章 抵当権抹消・更正

抵当権の抹消登記は本試験の記述式で頻繁に問われます。択一論点はもちろんのこと、申請書は正確に書けるように仕上げましょう。

第1節 共同申請による抹消

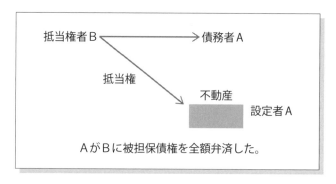

抵当権者B ────────→ 債務者A

抵当権

不動産

設定者A

AがBに被担保債権を全額弁済した。

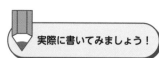

実際に書いてみましょう！

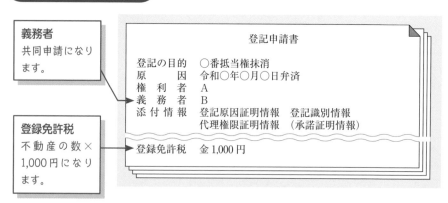

義務者
共同申請になります。

登録免許税
不動産の数×1,000円になります。

登記申請書

登記の目的	○番抵当権抹消
原　因	令和○年○月○日弁済
権　利　者	A
義　務　者	B
添付情報	登記原因証明情報　登記識別情報 代理権限証明情報　（承諾証明情報）

登録免許税　金1,000円

抵当権が消える場面の申請書を勉強していきます。

前記は、被担保債権の弁済によって、抵当権が消滅した場合の申請書になっています。ポイントを箇条書きに記載します。

添付書類　：ルール通りですので、公式に当てはめてください。
登録免許税：抹消登記は権利の種類を問わず、金1,000円です。

◆ 抹消登記の申請人 ◆

	適格者	複数人いる場合
権利者	設定者（注）	1人が関与すればよい
義務者	抵当権者	全員が関与する必要がある

(注) 後順位抵当権者は、先順位の抵当権の消滅による抹消登記について、登記権利者として、その抹消登記を申請することができる(昭31.12.24民甲2916号)。

　抵当権抹消登記の義務者は、名義を失う抵当権者です。そして、抵当権者が複数いる場合には、その全員が関与する必要があります（名義を失うという重大局面なので、全員で行う必要があるのです）。

　一方、権利者は、抵当権の負担がなくなる設定者になります。そして、設定者が2人以上いた場合でも、そのうち1人が関与すれば足ります。有利なことなので、1人による保存行為が認められているのです。

　また、権利者は設定者以外にもあり得ます。1番抵当権を抹消する場合であれば、2番抵当権者です。

　2番抵当権者「1番がいなくなれば、自分がトップで配当をもらえるぞ」

　上記のように、2番抵当権者にとっても、1番抵当権がなくなることはメリットがあることなので、権利者として登記申請を認めているのです。

1　債務の弁済により抵当権が消滅した後、抵当権設定登記が抹消されない間に抵当権者が死亡した場合、所有権の登記名義人は、抵当権者の相続人のうちの1名と共同して抵当権設定登記の抹消を申請することができる。〔14-16-エ〕　×

2　甲不動産について、乙区1番にAを、乙区2番にBをそれぞれ登記名義人とする抵当権の設定の登記がされている場合において、Aの抵当権が弁済により消滅したときは、Bは、甲不動産の所有権の登記名義人であるCと共同して、Aの抵当権の登記の抹消を申請することができる。〔29-14-エ〕　×

3　甲、乙共有の不動産上に第1順位（丙名義）と第2順位（丁名義）の各抵当権の登記がある場合、第1順位の抵当権について弁済を原因として抹消登記を申請する場合、登記権利者は甲、乙又は丁のいずれでもよい。〔5-16-イ（10-20-ア、14-16-ア）〕　○

×肢のヒトコト解説

1　義務者側は全員が関与する必要があります。

2　義務者としてAの関与は絶対に必要です。

これで到達！　合格ゾーン

□　保証人の求償債権担保の抵当権設定登記後、主債務者が弁済をした場合の当該抵当権の抹消登記の登記原因は「主債務消滅」とする（登研126-43）。

〔19-18-オ〕

★主債務が弁済されたことにより、求償権は発生しないことが確定するため、求償権を担保するための抵当権は消滅します。ちなみに、保証人が債権者に保証債務を弁済した後に、主債務者が保証人に対し求償債務の弁済をして、抵当権が消滅した場合の原因は「年月日弁済」になります。被担保債権を払った場合は弁済と表記します。

抵当権が消滅したことによる抵当権設定登記の抹消の申請は、抵当権消滅後に抵当権設定者が死亡したときは、その共同相続人のうちの一人が登記権利者としてすることができる。〔6-24-ア〕

★権利者側が申請しないまま死亡した場合（相続人による登記）には、保存行為として相続人中の１人が申請することができます。

債務が完済された後、抵当権者が死亡した場合において相続人が存在しないときは、利害関係人の申立てにより相続財産清算人が選任される（民952）。当該抵当権の登記の抹消を申請するときは、抵当権設定者が登記権利者となり、相続財産清算人が登記義務者となって、共同して申請する。〔22-22-ク〕

★義務者側が申請しないまま死亡した場合、本来は相続人が申請するところですが、本事例のように相続人がいない場合、相続財産は法人化し、相続財産清算人が就任するので、その清算人が申請することになります。

抵当権の登記名義人である株式会社について清算結了の登記がされている場合において、その後、当該株式会社の清算人として登記されていた者が、当該抵当権を放棄したときは、当該清算人として登記されていた者を登記義務者として、当該抵当権の設定の登記の抹消の申請をすることはできない。

〔令3-21-ウ〕

★上記の事例の場合、清算結了が生じていないので、まずは行われている清算結了の登記の抹消申請をする必要があります。その申請により、当該株式会社を復活させた上で、代表清算人が抵当権設定登記の抹消を申請することになります。

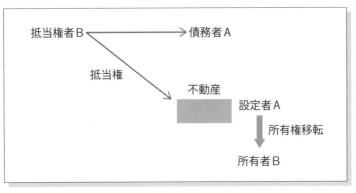

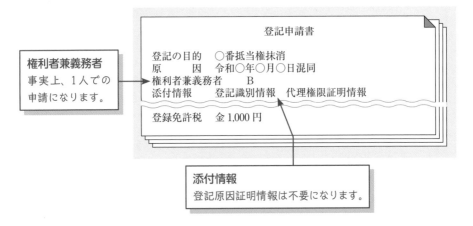

権利者兼義務者
事実上、1人での
申請になります。

添付情報
登記原因証明情報は不要になります。

　抵当権者が所有権を取得しています。これにより、抵当権を持っておく必要が無くなるので、抵当権は消滅します。これが混同という状態です。

　申請書の権利者・義務者を見てください。権利者は負担が無くなる土地の所有者、義務者は名義を失う抵当権者になり、前記の事例では同じになります（申請書の表現は、「権利者兼義務者」と書きます）。

　添付情報、今回の登記では**登記原因証明情報は要りません**。今回、登記原因である混同を立証するとしたら、登記原因証明情報には、何を書くのでしょうか。

登記原因証明情報
登記官さん、乙区1番を見てください。抵当権があります。そして甲区2番を見てください。
同じ人が所有権を持っているじゃないですか。
混同状態が起きているので、抹消を申請します。

登記記録を見れば分かるよ。

登記官

　登記簿を見れば、今回の登記原因の混同が生じていることが分かります。そのため、別途、書面を作って立証しなくていいよとしています。

　登記識別情報を見てください。混同による抹消はあくまでも共同申請であるため、**登記識別情報が必要です。** 1人で申請をしていますが、権利者・義務者がたまたま同じ人になっていると扱っているのです。

　混同の話を少し続けていきます。混同の登記申請は、権利者と義務者が同じになるとは限りません。

　（こちらは、登記簿に入った順番を分かりやすくなるように、順番を縦に並べて表現しています）

甲区	乙区
1　所有権保存　　A	
	1　　抵当権設定　　B
2　所有権移転　　B	
3　所有権移転　　C	

　所有者がBになった時点で、混同になるので抵当権は消滅しています。ただ、抹消登記をしないでいたら、甲区3番でC名義に登記がされています。

この状態で、抵当権の抹消登記を申請する場合の申請人を考えましょう。

権利者は現在の所有者であるＣ、義務者は抵当権の名義が無くなるＢとなります。この事例では、権利者・義務者が同じになっていません。

混同は、あくまでも共同申請なのだと思ってください。 それが一致することもあれば、別々の人になることもあるのです。

甲区	乙区
1　所有権保存　　Ａ	
	1　　抵当権設定　　Ｂ
	2　　抵当権設定　　Ｃ
2　所有権移転　　Ｂ	
	3　　2番抵当権抹消

これは2番で所有権移転Ｂが入っていますが、この時点では混同になっていません。1番抵当権者Ｂの下に2番抵当権者Ｃがいるからです。

その後、2番抵当権が消滅しています（乙区3番です）。

2番抵当権者がいたので、混同にならなかったのですから、その2番抵当権が消滅すれば、混同になります。

結局のところ、この3番で抹消登記が入ることで、乙区1番の抵当権も混同で抹消登記できることになります。

問題を解いて確認しよう

1	抵当権者が抵当権の目的である不動産の所有権を取得した場合には、後順位の抵当権設定登記がされている場合であっても、「年月日混同」を登記原因として、自己の抵当権設定登記の抹消を申請することができる。〔10-20-イ〕	×
2	混同により抵当権が消滅した後、抵当権設定登記が抹消されない間に所有権移転登記を受けた現在の所有権の登記名義人は、抵当権の登記名義人と共同して抵当権設定登記の抹消を申請することができる。〔14-16-オ〕	○

これで到達！　　　　　　　　　　合格ゾーン

> ☐　Ａ及びＢがＥに対して甲土地に譲渡担保権を設定したことによりＥを登記権利
> 者とする共有者全員持分全部移転の登記をした場合であっても、Ｅは、混同を
> 登記原因として、Ｅを登記名義人とする乙区２番の抵当権の登記の抹消を申請
> することはできない。〔25-24-オ〕
>
> > ★譲渡担保権を取得しただけでは、甲土地の所有権が確定的に譲渡担保権者に
> > 移転しているということはできないため（最判平17.11.11）、まだ混同は
> > 生じていないのです。

次は抵当権抹消の利害関係人を見ていきましょう。

1	抵当権設定	Ａ
付記１号	転抵当	Ｂ

　１番抵当権を抹消すれば、付記１号も生き残れなくなりますから、付記１号は
職権抹消されます。

　ただ、これをＢに無断でやってしまうのは不意打ちになるので、１番抵当権抹
消登記の際には、Ｂの承諾書を要求することにしています。

┌─────────────────────────────┐
│ １番抵当権抹消
│ →　２番抵当権者は利害関係人になるか？
└─────────────────────────────┘

　基本は、２番抵当権者は利害関係人になりません。１番抵当権が無くなれば、
２番抵当権は配当順位が上がりますので、不利益どころかうれしいはずです。だ
から基本は１番抵当権を消す時には、２番抵当権者は利害関係人になりません。

ただ、１つだけ利害関係人になる場合があります。次の登記簿で説明しましょう。

1	抵当権設定　　乙
付記１号	１番から２番への順位譲渡
2	抵当権設定　　丙

この場合は１番抵当権が抹消されると、１番付記１号の効力も無くなります。丙からすれば、**優先弁済をもらったメリットまで失ってしまうので、１番抵当権の抹消登記の際には、２番抵当権者丙は利害関係になります。**

ただ、この場合だって２番の配当順位が上がるのだから、やっぱり利益を受けるだけではないのかという疑問が生じます。

ここからの理屈はすごく難しいです。**説明をしますが、他で使う知識ではないので無理に理解する必要はなく、丸暗記で構いません。**

不動産登記の先例が恐れているのが、１番抵当権と２番抵当権の間に、弁済期が到来した租税公課（国税および地方税）がある場合です。

租税公課（無担保債権です）は登記した抵当権に勝てる場合があります。

抵当権の設定登記の受付日と、租税公課の弁済期を見比べて、弁済期が先に来ていれば、この抵当権に勝てます。

乙区	租税公課
1　抵当権設定　　B	
	弁済期到来
2　抵当権設定　　C	
１付記１号 １番から２番へ順位譲渡	

上記の状態の場合、２番抵当権者は租税公課に負けていました。その後、租税

公課に勝てる1番から順位譲渡を受けることによって、2番抵当権は租税公課に勝てる状態になっています。

ここで、1番抵当権が無くなれば、租税公課に勝てたというメリットが無くなります。そのため、2番抵当権者に無断ではできず、2番抵当権者の承諾書を登記の条件にしたのです。

2番抵当権者

順位譲渡 → 1番抵当権 抹消 →

（租税公課に負けている。）（租税公課に勝った！）（租税公課に負ける。）

ちなみに、租税公課が実際にある場合でも、無い場合でも2番抵当権者は利害関係人です。**租税公課があるかどうかは登記簿には載らないため、登記官には判断できないから**です。

問題を解いて確認しよう

乙区
1番　抵当権設定請求権仮登記　平成2年5月受付　権利者B
2番　抵当権設定　平成10年1月受付　抵当権者C
3番　抵当権設定　平成15年2月受付　抵当権者E
4番　2番、3番順位変更　平成15年2月受付
変更後の事項　　　　　　　　第1　3番抵当権
　　　　　　　　　　　　　　第2　2番抵当権
5番　抵当権設定　平成16年10月受付　抵当権者F
付記1号　5番抵当権の6番抵当権への順位譲渡　平成16年11月受付
6番　抵当権設定　平成16年11月受付　抵当権者G

1	乙区2番の登記を抹消する場合、Eは、その承諾を要する利害関係人である。〔18-15-ウ〕	×
2	乙区5番の登記を抹消する場合、Gは、その承諾を要する利害関係人である。〔18-15-エ〕	〇

これで到達！ 　　　　　　　　合格ゾーン

☐ 1番抵当権の順位を第2番に、2番抵当権の順位を第1番に変更する登記がさ
れている場合において、1番抵当権設定の登記の抹消を申請するときは、2番
抵当権登記名義人の承諾書を添付することを要しない。〔4-28-1（26-14-イ）〕

　★上記の事例の場合、2番抵当権より配当順が後の1番抵当権が消滅しても、
　2番には何の迷惑もかかりません（登研301-69参照）。

☐ Aの債務のために、A所有の甲不動産とX所有の乙不動産を共同担保として抵
当権の設定の登記がされた後に、甲不動産の抵当権の登記のみについてする抹
消の登記申請書には、Xの承諾書を添付することを要しない。〔7-20-1〕

　★登記上の利害関係人は、その不動産上の名義人から探してください。本件で
　は甲不動産の抹消登記なので、別不動産の者は利害関係人にはならないと判
　断しましょう。

　抵当権抹消登記、他の論点に移ります。抹消登記の前提に、別の登記が必要か
という論点です。

設定 ┼
合併 ┼
弁済 ┼
　　↓

　上記の場合、物権変動は、抵当権の発生→抵当権の移転→弁済による抵当権の
消滅になっています。そのため、なすべき登記は、抵当権の移転登記と抵当権の
抹消登記となります。抹消登記の前提に移転登記が必要です。

この場合の物権変動は、抵当権の発生→弁済による抵当権の消滅だけです。合併が生じても、抵当権はもう無くなっているので移転のしようがありません。そのため**抹消登記の前提として移転登記はできません**。

この流れで登記を考えれば、抵当権の設定登記、名称変更登記、抵当権の抹消登記の3つになるはずです。

ただ、名前（名称）が変わった場合は変更登記をする必要はありません。

どうせ抹消されるのに、手間を掛けるだけ馬鹿らしいです。そこで、抹消登記の前提で、名前が変わった、住所が変わったというレベルなら省略できることにしました。

合併による移転が生じた場合と商号変更の結論は区別をしてください。**移転というダイナミックな物権変動は省略できません**が、**名前が変わったというレベルであれば省略ができる**と押さえておきましょう。

1	会社の合併により移転した抵当権が、合併後に弁済により消滅した場合に、弁済による抵当権の消滅の登記を申請するためには、その前提として、抵当権移転の登記がされていることを要する。〔6-22-1〕	○
2	吸収合併された会社が抵当権の登記名義人である場合において、合併前に当該抵当権が消滅していたときは、合併による抵当権移転の登記がされていなくても、申請書に合併を証する書面を添付し、所有権の登記名義人と合併後の会社が共同して、その抹消を申請することができる。〔63-18-5〕	○

第2節 単独申請の特則

抵当権の抹消登記は、単独申請でできる場合があります。

順位番号	登記の目的	受付年月日	権利者その他の事項
1	抵当権設定	（略）	原因　　　　年月日金銭消費貸借年月日設定（登記事項一部省略）抵当権者　（住所省略）　　　　B
付記1号	1番抵当権消滅の定め	余白	抵当権者が死亡したときは抵当権が消滅する年月日付記

付記1号「抵当権者が死んだら抵当権は消えますよ」という特約が入っています。

このような特約があって、抵当権者が死んだ場合、抵当権は消滅します。

抵当権が消滅したのは明らかであるため、わざわざ共同申請を要求することはなく、設定者からの単独申請を認めました（ただ、単独申請である以上、公文書を持っていく必要があります）。

「死んだら権利が消滅するという権利消滅の定めがある」→「死亡する」→「単独申請で消せる」としたのです。

注意してほしいのは、**この公式は所有権では使えない**ということです。

所有権でこれがあったらどうなるのでしょう。つまり「所有権者が死んだら所

有権移転が失効するよ」となっていた場合です。

所有権の流れは、「売主→買主→売主」になります。買主が死亡したら、買主の所有権が消滅するのではなく、その所有権が売主に戻ることになります。そのため、所有権の場合は、**なすべき登記は抹消ではなく移転登記となる**のです。

他にも単独申請で抹消できる制度が3つあります。この3つの制度は、いずれも相手が行方不明となったときの話になっています。

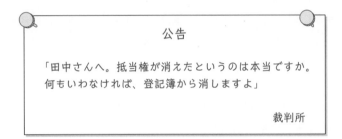

「権利が無くなった」→「義務者が行方不明になっている」→「共同申請ができない」という状態の場合、債務者側は、裁判所に申立てをして、上記のような公示催告手続をとってもらうことになります。

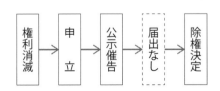

ここで、田中さんから届出が無ければ、「登記簿から権利を除いてよい」という決定がもらえます。

　この決定があれば、権利消滅の可能性は高いため、もう共同申請を要求しないのです。

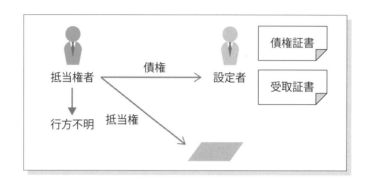

　担保権だけの特則があります。「設定者が払っている」→「設定者が**債権証書、受取証書を持っている**」という状態の場合です。

　この**「債権証書、受取証書」の２つを持っているということは、払ったという可能性が極めて高い**といえます（受取証書は払うタイミングに同時履行でもらい、債権証書は払った後にもらえるものです。この２つを持っていることは払った可能性が高いということが分かります）。そこで、この場合も単独申請で抹消することを認めたのです。

　払ったことにより、権利が無くなったのが明らかという論法ですから、**この制度は、用益権などでは使えません**。

　先ほどやった除権決定についてはどんな権利でも使えますが、この債権証書と受取証書の特則は、払うことによって消える担保権だけが対象となっています。

　では、次の図を見てください。これが行方不明の抹消登記で、１番有名なバージョンです。俗に、休眠担保権抹消登記といったりします。

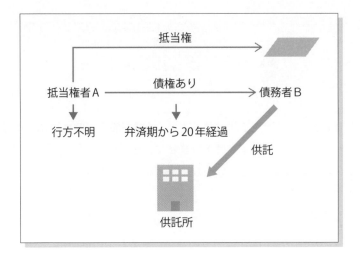

　Bが払おうと思ったら、Aが行方不明で渡すことができません。そして、この抵当権の被担保債権は、弁済期を過ぎてから20年も経っていました。

　通常、被担保債権を弁済しなかったら、弁済期の日に抵当権を実行します。そういった抵当権実行を20年していないということは、もはや**抵当権を使う気があるとは思えません**。この場合、設定者による単独申請で抵当権を抹消することを認めています。

　ただ、これまで見てきたものと違い、いまだ債権があり、抵当権もあるため、今の状態で抹消登記はさせません。

　Bは供託所にお金を供託する必要があるのです。そして、**供託する金額は登記簿上から分かる全額です**。

> **休眠担保権抹消**
> 登記簿上から分かる金額を、利息も含めて全額預けなければいけない

　極論、登記簿上に1,000万円と載っている場合には、300万円はもう弁済をしていたとしても、1,000万円（プラス今までの利息・遅延損害金）になります。

何でそんなに払わなきゃいけないの？！それだったら、何か他に手はないのか。
→これ、時効になっていない？

　確かに時効という方法もあります。ただ、**「登記原因が時効の場合には、単独申請で行ってよい」とする条文はありません。**そのため、相手が行方不明であれば、民事訴訟で意思擬制をしないと登記申請ができません。

　実際に休眠担保権抹消登記をする場合は、このＡの債権が相当昔のもの（明治とか大正）で、債権額が20円とか30円というケースが多いです。

　どちらをやりたいですか。
　30円に20年分の借りた利息と損害金を含めた全額を払うのと、行方不明の人を探すなり民事訴訟を起こして２年３年訴訟で戦うこと。
　結局、費用対効果の問題となります。債権額が低いのであれば休眠担保権抹消で全額払った方が絶対早く済むし、安くつきます。一方、ある程度金額が高い債権であれば、行方不明による休眠担保権抹消登記をするより、民事訴訟をして時効を勝ち取る方がいいでしょう。

　この休眠担保権の抹消手続の要件を載せましたので、暗記しましょう。

 覚えましょう

① 先取特権・質権・抵当権に関する登記の抹消登記であること
② 登記義務者が行方不明のために共同申請できないこと
③ 債権の弁済期から20年経過したこと
④ ③の期間の経過後、債権・利息・損害金の「全額」に相当する金銭を供託したこと

　④は先ほどから書いている全額という話です。
　③20年経過する、これで使う気が無いことが分かるのです。

①ですが、無理にこの要件を覚えなくて結構です。休眠担保権の抹消手続を使えない担保権がいくつかあるのです。

譲渡担保権　　×

確定前根抵当権　　×

例えば譲渡担保権は担保権ですが、この制度を利用することができません。譲渡担保権は所有権移転で表現しているため、**譲渡担保権の登記簿を見ても、いくら借りたかが分かりません。そのため、登記官が④の要件をチェックできないのです。**

また、元本確定前の根抵当権にも使えません。債務を払っても根抵当権は消滅しないからです（後述します）。

問題を解いて確認しよう

1	Bが死亡した時は所有権移転が失効する旨の付記登記があるAからBへの所有権移転登記がされている場合において、Bが死亡したときは、Aは、Bの死亡を証する戸籍の謄本を添付して、単独で当該所有権移転登記の抹消を申請することができる。〔11-24-ア〕	×
2	地上権者の死亡により地上権が消滅する旨の登記がされている地上権について、地上権者が死亡した場合は、その地上権の登記の抹消の申請は、その死亡を証する情報を提供して、所有権の登記名義人が単独ですることができる。〔20-12-エ〕	○
3	権利が人の死亡によって消滅する旨が登記されている場合において、当該権利がその死亡によって消滅したときの登記の抹消の申請は、登記権利者が人の死亡を証する市町村長、登記官その他の公務員が職務上作成した書面を添付して、単独で申請することができる。〔3-23-4（8-19-ア）〕	○
4	転抵当権や確定後の根抵当権の登記についても債権の弁済期から20年を経過し、登記義務者が行方不明である場合には、不動産登記法第70条第4項後段の規定による抹消の対象となるが、譲渡担保や、仮登記担保の登記は、その対象とならない。〔6-21-4〕	○

		○
5	元本が確定した根抵当権の登記名義人の所在が知れない場合には、当該根抵当権の目的である不動産の所有権の登記名義人は、当該根抵当権の登記名義人の所在が知れないことを証する情報及び当該根抵当権の被担保債権が消滅したことを証する情報を提供して、単独で当該根抵当権の登記の抹消を申請することができる。〔27-23-イ〕	

✕肢のヒトコト解説

1　所有権の場合は、共同申請で移転登記で名義を回復します（抹消登記は、担保権だけのルールです）。

2周目はここまで押さえよう

◆ 根抵当権の被担保債権の弁済期 ◆

	根抵当権の被担保債権の弁済期
結論	元本確定の日
元本確定の日が登記記録上明らかでないとき	設定日より3年経過した日を元本確定の日とみなす

　弁済期から20年経過、という要件ですが、根抵当権ではどうやって判定すればいいのでしょう。

　根抵当権の場合、担保する債権はたくさんあるため（不特定債権の担保）、どの債権で判断するのか悩ましいところです。

　先例は、1本1本では判断せず、元本確定した時点を弁済期と考えることにしました。
　つまり、通常は、「弁済期から20年経過」という要件が、根抵当権の場合には「元本確定から20年経過」となるのです。

　もし、登記簿上から元本確定がわかるのなら、そこから20年となるのは分かりますが、登記簿上から元本確定が読み取れない根抵当権はどうするのでしょう。

その場合は、便宜、設定から３年経った時点を元本確定時としました（この３年というのは、確定請求できる時期とリンクしていると思われます）。

設定から３年で元本確定、その元本確定したときから20年で要件クリア、つまり設定から23年で要件クリアすることになるのです。

> ✓ 1 登記義務者が行方不明であるため、登記権利者が単独で不動産登記法第70条第４項後段の規定により根抵当権設定の登記の抹消を申請する場合において、登記記録上元本確定の日が明らかでないときは、抵当権の場合と同じく、その設定の日が弁済期とみなされる。〔12-16-イ〕　　×
>
> 2 所有権の登記名義人は、登記記録から元本の確定の日が明らかな場合にはその日から20年を経過した後、それ以外の場合には根抵当権の設定の日から３年を経過した日から20年を経過した後、不動産登記法第70条第４項後段の規定に基づき、単独で当該根抵当権の登記の抹消を申請することができる。〔17-26-イ〕　　○

法人の所在不明に該当する場合	立証書面
担保権の登記名義人が法人である場合に、当該法人について登記簿に記録がなく、かつ、閉鎖登記簿が廃棄済みであるため、その存在を確認することができない場合	申請人が当該法人の所在地を管轄する登記所等において調査した結果を記載した書面

行方不明の場合に単独申請できる話を見ていますが、法人の場合はどうなるのでしょう（もともと、法人は目で見える存在ではないので、「行方不明」ということがありえるのでしょうか）。

先例は、担保権者が法人の場合で
・当該法人について登記簿に記録がなく、かつ、
・閉鎖登記簿が廃棄済みであるため、その存在を確認することができない場合
に、行方不明と考えることにしました。

もし、登記簿があるのなら、それを追いかければ、関係者がつかまりますし、仮に本店移転などで登記簿が閉鎖されていても、閉鎖登記簿があれば、「どこに本店移転したか」が分かるので、行方不明とはしませんでした。

　そして、上記の条件は、登記簿調査で判明することなので、その調査をしたことを立証することを要求しました。

☑	1	抵当権の登記名義人が法人である場合には、所有権の登記名義人は、当該法人の所在が知れないことを理由として、不動産登記法第70条第4項後段の規定に基づき、単独で当該抵当権の登記の抹消を申請することはできない。〔17-26-ア〕	×
	2	登記名義人が行方不明で、不動産登記法第70条第4項後段の規定により抵当権設定者のみで抵当権設定の登記の抹消を申請する場合、申請情報には法人である登記義務者の所在が知れないことを証する情報として、申請人が当該法人の所在地を管轄する登記所等において調査した結果を記載した情報を提供すれば足りる。〔オリジナル〕	〇
	3	不動産質権者である株式会社の清算結了を証する閉鎖事項証明書は、不動産登記法第70条第4項後段の規定に基づく質権の登記の抹消の登記の申請情報と併せて提供すべき登記原因証明情報にならない。〔29-13-オ改題〕	〇

☐ 登記権利者は、共同して登記の抹消の申請をすべき法人が解散し、調査を行っ
てもなおその法人の清算人の所在が判明しないためその法人と共同して先取特
権、質権又は抵当権に関する登記の抹消を申請することができない場合におい
て、被担保債権の弁済期から30年を経過し、かつ、その法人の解散の日から
30年を経過したときは、単独で当該登記の抹消を申請することができる（70
の2）。

> ★休眠担保権抹消と似ていますが、供託をしなくても単独抹消申請ができる点
> がポイントです。担保権者の法人が解散していて、30年を経過していると
> いう状態であれば、その法人は実在していない可能性が極めて高いため、供
> 託せずに抹消することを認めたのです。

☐ 不登法第70条の2の規定により登記権利者が単独でする抹消の申請において、
登記原因は、「不動産登記法第70条の2の規定による抹消」とするものとし、
登記原因の日付を要しない（令5.3.28民二538号）。

> ★登記原因に条文番号を記載する点、そして、日付も記載しない点がポイント
> です。この登記では単に登記簿上から担保権を抹消するだけであり、権利の
> 消滅という物権変動がないため、登記原因日付を記載しないものと考えられ
> ます。

第3節 抵当権更正

◆ 更正の可否 ◆

	真実	登記	更正の可否
①	抵当権者：甲・乙	抵当権者：甲	○
②	債務者：B	債務者：A	○ （昭37.7.26民甲2074号）
③	抵当権者：B 債務者：　A	抵当権者：A 債務者：　B	○ （昭35.6.3民甲1355号）
④	無利息	利息の登記なし	○

抵当権の内容が間違っていれば、更正登記が可能です。

更正登記ができるかどうかの基準は、所有権と同じで「**名義が一部でも正しければ、更正登記ができる**」ことです。

　そのため、上記の①は許されます。また、④も抵当権者の同一性があれば認められます。

　一方、②を見てください。**抵当権における名義の同一性は「抵当権者」で判断します。債務者は登記の情報の一部に過ぎない**ので、そこの同一性は要求されません。

　ただ、③は例外です。抵当権者がAなのにBで登記しているので同一性がありません。ただ、よくよく見ると、**抵当権者と債務者が逆になっています。単純なミスをしたんだろうということで、更正登記を認めています。**

問題を解いて確認しよう

1	抵当権の登記について、債務者を設定者自身から設定者以外の者とする更正の登記を申請することができる。〔17-20-ア〕	○
2	債務者をAとする抵当権設定登記がされている場合に、錯誤を原因として、債務者をBとする抵当権の更正の登記の申請をすることはできない。〔6-23-イ（12-18-2、令2-21-ウ）〕	×
3	抵当権者をA、債務者をBとすべきところを、誤って抵当権者をB、債務者をAとする抵当権設定の登記が申請され、その旨の登記がされた場合、抵当権者をA、債務者をBに更正する登記を申請することができない。〔オリジナル〕	×
4	無利息の定めのある債権を被担保債権とする抵当権の設定の登記に無利息である旨が登記されていないときは、無利息である旨を登記する更正の登記を申請することはできない。〔18-12-1〕	×

×肢のヒトコト解説

2　債務者の同一性がなくても更正登記は可能です。

3　抵当権者と債務者を逆転させた間違いなので、更正登記が可能です。

4　抵当権者に間違いがないので、許されます。

第6章 抵当証券

出題が多いところではありません。
抵当証券の特質を押さえた上で、「債務者の住所変更登記」の特別ルールをしっかり押さえておきましょう。

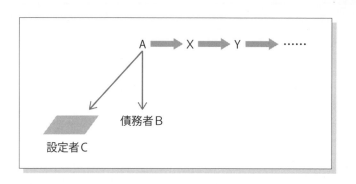

AからBの債権、元本が1億円で利息が10％とします。この場合は年間1,000万円ずつ入りますよね。儲けとしては、かなり大きいでしょう。

ただ怖いのがBの債務不履行です。利息が毎年1,000万円取れて嬉しいけれど、どこかでBが債務不履行をしたら大損害を被ります。

そこで、Aはある程度利息が取れたら、債権を売ってしまうのです。

十分儲けたなぁ、そろそろ怖いから売っておこう。

という感じで売ります。そして、これを買ったXもある程度利息を取ってから、

あ～美味しかったな、でもそろそろBは危なそうだな。

と思ったら売ってしまうのです。

こういった金融商品は、コロコロ売られやすい運命にあります。そして売る時に、無担保債権よりも抵当権が付いている債権の方が売りやすいのです。そこで、AはCの不動産に抵当権を設定した上で、このようなことをやるのです。

ただ、このままでは**債権譲渡の手続は要るし、抵当権移転登記で登録免許税1000分の2を払う**羽目になります。結構面倒ですし、費用がかかります。

これを楽にするのが抵当証券です。

具体的には、抵当権の登記を入れた後に、登記所（国）に証券を出してもらうのです。その証券を出してもらっておくと、売るのがすごく楽になります。

裏 書 欄			変更欄
裏書年月日	被裏書人	裏書人の住所氏名押印	

これは抵当証券の裏面です。もし誰かに売りたければ、裏面に日付、譲受人（買主）、譲渡人（売主）を書けばいいのです。これを裏書譲渡といいます。

このように、裏面に一筆書くことにより、債権と抵当権が一緒に**売ることができるだけでなく、債権譲渡・抵当権移転の対抗力まで取得できます**。つまり、抵当権付債権の譲渡は債権譲渡の対抗要件を先に備えなくても、抵当証券の裏面に一筆書くことで抵当権の移転ができるのです。このメリットは大きいです。

このように抵当権付債権を売りやすくするための制度、これが抵当証券です。実際、抵当証券が発行されると、**抵当権はコロコロ売られます**（こういうのを転々流通といったりもします）。

順位番号	登記の目的	受付年月日	権利者その他の事項	
1	抵当権設定	(略)	原　因	年月日金銭消費貸借年月日設定
			債権額	金1億円
			利　息	年10%
			弁済期	令和○年○月○日
			支払場所	(本店省略)大洋銀行株式会社港支店
			特約	抵当証券を発行することができる
			債務者	(住所省略)　高橋進
			抵当権者	(本店省略)セントラルモーゲージ株式会社
付記1号	1番抵当権につき令和年月日何号抵当証券交付	余白	令和年月日付記	

　これは、抵当権の設定登記をし、後日抵当証券を発行した場合の登記記録です。

　まず抵当権の登記事項が、通常の場合と若干違うことに気付いてください。**弁済期、支払場所、特約**のところです。これは、普段の抵当権の登記には無い登記事項になっています。

　そして、付記1号を見てください。抵当証券は、登記所に申請して、登記所が発行してくれる有価証券です。**登記所が抵当証券を発行したら、抵当証券を出しましたよと付記で登記する**のです。

　抵当権を取得した人は、裏書譲渡だけで対抗力まで取得できるので、移転登記をやりません。つまり、**登記簿を見ても抵当権者は分からなくなります**。それを公示するのが、この抵当証券交付の登記です。

　上記が、抵当証券の始まりの登記です。次は、抵当証券を出した後の手続を見ていきます。

　抵当証券を出した後に、変更登記や移転登記などをする場合、基本は**抵当証券を持っていく必要があります**。

　抵当証券には抵当権の登記事項がほとんど載っています。抵当権の内容が変わったのであれば、それを書き換えるために抵当証券を持っていかないと、登記手続がとれません。

　ただ、抵当証券を持っていかなくても手続がとれるものがあります。

例えば、**債務者の住所変更と氏名変更の場合**です。

債務者の名前が変わった、住所が変わったという場合、なすべき登記は抵当権の変更登記です。抵当権の債務者の変更登記は、権利者が抵当権者、義務者が絶対設定者で申請する登記でした。ということは、債務者自身は住所が変わったら、抵当権者や設定者にそのことを知らせるのです。

ただ、抵当証券が発行されると、抵当権は転々流通して、しかも登記簿には載りません。そのため、債務者は上記のような連絡のしようが無いのです。

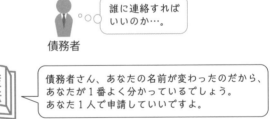

そこで、債務者からの単独申請を認めました。

このとき、**抵当権の内容である債務者が変わりますが、抵当証券を持っていく必要はありません。抵当証券を持っているのは抵当権者なので、債務者が持っていくのは不可能**だからです。

問題を解いて確認しよう

1　抵当証券が発行されている場合において、債務者の住所に変更があったときは、債務者は、債務者の住所について変更があったことを証する情報を提供して、単独で、債務者の住所についての変更の登記を申請することができる。〔18-20-イ（4-29-ウ、21-27-イ）〕　　　　　　〇

索引

LEC東京リーガルマインド　令和7年版 根本正次のリアル実況中継
司法書士 合格ゾーンテキスト **4** 不動産登記法 Ⅰ

〈執筆者〉

根本 正次（ねもと しょうじ）

2001年司法書士試験合格。2002年から講師として教壇に立ち、20年以上にわたり初学者から上級者まで幅広く受験生を対象とした講義を企画・担当している。講義方針は、「細かい知識よりもイメージ・考え方」を重視すること。熱血的な講義の随所に小噺・寸劇を交えた受講生を楽しませる「楽しい講義」をする講師でもある。過去問の分析・出題予想に長けており、本試験直前期には「出題予想講座」を企画・実施し、数多くの合格者から絶賛されている。

令和7年版 根本正次のリアル実況中継
司法書士 合格ゾーンテキスト
4 不動産登記法Ⅰ

2019年3月25日	第1版 第1刷発行
2024年6月20日	第6版 第1刷発行

執 筆●根本 正次
編著者●株式会社　東京リーガルマインド
　　　　LEC総合研究所　司法書士試験部

発行所●株式会社　東京リーガルマインド
　　　　〒164-0001　東京都中野区中野4-11-10
　　　　　　　　　　アーバンネット中野ビル
　　　　LECコールセンター　☎ 0570-064-464
　　　　　受付時間　平日9：30～20：00/土・祝10：00～19：00/日10：00～18：00
　　　　　※このナビダイヤルは通話料お客様ご負担となります。
　　　　書店様専用受注センター　TEL 048-999-7581 / FAX 048-999-7591
　　　　　受付時間　平日9：00～17：00/土・日・祝休み
　　　　www.lec-jp.com/

本文デザイン●株式会社リリーフ・システムズ
本文イラスト●小牧 良次
印刷・製本●図書印刷株式会社

根本正次
LEC専任講師

誰にもマネできない記憶に残る講義

司法書士試験は、「正しい努力をすれば」、「必ず」合格ラインに届きます。
そのために必要なのは、「絶対にやりぬく」という意気込みです。
皆さんに用意していただきたいのは、
司法書士試験に一発合格する！という強い気持ち、この1点だけです。
あとは、私が示す正しい努力の方向を邁進するだけで、
合格ラインに届きます。

私の講義ここがPoint!

1 わかりやすいのは当たり前！私の講義は「記憶に残る講義」

❶ 知識の1つ1つについて、しっかりとした理由付けをする。
❷ 一度の説明ではなく、時間の許す限り繰り返し説明する。
❸ 寸劇・コントを交えて衝撃を与える。

2 法律を教えるのは当たり前！時期に応じた学習計画も伝授

❶ 講義の受講の仕方、復習の仕方、順序を説明する。
❷ すでに学習済みの科目について、復習するタイミング、復習する範囲を指示します。
❸ どの教材を、いつまでに、どのレベルまで仕上げるべきなのかを細かく指導する。

3 徹底した過去問重視の指導

❶ 過去の出題実績の高いところを重点に講義をする。
❷ 復習時に解くべき過去問を指摘する。
❸ 講義内で過去問を解いてもらう。

根本講師の講義も配信中！

Nemoto

その裏に隠された緻密な分析力！

私のクラスでは、
❶ 法律を全く知らない人に向けて、「わかりやすく」「面白く」「合格できる」講義と
❷ いつ、どういった学習をするべきなのかのスケジュールと
❸ 数多くの一発合格するためのサポートを用意しています。
とにかく目指すは、司法書士試験一発合格です。一緒に頑張っていきましょう！

合格者の声　　根本先生おすすめします！

一発合格

長井 愛さん

根本先生の講義はとにかく楽しいです。丁寧に、分かりやすく説明してくださる上に、全力の寸劇が何度も繰り広げられ、そのおかげで頭に残りやすかったです。また先生作成のノートやレジュメも分かりやすくて大好きです！！

一発合格
最年少合格

大島 駿さん

根本先生の良かった点は、講義内容のわかりやすさはもちろん、記憶に残る講義だということです。正直、合格できた１番の理由は根本先生の存在があったからこそだと思います。

一発合格

大石徳子さん

根本講師は、受験生の気持ちを本当に良く理解していて、すごく愛のある先生だと思います。講座の区切り、区切りで、今受験生が言ってもらいたい言葉を掛けてくれます。

一発合格

望月飛鳥さん

初学者の私でも分かりやすく、楽しく授業を受けられました。講義全体を通して、全力で授業をしてくれるので、こちらも頑張ろうという気持ちになります。

一発合格

H・Tさん

寸劇を交えた講義が楽しくイメージしやすかったです。問題を解いている時も先生の講義を思い出せました。

一発合格

田中佑幸さん

根本先生の『論点のストーリー説明→条文根拠づけ→図表まとめ』の講義構成がわかりやすく記憶に残りやすかったです。

新15ヵ月合格コース

短期合格のノウハウが詰まったカリキュラム

LECが初めて司法書士試験の学習を始める方に自信をもってお勧めする講座が新15ヵ月合格コースです。司法書士受験指導40年以上の積み重ねたノウハウと、試験傾向の徹底的な分析により、これだけ受講すれば合格できるカリキュラムとなっております。司法書士試験対策は、毎年一発・短期合格を輩出してきたLECにお任せください。

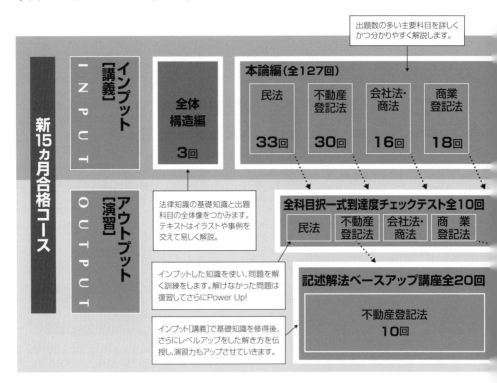

出題数の多い主要科目を詳しくかつ分かりやすく解説します。

新15ヵ月合格コース

INPUT
インプット[講義]

全体構造編 3回

本論編(全127回)

民法	不動産登記法	会社法・商法	商業登記法
33回	30回	16回	18回

法律知識の基礎知識と出題科目の全体像をつかみます。テキストはイラストや事例を交えて易しく解説。

OUTPUT
アウトプット[演習]

インプットした知識を使い、問題を解く訓練をします。解けなかった問題は復習してさらにPower Up!

全科目択一式到達度チェックテスト全10回

民法	不動産登記法	会社法・商法	商業登記法

記述解法ベースアップ講座全20回

不動産登記法 10回

インプット[講義]で基礎知識を修得後、さらにレベルアップをした解き方を伝授し、演習力もアップさせていきます。

インプットとアウトプットのリンクにより短期合格を可能に！

合格に必要な力は、適切な情報収集(インプット)→知識定着(復習)→実践による知識の確立(アウトプット)という3つの段階を経て身に付くものです。新15ヵ月合格コースではインプット講座に対応したアウトプットを提供し、これにより短期合格が確実なものとなります。

初学者向け総合講座

本コースは全くの初学者からスタートし、司法書士試験に合格することを狙いとしています。入門から合格レベルまで、必要な情報を詳しくかつ法律の勉強が初めての方にもわかりやすく解説します。

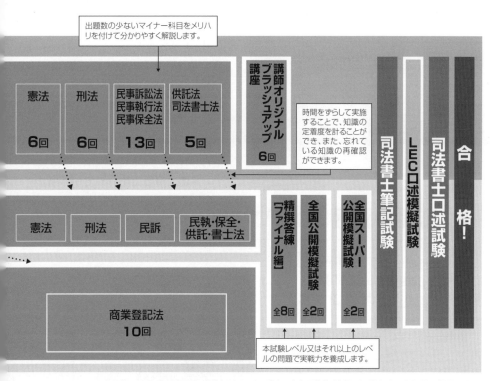

出題数の少ないマイナー科目をメリハリを付けて分かりやすく解説します。

憲法	刑法	民事訴訟法 民事執行法 民事保全法	供託法 司法書士法
6回	6回	13回	5回

講師オリジナルブラッシュアップ講座
6回

時間をずらして実施することで、知識の定着度を計ることができ、また、忘れている知識の再確認ができます。

憲法	刑法	民訴	民執・保全・供託・書士法

商業登記法
10回

精撰答練「ファイナル編」
全8回

全国公開模擬試験
全2回

全国スーパー公開模擬試験
全2回

本試験レベル又はそれ以上のレベルの問題で実戦力を養成します。

司法書士筆記試験

LEC口述模擬試験

司法書士口述試験

合格！

※本カリキュラムは、2023年8月1日現在のものであり、講座の内容・回数等が変更になる場合があります。予めご了承ください。

詳しくはこちら⇒ www.lec-jp.com/shoshi/

■お電話での講座に関するお問い合わせ 平日：9:30～20:00 土祝：10:00～19:00 日：10:00～18:00
※このナビダイヤルは通話料お客様ご負担になります。※固定電話・携帯電話共通（一部の PHS・IP 電話からのご利用可能）。

LECコールセンター 0570-064-464

LEC Webサイト ▷▷ **www.lec-jp.com/**

情報盛りだくさん！

 資格を選ぶときも，
講座を選ぶときも，
最新情報でサポートします！

最新情報
各試験の試験日程や法改正情報，対策講座，模擬試験の最新情報を日々更新しています。

資料請求
講座案内など無料でお届けいたします。

受講・受験相談
メールでのご質問を随時受付けております。

よくある質問
LECのシステムから，資格試験についてまで，よくある質問をまとめました。疑問を今すぐ解決したいなら，まずチェック！

書籍・問題集（LEC書籍部）
LECが出版している書籍・問題集・レジュメをこちらで紹介しています。

充実の動画コンテンツ！

 ガイダンスや講演会動画，
講義の無料試聴まで
Webで今すぐCheck！

動画視聴OK
パンフレットやWebサイトを見てもわかりづらいところを動画で説明。いつでもすぐに問題解決！

Web無料試聴
講座の第1回目を動画で無料試聴！気になる講義内容をすぐに確認できます。

LEC 全国学校案内

＊講座のお問合せ，受講相談は最寄りのLEC各校へ

LEC本校

■ 北海道・東北

札　幌本校　☎011(210)5002
〒060-0004 北海道札幌市中央区北4条西5-1　アスティ45ビル

仙　台本校　☎022(380)7001
〒980-0022 宮城県仙台市青葉区五橋1-1-10　第二河北ビル

■ 関東

渋谷駅前本校　☎03(3464)5001
〒150-0043 東京都渋谷区道玄坂2-6-17　渋東シネタワー

池　袋本校　☎03(3984)5001
〒171-0022 東京都豊島区南池袋1-25-11　第15野萩ビル

水道橋本校　☎03(3265)5001
〒101-0061 東京都千代田区神田三崎町2-2-15　Daiwa三崎町ビル

新宿エルタワー本校　☎03(5325)6001
〒163-1518 東京都新宿区西新宿1-6-1　新宿エルタワー

早稲田本校　☎03(5155)5501
〒162-0045 東京都新宿区馬場下町62　三朝庵ビル

中　野本校　☎03(5913)6005
〒164-0001 東京都中野区中野4-11-10　アーバンネット中野ビル

立　川本校　☎042(524)5001
〒190-0012 東京都立川市曙町1-14-13　立川MKビル

町　田本校　☎042(709)0581
〒194-0013 東京都町田市原町田4-5-8　MIキューブ町田イースト

横　浜本校　☎045(311)5001
〒220-0004 神奈川県横浜市西区北幸2-4-3　北幸GM21ビル

千　葉本校　☎043(222)5009
〒260-0015 千葉県千葉市中央区富士見2-3-1　塚本大千葉ビル

大　宮本校　☎048(740)5501
〒330-0802 埼玉県さいたま市大宮区宮町1-24　大宮GSビル

■ 東海

名古屋駅前本校　☎052(586)5001
〒450-0002 愛知県名古屋市中村区名駅4-6-23　第三堀内ビル

静　岡本校　☎054(255)5001
〒420-0857 静岡県静岡市葵区御幸町3-21　ペガサート

■ 北陸

富　山本校　☎076(443)5810
〒930-0002 富山県富山市新富町2-4-25　カーニープレイス富山

■ 関西

梅田駅前本校　☎06(6374)5001
〒530-0013 大阪府大阪市北区茶屋町1-27　ABC-MART梅田ビル

難波駅前本校　☎06(6646)6911
〒556-0017 大阪府大阪市浪速区湊町1-4-1
大阪シティエアターミナルビル

京都駅前本校　☎075(353)9531
〒600-8216 京都府京都市下京区東洞院通七条下ル2丁目
東塩小路町680-2　木村食品ビル

四条烏丸本校　☎075(353)2531
〒600-8413 京都府京都市下京区烏丸通仏光寺下ル
大政所町680-1　第八長谷ビル

神　戸本校　☎078(325)0511
〒650-0021 兵庫県神戸市中央区三宮町1-1-2　三宮セントラルビル

■ 中国・四国

岡　山本校　☎086(227)5001
〒700-0901 岡山県岡山市北区本町10-22　本町ビル

広　島本校　☎082(511)7001
〒730-0011 広島県広島市中区基町11-13　合人社広島紙屋町アネクス

山　口本校　☎083(921)8911
〒753-0814 山口県山口市吉敷下東 3-4-7　リアライズⅢ

高　松本校　☎087(851)3411
〒760-0023 香川県高松市寿町2-4-20　高松センタービル

松　山本校　☎089(961)1333
〒790-0003 愛媛県松山市三番町7-13-13　ミツネビルディング

■ 九州・沖縄

福　岡本校　☎092(715)5001
〒810-0001 福岡県福岡市中央区天神4-4-11　天神ショッパーズ
福岡

那　覇本校　☎098(867)5001
〒902-0067 沖縄県那覇市安里2-9-10　丸姫産業第2ビル

■ EYE関西

EYE 大阪本校　☎06(7222)3655
〒530-0013　大阪府大阪市北区茶屋町1-27　ABC-MART梅田ビル

EYE 京都本校　☎075(353)2531
〒600-8413 京都府京都市下京区烏丸通仏光寺下ル
大政所町680-1　第八長谷ビル

LEC提携校

*提携校はLECとは別の経営母体が運営をしております。
*提携校は実施講座およびサービスにおいてLECと異なる部分がございます。

■ 北海道・東北

八戸中央校【提携校】 ☎0178(47)5011
〒031-0035　青森県八戸市寺横町13　第1朋友ビル　新教育センター内

弘前校【提携校】 ☎0172(55)8831
〒036-8093　青森県弘前市城東中央1-5-2
まなびの森　弘前城東予備校内

秋田校【提携校】 ☎018(863)9341
〒010-0964　秋田県秋田市八橋鯲沼町1-60
株式会社アキタシステムマネジメント内

■ 関東

水戸校【提携校】 ☎029(297)6611
〒310-0912　茨城県水戸市見川2-3092-3

所沢校【提携校】 ☎050(6865)6996
〒359-0037　埼玉県所沢市くすのき台3-18-4　所沢K・Sビル
合同会社LPエデュケーション内

東京駅八重洲口校【提携校】 ☎03(3527)9304
〒103-0027　東京都中央区日本橋3-7-7　日本橋アーバンビル
グランデスク内

日本橋校【提携校】 ☎03(6661)1188
〒103-0025　東京都中央区日本橋茅場町2-5-6　日本橋大江戸ビル
株式会社大江戸コンサルタント内

■ 東海

沼津校【提携校】 ☎055(928)4621
〒410-0048　静岡県沼津市新宿町3-15　萩原ビル
M-netパソコンスクール沼津校内

■ 北陸

新潟校【提携校】 ☎025(240)7781
〒950-0901　新潟県新潟市中央区弁天3-2-20　弁天501ビル
株式会社大江戸コンサルタント内

金沢校【提携校】 ☎076(237)3925
〒920-8217　石川県金沢市近岡町845-1　株式会社アイ・アイ・ピー金沢内

福井南校【提携校】 ☎0776(35)8230
〒918-8114　福井県福井市羽水2-701　株式会社ヒューマン・デザイン内

■ 関西

和歌山駅前校【提携校】 ☎073(402)2888
〒640-8342　和歌山県和歌山市友田町2-145
KEG教育センタービル　株式会社KEGキャリア・アカデミー内

■ 中国・四国

松江殿町校【提携校】 ☎0852(31)1661
〒690-0887　島根県松江市殿町517　アルファステイツ殿町
山路イングリッシュスクール内

岩国駅前校【提携校】 ☎0827(23)7424
〒740-0018　山口県岩国市麻里布町1-3-3　岡村ビル　英光学院内

新居浜駅前校【提携校】 ☎0897(32)5356
〒792-0812　愛媛県新居浜市坂井町2-3-8　パルティフジ新居浜駅前店内

■ 九州・沖縄

佐世保駅前校【提携校】 ☎0956(22)8623
〒857-0862　長崎県佐世保市白南風町5-15　智翔館内

日野校【提携校】 ☎0956(48)2239
〒858-0925　長崎県佐世保市椎木町336-1　智翔館日野校内

長崎駅前校【提携校】 ☎095(895)5917
〒850-0057　長崎県長崎市大黒町10-10　KoKoRoビル
minatoコワーキングスペース内

高原校【提携校】 ☎098(989)8009
〒904-2163　沖縄県沖縄市大里2-24-1
有限会社スキップヒューマンワーク内

※上記は2024年5月1日現在のものです。

書籍の訂正情報について

このたびは, 弊社発行書籍をご購入いただき, 誠にありがとうございます。
万が一誤りの箇所がございましたら, 以下の方法にてご確認ください。

1 訂正情報の確認方法

書籍発行後に判明した訂正情報を順次掲載しております。
下記Webサイトよりご確認ください。

www.lec-jp.com/system/correct/

2 ご連絡方法

上記Webサイトに訂正情報の掲載がない場合は, 下記Webサイトの
入力フォームよりご連絡ください。

lec.jp/system/soudan/web.html

フォームのご入力にあたりましては,「Web教材・サービスのご利用について」の
最下部の「ご質問内容」に下記事項をご記載ください。

・対象書籍名(○○年版, 第○版の記載がある書籍は併せてご記載ください)
・ご指摘箇所(具体的にページ数と内容の記載をお願いいたします)

ご連絡期限は, 次の改訂版の発行日日までとさせていただきます。
また, 改訂版を発行しない書籍は, 販売終了日日までとさせていただきます。

※上記「2 ご連絡方法」のフォームをご利用になれない場合は, ①書籍名, ②発行年月日, ③ご指摘箇所, を記載の上, 郵送
にて下記送付先にご送付ください。確認した上で, 内容理解の妨げとなる誤りについては, 訂正情報として掲載させてい
ただきます。なお, 郵送でご連絡いただいた場合は個別に返信しておりません。

送付先:〒164-0001 東京都中野区中野4-11-10 アーバンネット中野ビル
株式会社東京リーガルマインド 出版部 訂正情報係

・誤りの箇所のご連絡以外の書籍の内容に関する質問は受け付けておりません。
また, 書籍の内容に関する解説, 受験指導等は一切行っておりませんので, あらかじめ
ご了承ください。
・お電話でのお問合せは受け付けておりません。

講座・資料のお問合せ・お申込み

LECコールセンター ☎ 0570-064-464

受付時間:平日9:30～20:00/土・祝10:00～19:00/日10:00～18:00

※このナビダイヤルの通話料はお客様のご負担となります。
※このナビダイヤルは講座のお申込みや資料のご請求に関するお問合せ専用ですので, 書籍の正誤に関
するご質問をいただいた場合, 上記「2 ご連絡方法」のフォームをご案内させていただきます。